操控

数字世界如何左右我们的行为和情感

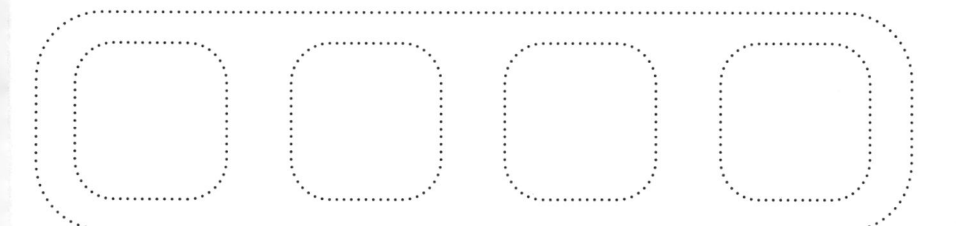

Designing the Mind

Engineering Our Behavior and Feelings in the Digital World

[以色列] 利拉斯·马加利特 著

骆洋 译

浙江人民出版社

Designing the Mind: Engineering Our Behavior and Feelings in the Digital World by Liraz Margalit
Copyright © Liraz Margalit
First published by Pardes Publishing House.
Simplified Chinese Copyright © 2024 by ZHEJIANG PEOPLE`S PUBLISHING HOUSE CO.,LTD.
Simplified Chinese rights is arranged by Peony Literary Agency Limited through Assia Literary Agency, Israel (www.assialiteraryagency.com).
All Rights Reserved.

浙江省版权局著作权合同登记章
图字：11-2021-235号

图书在版编目（CIP）数据

操控：数字世界如何左右我们的行为和情感 /（以）利拉斯·马加利特著；骆洋译. — 杭州：浙江人民出版社，2024.6
书名原文：Designing the Mind
ISBN 978-7-213-11457-1

Ⅰ. ①操… Ⅱ. ①利… ②骆… Ⅲ. ①心理学—研究 Ⅳ. ①B84

中国国家版本馆CIP数据核字(2024)第083076号

操控：数字世界如何左右我们的行为和情感
CAOKONG: SHUZI SHIJIE RUHE ZUOYOU WOMEN DE XINGWEI HE QINGGAN
[以]利拉斯·马加利特 著 骆 洋 译

出版发行：浙江人民出版社（杭州市环城北路177号 邮编 310006）
　　　　　市场部电话：(0571) 85061682　85176516
责任编辑：尚　婧
营销编辑：顾　颖
责任校对：何培玉
责任印务：幸天骄
装帧设计：蔡炎斌
电脑制版：北京弘文励志文化传播有限公司
印　　刷：杭州丰源印刷有限公司
开　　本：880毫米×1230毫米　1/32　印　张：12
字　　数：218千字　　　　　　　　　插　页：2
版　　次：2024年6月第1版　　　　　印　次：2024年6月第1次印刷
书　　号：ISBN 978-7-213-11457-1
定　　价：78.00元

如发现印装质量问题，影响阅读，请与市场部联系调换。

我们被操控，我们的思想被塑造，我们的品味被决定，我们的想法被我们从未听说过的人影响。

——爱德华·L.伯内斯（Edward L.Bernays）

献给我的伴侣利奥和我的三个孩子亚哈里、依塔以和乌里我们的感知是由自然选择塑造的,确保我们在世界上能够生存下去。

它不是为了向我们反映现实,而是尽可能地向我们隐藏现实。

——唐纳德·霍夫曼(Donald Hoffman)

推荐序一

重塑人类意识：技术、心理学与行为设计的交汇点

心理学，作为一门探究人类心智和行为的科学，历来被视为解开人类行为之谜的关键。本书是一本心理学、技术与行为设计交织的著作，作者利拉斯·马加利特在书中通过深入浅出的叙述，将我们引入了一个新的境界——在数字时代，心理学不仅是理解个体的工具，更是理解和塑造群体行为的重要途径。这本书为我们提供了对于当代心理学的深刻洞察。

在探索人类行为的深邃走廊中，作者发现了一个引人入胜的交汇点：心理学的精细观察、技术的突破创新，以及行为设计的巧妙应用。本书围绕这个交汇点展开，深入探讨了这些元素如何塑造我们的日常生活，影响我们的决策过程，并在无形中操纵我们的意识。这本书带领我们沿着历史的脉络前行，从西格蒙德·弗洛伊德（Sigmund Frued）的精神分析理论出发，到爱德华·L. 伯内斯将这些理论应用于大众媒体和消费文化的

实践（有意思的是，伯内斯不仅是心理学大师弗洛伊德的侄子，更是现代公共关系和宣传策略的先驱），最后到当前的数字时代，了解这些理念如何被重新诠释和利用。在这个过程中，我们将见证技术如何成为行为设计的重要工具，以及这种设计如何在我们日常生活的方方面面中潜移默化地施加影响。在这本书里，我们将一同探索伯内斯如何借助弗洛伊德的理论，识破并利用人类无意识的力量来影响大众。随后，我们会转向弗雷德里克·斯金纳（Frederic Skinner）的行为心理学，了解它是如何在数字时代被重新定义，成为行为设计的核心理论的。斯金纳的理论在早期因简化了复杂的人类行为而受到批评，但在数字化世界里，这种简化却变成了一种强大的工具，被用来影响和改变人们的行为。

对于行为的改变，这本书中对情绪操纵、强化、奖励等案例的讲述与理查德·塞勒（Richard Thaler）和卡斯·桑斯坦（Cass Sunstein）的著作《助推》（*Nudge*）有异曲同工之妙。这本书不仅聚焦于理论和历史，还着重于实际的应用和影响。作者探讨了如何通过数字平台、社交媒体和各类应用程序，对人类的决策过程、生活方式乃至认知状态进行微妙且深远的影响。这些影响有时显而易见，如广告和市场营销策略；有时则隐蔽而深邃，如算法所引导的内容推荐和社交网络上的互动模式。

工作在心理学科研一线的我，在阅读这本书的时候产生了深刻的共鸣。我和牛津大学、清华大学的合作者们花了近十年的时间都在探讨一个问题，就是如何通过多个感觉通道的刺激呈现去改善消费者的体验，以及助推他们的健康饮食行为。这些多感官的信息可以来自现实生活环境，可以来自数字平台、社交媒体，也可以来自"元宇宙"、虚拟现实、增强现实等。我们研究的对象可以是大家经常会吃的薯片，以及每天都会想点的奶茶。牛津大学的查尔斯·斯彭斯（Charles Spence）教授发现，当我们吃着薯片同时听着咔嚓咔嚓的声音时，会带来全新的味觉享受，这让我们更容易对这个薯片给出更高的评价。这是典型的听觉和味觉的交互。同样，我们近期完成的一项研究发现，当奶茶店的环境主色调改成积极的红色，同时在奶茶店里播放积极愉悦的音乐时，消费者会不自觉地认为手里的奶茶更甜，哪怕他（她）只是点了一份三分糖或者不加糖的奶茶。这是视觉因素和听觉因素整合在一起共同影响了人们的味觉体验。而这些来自不同感觉通道的信息对我们认知和行为的改变都是无意识的。这些都是我们日常生活中随处可见的"小套路"，在这本书里我们都可以看到。

更值得一提的是，在阅读这本书时，我们读者会被引导去思考一个深刻而根本的问题：我们在多大程度上是我们决策的主导者？自由意志在这个被数字技术和行为设计所塑造的世界中还存在吗？在数字时代，自由意志的概念受到了前所未有的挑战。作者通过深入的探讨，引导我们反思数字化操纵和行为设计如何影响个体的自主选择。随着技术的进步，个体的决策过程是否仍然具有真正的自主性成为一个重要的讨论点。数字技术的设计和推送算法的使用可能潜移默化地影响我们的选择，使我们更容易受到特定信息和产品的影响。这也引发了更深刻的思考，即在数字时代，我们人类是否仍然能够真正自主地塑造自己的命运，抑或我们的选择被更强大的社会和技术力量所左右。

因此，我能想象阅读这本书可以给我们带来的三点好处。首先，我们会在作者的引导下有更多的"认知自主性"，也就是人们如何在面对信息时能够更自主地思考、分析和做出决策。通过对心理学原理的理解，读者可以培养更强的自主思考能力，减少外部因素对决策的潜在影响。其次，我们会对操纵手段有"更高的警觉"，书中介绍了一些数字技术是如何设计来影响我们的行为的，从而增强读者对心理操纵手段的警觉。这种警觉使人们更能够识别和抵制那些试图操控自己决策的技术策略，从而更好地保护自己的自由意志。再次，我们也会适时地产生对"行为选择的理性思考"，通过深入了解数字时代的心理学，读者可以更理性地对待自己的行为选择。这可能包括对社交媒体使用、在线购物和信息获取等方面的选择，使人们更有能力做出符合自己利益的决策，而不是受到外部操控的影响。

总结来说，这本书可以为我们提供对自由意志和心理操纵的深层次理解，提高我们在数字时代中保持独立思考和自主选择的能力。通过获取这些知识，我们可以更好地应对潜在的心理操纵，更自由地塑造自己的行为并做出决策。

黄建平

苏州大学教育学院心理学系副教授

推荐序二

社交平台与人际互动：交织的虚拟与现实

在数字化浪潮的推动下，社交平台逐渐成为我们日常生活中不可或缺的一部分。它们以独特的魅力和强大的功能，打破了时间和空间的限制，为我们带来了前所未有的社交体验。然而，与此同时，社交平台也在潜移默化中改变着我们与他人的交流方式，在虚拟和现实社交的交织中，引发了一系列值得我们深思的问题。

以色列社会心理学家利拉斯·马加利特的著作《操控：数字世界如何左右我们的行为和感情》就是这样一本引人深思的书。是的，可能很多人都对社交平台上的信息过载深有体会。我们每天接收大量的信息，仅微信一个平台，就会接收到朋友或同事发来的各类消息，还有朋友圈的动态、群聊的消息、各种推送通知等等，让我们疲惫不堪。然而，除了信息过载之外，本书告诉我们一个更深刻的道理，就是这些社交平台会改变我们对真实世界的认知和判断，也会改变我们对自我的认知和判断。换句话说，社交平台提供给我们一个似乎真实存在的虚幻世界，而且这个虚幻世界是被商业公司精心设计、主动建构出来的。"企业投入了大量的时间和金钱分析用户……而这一切都是为了了解人的冲动、情感以及需求是如何被唤起的。"商业公司正是利用了人性的弱点，为商业利益服务。

这本书中列举的技术影响个人心理和认知种种方面的例子，都发人深省。作为一个社会学家，我对其中关于在社交媒体上建构个人形象的思考最感兴趣。马加利特运用了美国社会学家欧文·戈夫曼（Erving Goffman）在其代表作《日常生活中的自我呈现》（*The Presentation of Self in Everydag Life*）[1]中提出的"拟剧论"观点，形象地阐释了虚拟形象和真实自我的关系。戈夫曼将社会交往看作一个大舞台，人们是演员，在其中扮演着不同的角色。人们会根据社交场合的不同，用不同的角色进行表演，通过行为和言语来展示自己，并努力塑造一个被他人所接受的形象。戈夫曼将社会交往分成前台和后台。前台是展示给他人看的，人们在这里展示他们希望被看到的形象；后台是为前台准备的场所，人们在这里可以放松、休息，表现那些不能在前台展示的方

---

[1] 本书出版于1959年，是社会学入门的经典读物之一。

面。戈夫曼进一步认为，表演并不是社交的核心，而是通过表演这种方式，人们能用恰当的言辞、表情和动作，来展示自己在某个角色上的能力和特点，进而赢得他人的认可和尊重——也就是完成"印象管理"。

虽然戈夫曼的这本著作写于互联网产生之前，但对我们理解线上社交很有启发性。在社交平台上，人们修图、发布照片、更新状态、发布短视频，都是在精心构建"形象"，试图在社交平台上呈现最完美的自己。这些精心的挑选和修饰，是为了符合社会主流的规范和期望，从而得到他人的关注和认可。于是，大家往往都会努力展现积极、阳光、乐观、成功的一面，期望获得别人的正面评价。因而，这些形象只是真实自我的一个片面反映，是期望得到别人认可的、想要达到的"更好的我"。

在书中，马加利特也强调，这种形象的建构不是单方面的，而是与观众互动的结果。在社交平台上，观众通过点赞、评论和分享等方式对表演者的行为给予反馈。观众的偏好、社交平台的氛围和文化，都会影响表演者的自我认知和行为调整。在线下，这种反馈往往是模糊的；而在线上社交平台上，这种反馈是清晰的数字——多少个点赞，多少条评论，多少人转发，多少人"一键三连"等。这些量化的数字，给人带来了直观的、被认同的反馈。更重要的是，这些数字提供了与他人直观的比较，使我们陷入虚假的社交满足感。

在线下社交中，与他人的比较是有局限的，是小范围的；在线上世界，这些数字在平台上展示，是公开的、直接的。所以，在朋友圈里，这不仅仅是我发布的内容获得几个赞的问题，还有与我的朋友相比，我的点赞数排名如何的问题。正如作者所说，"这意味着人们对社会认可的追求将永无止境"。而这可能使我们陷入本不该有的焦虑中。

当然，我们也不能完全否认社交平台积极的一面，毕竟它为我们提供了更多的社交选择和可能性。所以，解决这个问题的答案不应该是戒断。在社交平台如此深入人心的今天，断网不能解决问题，"退群"不是长久之计。人是社交的动物，人对自我的认识是在人际互动中不断深入和改变的。社交平台与线下人际互动之间存在着复杂而微妙的关系。它们既相互补充，又相互影响。在享受社交平台带来的便利和乐趣的同时，我们也应该警惕它们可能带来的负面影响，保持对线下人际互动的关注和投入。只有这样，我们才能在虚拟与现实之间找到平衡，实现真正的和谐。

那么，我们该如何做？

马加利特提了两个步骤。首先，要意识到自己在网上的情绪和认知是被设计的。其次，要创造自己的方式，让技术为我们服务。

从戈夫曼的拟剧论出发，接着作者的方案，我想分享关于这一问题的几点思考。首先，我们需要清醒地认识到，社交平台是一个表演舞台。我们在选择展示哪些内容、以何种方式展示时，既需要展示自我，又需要平衡从他人那里得到的认可和关注。其次，人们在社交平台上存在表演动机。是为了追求虚荣和认同，还是为了展示自己的才华和创造力？这些动机不仅影响了人们的行为和选择，也反映了人们的价值观和内心世界。最后，如何在社交平台上保持真实的自我？在追求认同和关注的同时，如何避免过度迎合他人的期望？如何在保持个性的同时，与他人建立良好的互动关系？这要求我们不断尝试和调整自己的行动策略，找到适合自己的线上社交方式。

总之，互联网时代发展到今天，我们的工作、生活、心理和自我认知都离不开互联网。互联网构建了一个精心设计过的虚拟世界，它放大了人们所有的心理弱点，让所有人都可以无时无刻地活在舞台的聚光灯下。这本书是这个虚幻世界的一剂苦药。正如书中最后引用的电影《黑客帝国》（*The Matrix*）中的台词："欢迎来到真实的荒漠。"我们可以选择将虚幻视为真实，或选择在虚幻面前纠结真实所在。但是不管做什么选择，建议大家都读完这本书，再说出你的答案。

田　丰

复旦大学社会发展与公共政策学院教授

推荐序三

数字时代的伦理焦虑

今天早上,我的手机推送给我一条消息:上周你的屏幕使用时间减少了14%,平均每天7小时14分钟。看到信息,我放下手中的工作开始困惑,我真的看了那么久的屏幕吗?上一周我难道不是一直在伦理实验室监督施工,以及撰写一篇英文书评吗?思考之后,许多记忆碎片中的自我形象涌上心头,比如每天上下班使用CarPlay导航的我、使用手机支付的我、打开音乐软件听歌的我、晚睡刷短视频的我,以及每天早上在购物网站打卡抢红包的我。作为一名数字移民[1],我的生命和生活,虽然伴随着各种数码屏幕展现的内容而变得丰富且充实,

---

[1] 数字移民(Digital Immigrant)指称长大后才接触数字产品并在一定程度上无法特别流畅使用的族群。与此相对,数字土著(Digital Native)指的是从小就生长在有各式数字产品环境的世代。这两个用词出自2001年马克·普伦斯基(Marc Prensky)发表的文章《数字土著,数字移民》(Digital Natives, Digital Immigrants)。

但是我也受困于屏幕和数码世界的边界。米歇尔·福柯（Michel Foucault）曾经讲过这样一个比喻，蜘蛛网扩展了蜘蛛的生活空间和生存可能性，但是蜘蛛也受困于蛛网。现时代的我们都处在这样的生活样态中。

利拉斯·马加利特撰写的这本书向我们展示了数码生态世界的多层级样态。一方面，数据公司和产品提供者借助行为主义心理学与助推理论，使得用户不再被视作一个具体的（embodied）人，而是一个虚拟的能动者（virtual agent）、一个具有经济价值的行动黑箱。另一方面，用户面对手机程序，他们被吸引、被操控，沉迷其中，在无意识中被收集信息，并仅仅因为一些小恩小惠的福利而被心甘情愿收集信息。如果我们将任何行为过程都刻画为输入、处理和输出三个环节的话，那么在输入端，作为用户和消费者的浏览历史、浏览时间、翻页比较等数据都将以"用户足迹"的方式记录在数据库中，以供分析和二次转卖。然而，对于数据和内容的提供者（商业公司）而言，简单的读取和分析早已经不能满足需求，他们更希望进一步塑造和影响用户的心理，从购买心理到用户期待，借助这种塑造来获得更多利润，并同样使得用户在无意识中接受操纵，从而心甘情愿地花钱。

倘若如此，每个用户就仅仅是被看作一个能花钱的"缸中之脑"（brain in a vat）。哲学家希拉里·普特南（Hilary

Putnam）曾经提出这样的思想实验案例，如果邪恶科学将人的大脑放入充满营养液的玻璃缸中，并通过电信号给它提供各种虚拟的关于外部的信号与刺激，那么这个大脑是否知道自己不在真实世界中呢？信息操控者希望我们都成为手机屏幕前的"缸中之脑"。如果这个设想成真，那么人类的具体生活就可以被塑造为"脑的生存"——大脑的活动无须评价外部世界的经验和知识，只需要不断输入的数字信号和营养液就可以被塑造成操控者想要的模样。

然而，毕竟我们不仅仅是屏幕前的大脑，我们的生活经验总会不断地去证成自身存在、言语和行动的价值。数字内容提供商在数字世界与现实世界的商业衔接的部分也已经耕耘颇多。首先，借助短视频公司所提供的算法偏好与内容模板，每个人的生活都被相同的视频内容、音乐旋律和剪辑样式所规训，不仅个人用户的创作内容变得扁平、空洞和乏味，而且用户们的情绪、期待和展现的生活价值也被同质化。其次，当用户的特质变得扁平，作为"人"的用户隐退了，被系统标签化为"非人"属性的"数字足迹人"浮现出来。我们不再是活生生的人，而是一个个标签的集合，我们的消费观、价值观和种种选择偏好都在属性类别中呈现，程序和算法甚至比我们更知道我们要买什么——人类已经成为数字肥皂泡中的囚徒。再次，商业公司为了避免我们逃脱数字肥皂泡，会与更多的线下产品进行联通，表面上数字平台使得旧有的所有产品都智能化了，但另一方面，数字平台的控制力也变得更强大了。随着家具、汽车等传统制造业通过屏幕和互联网向数码化和虚拟化转型，数字平台已经深入我们生活的物质角落中，特别是在新冠疫情之后，服务、教育、咨询、健康和医疗等领域也开始向数码化和虚拟化转型，数字平台和虚拟经济不仅改变了制造业、家居生活，也开始深入过去我们认为实体生活中必须"以人为本"的行业中。最后，数字化和扁平化的平台使得人类对自身的看法被颠覆。过去哲学家们一直认为人类与动物最引以为傲的区别（例如理性、自我觉知、有意识地行动等）都已经被证明是可以被操纵和影响的，这样一来，不仅理性主义动摇了，哲学和价值的基础也在动摇。人类总是期待去实现数字平台期待我们成为的样子，却加剧了我们迷失自我的程度。

马加利特的作品为我们现时代的数字困境揭开了一角，虽然本书对于解决数字操纵的方案涉及较少，但展示问题至少为解决问题的路径提供了可能。首先，从立法角度，用户数字足迹的隐私立法刻不容缓，对用户隐私数据的收集应当加以限制，数据收集必须合规，而数据的二次分析、转卖都必须通过合法程序。其次，从政策上，对于数字平台的后台操作应当确立边界，诱导消费、诱导打卡、诱导充值、价格操纵、数据资源剥削等都需要明确禁止。再次，从公司伦理合规角度，应当倡导符合社会伦理规范和用户知情权的企业伦理，对隐私负责行为进行公示和排名，奖励负责任的数字平台企业，惩罚违规者。

对数字操纵的批评有时候并不仅针对商业和用户平台，从社会知识论视角看，当用户的信念辩护渠道被数字媒介绑架后，用户的信念——不只是有关消费信念，也包括政治信念和国家安全——容易成为媒介或操纵数字媒介集团的操纵对象。从本书提到的剑桥分析案例就可了解到，数字空间的信息操纵、反智民粹主义和阴谋论已经深刻影响到美国的国家政治、选举、移民政策和民意等。这种潜藏的政治风险也是我们需要关注的。希望读者能够在阅读中体会到作者"撕开"数字伦理困境一角带来的更多、更深远的思考。

朱林蕃

复旦大学科技伦理与人类未来研究院副研究员

作者序

这位博士的工作是从人们的钱包里掏钱,而不是用她的知识来帮助人们。希望这位博士为人类做出贡献,而不仅仅是为了她自己和科技巨头。

这条评论来自一位自称"消息人士"的非实名用户。在某次采访中,我被问到我的职业——数字心理学家,显然这是一种需要解释的不常见职业,于是这位"消息人士"据此写下以上一段文字。说真的,我第一次看到这条评论时,心怦怦直跳,内心充满了愤怒,心想"他怎么能这么说"。而如今,我不得不承认他是对的。

在过去的六年里,我一直在一家初创公司担任行为研究领域的负责人。这家公司开发了一项用于监测网络用户浏览行为的技术。通过这项技术,公司可以获取用户从进入网站或应用程序的那一刻开始,直到结束使用期间的行为,还能得知用户访问网站或应用程序时的地理位置,决定购买某产品之前的浏览痕迹，以及购买前访问网站或应用程序的次数，等等。除了对特定用户进行观察，这项技术还能汇总数十万名用户的数据，通过这些数据就能获得行为趋势图以及关于用户行为的一系列分析见解，包括是什么让用户阅读一篇文章并跳转到其他页面，如何确保用户在付款之前不会离开网站，如何影响不同类型的用户，等等。

我与这家公司的首席执行官第一次见面时，他告诉我他们拥有大量的用户行为数据，希望我能使用行为科学模型对此展开分析，得出一些结论。这在我听来很有吸引力。那时我刚拿到心理学博士学位，正在接受海外博士后奖学金和实现梦想——成为临床心理学家——之间犹豫不决。从我记事起，从事临床治疗工作就是我的梦想。14岁那年，我读了心理学家西格蒙德·弗洛伊德写的两卷《梦的解析》（*Die Traumdeutung*），那时我便知道这是我想要的——成为一名心理治疗师。然而，现在我突然进入了科技行业，进入了一个我从未设想的方向。我从没想过凭社会心理学博士学位能在高新技术行业找到工作。后来，我坐在俯瞰地中海的漂亮办公室里，啜饮着私人助理为我制作的卡布奇诺，公司的首席执行官在我面前娓娓道来我梦想中的工作内容：接触对任何研究人员而言都梦寐以求的巨量数据（这对新人研究者来说更是难以拒绝）。当他这么讲述时，我知道难以抉择的困境已经打破——这就是我想做的！

当然，这并不表示作为研究人员等着领工资就万事大吉了，还必须尽职尽责，在业务方面证明自己。我在公司学到的第一个概念是"底线"。这对我来说是一个急剧的转变：作为一个心理学家，我从一个重在理解人类行为背后动机的世界，进入了一个概念和主要动机是底线的世界，或者换句话说——看"哪里有钱"的世界。

首先，我需要考虑如何证明公司角色的合理性。在实际的业务中，我曾多次与企业级客户[1]合作，分析他们网站用户的行为。我的工作内容是利用心理学家的专业背景，以及对行为模型和对大脑机制的深入理解，确保用户能获得良好的体验。我非常擅长理解用户行为、分析数字世界中的交互，也经常有机会与公司的数据科学家一起分析算法，这些算法可以仅通过分析用户的鼠标移动轨迹得知他们在浏览网站时的感受以及意图；如果进一步将用户数据应用于理论模型，就能分析得到用户心理，进而每位用户就能获取为其量身定制的内容。我们公司合作过的客户不乏超级大牌，比如沃尔玛、耐克、微软，以及一些主流航空公司，甚至是个别游戏网站。为了了解人们在数字世界中的行为方式，我做了颇具开创性的研究。与学校的研究不同，企业给了我机会去实时观察用户行为，只是用户并不知

---

[1] 根据公司的定义，企业级客户是指每年向公司支付高达十万美元及以上服务费用的客户。

道自己正在被观测。通过分析成千上万个"被试"[1]的数据，我从中深入了解了驱动人做出行为的因素以及行为的成分，理解了环境或数字界面是如何通过特殊设定说服人们以某种方式行事的。可以说，在数字世界中几乎没有一个决定是自由选择下的"个人决定"。

生活中有许多这样的情况：我们知道某个特定的现象，但没有特别注意它，直到它发生了，我们才不得不停下来思考；在那一刻，所有的前因后果便都联系在了一起。某年"黑色星期五"[2]的前夕，我与一家位于加利福尼亚的主要零售商（电子商务）经过一番电话交谈后，忽然有了上述感悟。每年临近假期前，公司都会为客户设立一个由分析师组成的战略小组，分析用户实时行为，确定哪些营销信息最能刺激消费、成功催生购买冲动，为提高网站的转化率[3]应该为哪些用户提供促销活动，等等。商讨策略时，我们还试图弄清楚如何为访问网站的女性用户设定有别于男性用户的标题。这不禁让我想起我给孩子们读的朱莉娅·唐纳森（Julia Donaldson）写的故事《咕噜牛》

---

[1] "被试"（subject），指心理学实验或心理测验中接受实验或测验的对象。——编者注

[2] "黑色星期五"一般指每年11月的第四个星期五，美国感恩节和圣诞节之间的购物季一般在当天开始。

[3] 指网站访问者人数与实际购买者人数之比。企业会在不同时间点测量转化率，以增加网站访客成为买家的概率，同时他们还会跟踪用户行为，以得出公司如何提高转化率的相关结论。

（*The Gruffalo*）。书里的主人公是一只可爱的小老鼠，它在森林里散步时遇到了狐狸、猫头鹰和蛇等动物，它们都想把它吃掉。为了自保，机智的老鼠告诉它们，它的朋友咕噜牛是一个长着尖牙和毒瘤的可怕怪物，随时会过来找它。全书以这样一句话开篇："一只快乐善良的小老鼠在树林里游荡，一只狐狸看见它时突然就饿了。"这让我联想到数字世界里的用户——我们有时就像一只并无饥饿感的狐狸，一开始漫无目的地在网上闲逛，看到一个产品时突然就决定下单；刷到一个预测年老时模样的应用程序，立即就决定下载试一试；看到一篇关于金·卡戴珊（Kim Kardashian）的文章，立刻就点击阅读。

这种需求并不是偶然出现的。虽然它似乎源于我们的内心，但它的产生实际是精心设计的结果。这与因生存而激发的捕食本能不同，其中有一些非自然的"力量"在暗中发力，确保我们花大量时间上网而不做其他事情，确保我们的个人数据可以轻松地、不假思索地被获取，确保我们购买了实际上不需要的产品却觉得物有所值。企业投入了大量时间和金钱分析用户的行为、跟踪眼球运动，甚至监测用户的脑电波……而这一切都是为了了解人的冲动、情感以及需求是如何被唤起的。虽然用户能觉察到自己并不总是在理性消费，情绪经常会影响他们做出选择，但是他们大多相信最终决策是自由意志主导的结果——尽管真相是实际决策过程中的每一处都是设计。而我想告诉你的，正是设计者如何影响决策、说服用户以某种方式行事，并让他们相信这是独立、自由和个人的选择。

媒体采访我时，经常问我："那么解决方案是什么……您对处理这种情况有什么建议吗？"而等到回答下一个问题"该如何应对"时，依然会有人追问："那您呢？您深入研究了这个问题，您不受这些外部因素影响吗？"答案是："根本不是你所想的那样。"我和其他人一样容易受到影响。的确，我们很难把握自己对某事的认知与对它的感受之间的差距，拥有正确认知并不能使我们免受影响。我想用一个更简单直观的例子来论证这一点。

以下两个图形的水平线段部分，哪一条更长？

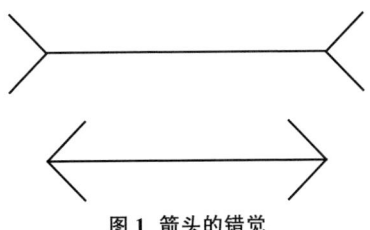

图 1　箭头的错觉

实际上，上图中两条线段的长度完全相同（不信你可以自己量一下）。相信大多数人对此并不陌生，它的学名是米勒－莱尔错觉（Müller-Lyer Illusion），这种现象在生活中比比皆是。但更重要的是，我们要理解，为什么测量得知两条线段长度相同之后仍感觉它们长度不同（哪怕再看一次，感觉依旧如此）。这是因为除了事物的客观特性或人们对它的理性认知，实际上人们对它的感知主要取决于感官对它的解释。因此，不论人们掌握了多少知识，也不论对世间事物的理解有多深刻，即使人们知道原理却仍然无法抵御感官上的感受。错觉不仅存在于感知，也在其他方面普遍存在。例如，我夸你今天穿的衬衫很适合你，你可能认为我这么说是为了得到某种回报，但即便如此，你在情感上仍然享受赞美。同样地，如果两家商店以相同的价格出售同款电视机，其中一家商店标明这是折后价，你就会觉得在这家店买更加划算。

我们也可以尝试用格式塔理论来解释这个现象。格式塔理论是与美国行为主义同期出现并发展的学派，它阐释了人们在试图解释现象时的一些有趣之处。如果你想让像素成为有意义的图像、让声波成为一个词语，就必须经历转化外界信息的过程。人的感知机制配备了一些"操作指令"，可以扭曲和改变通过感官获得的客观信息。这些指令赋予不同信息以不同的权重，旨在帮助人们更有效地行事。这就是为什么无论你观察多少遍，在感知上依然认为箭头向内的线段更长[1]。在理解信息时，这些先天的感知规则总是优先于客观信息，因此奈何你花

---

[1] 当箭头向外时，人们认为两个箭头之间的距离更近，因此线段部分看起来较短，尽管两个箭头的直线部分在视网膜上的长度是相同的。

多少力气也无法将两条线段"视作"等长。

多数时候,人们按照自动行为模式[1]的规则行事,舒适地囿于知觉限制之中,即使意识到限制的存在,仍会继续使用同样的方式。认知科学家唐纳德·霍夫曼(Donald Hoffman)在这一点上探索得更远,他提出了一种名为"知觉界面理论"(interface theory of perception,ITP)的新模型。根据该模型的观点,现实中没有任何东西与人感知的结果相似,哪怕只是略微相似,因为人的感知根本不面向现实。(Hoffman, 2019)

其实,在进化过程中不断发展的各类工具并非为了向人们展示世界的本来面目。我们直至今天都信以为真的假设——有效的现实感知服务于生存,已被证实是一种误解。一种普遍观点认为,人的感官越敏锐,做有效工作的机会就越大。但霍夫曼认为,虽然感知系统的发展旨在增加生存机会,实际却与之无关;反之亦然。人类的感知系统只需要保障人类基因的复制。而生存的先决条件就是建立世界功能模型——在进化观点中,相比于描述一个准确、客观的世界,描述一个能使人类生存下去的世界更重要。因而,这类模型不是将资源用于分析和处理系统中接收到的信息,而是针对性用于快速感知、认知启发、

---

[1] 自动行为模式,指自发产生的,没有刺激、无须大脑思考的行为模式。

认知偏差和快速推理。与传输"真实"信息的模型相比，这类模型具有显著优势，因为上述功能与许多"真实"的信息无关。相较于旨在准确识别环境中的客观特征的模型，自然选择为旨在适应环境的感知模型提供了优势。可以说，人类的感知系统本就没有发展到能够感知世界本来面目的程度。由此，我们得出了两个相当悲观的结论：

首先，人类认识的只是经过模拟的世界。为了摆脱这种模拟，观察真实的（且没有足够意识的）世界，我们需要改变已有的感知模型。

其次，任何了解这类感知机制运作原理的人，都可以控制人类的行为、思想和世界观。

权威、技术巨头或机器人，为管理人们的意识世界就是采用了这种模型（我不打算在书中细说），这是企业主在资本主义制度下利用人类的弱点获取经济利益的方式，而存在缺陷的决策权助长了市场的力量。我们将在后文看到，这些方法在数字世界中的影响更为显著，它们在扭曲人的立场、调整信息以适应并塑造人的行为等方面展现了不可小觑的力量。毫无疑问，许多公司正投入巨大的努力探索人类弱点，并据此制定相关战略。2001年诺贝尔经济学奖获得者乔治·阿克洛夫（George Akerlof）在一次采访中表示，利用人性的弱点是自由市场的固有组成部分，为牟利而操控大众是经济均衡的自然组成部分。

自由市场的运行以利用人性的弱点为基础,用阿克洛夫的话来说,就是"如果人有弱点,那么市场的力量将确保它会被利用"。(Akerlof,2015)

我们正生活在一个感觉、感知和思想都被塑造的世界。当下,人们对数字世界的依赖日益加深,来自外界的感觉和想法被应用程序、计算机游戏或社交网络以一种隐秘、不被察觉的方式"嵌入"人们的体内。它们看起来像是发自内心的,但是实际上不能被信任,也无法引导人们走向真理。可以预见,第四次感知革命已经近在眼前——在这场革命中,我们将明白通过感官是难以感知真实世界的,将能够区分"我们被希望感受的"与"我们真实感受到的"。

倘若弗洛伊德如今健在,面对推特(Twitter)、脸书(Facebook)、照片墙(Instagram)和 TikTok 等一众应用软件时,他很可能会将网络空间视为一种精神权威的分支,因为网络空间反映了人们的幻想世界和无意识需求,并将它们进行了合理化。这些都是人们因惧怕环境的反应而无法实现的自我幻想。事实证明,屏幕充当了间于意识和无意识的一种审查,人在屏幕前会不由自主地懈怠责任感,从而使冲动和欲望更容易表达和爆发。试想,一个朋友每天向全世界公开表达他的感受(兴奋或沮丧),或者他来参加聚会却拿出相册开始分享自己去加勒比旅行的照片。毫无疑问,这些行为会被认为违反了社交习俗。但在互联网空间中，人们每天都会在社交媒体上更新自己的动态，分享来自任何地方和任何想象中的场景照片——关于日常琐碎、重要场合、密友趣闻，甚至关于隐私，而这一切都无须他人主动搭话问询。我们不难发现其中存在的矛盾：似乎在互联网空间中，我们才袒露了真实的自我。在现实环境中，出于满足他人期望或扮演自身角色的需要，人们常掩盖真正的自我表达。尽管互联网是一种广泛、有效又直接的曝光方式，但在朋友、伴侣或家人的陪伴下，人们会允许自己在网络上做出一些从未有过的举动；当一个人独自面对屏幕时，他更容易透露个人信息，允许自己消除对真实自我的防御和克制。在旁观者看来，现实与网络将人一分为两个完全不同的个体。近几年的心理学研究表明，除了可见信息外，数字世界中的行为还会暴露隐私范围内人们不想公开的特征，比如内向、神经质、抑郁，以及压力、焦虑、依赖和紊乱、暴力倾向，等等。我们甚至可以推测，如果弗洛伊德生活在数字网络时代，他可能会认为网络用户的行为是一种对自我和个人品质的明确表达，甚至能作为诊断精神障碍的工具。随着人们投入数字世界的时间越来越多，了解数字世界对现实世界生活的影响就显得日益重要。

在此，我邀请您与我一起踏上一段旅程，让我们一起探索技术与环境相遇后碰撞出的火花，看看一个经历数百万年进化的原始生命形式在遇到自身创造的数字环境时会发生什么。人类大脑，虽然是经过数百万年的进化培育得到的结晶，但它并没有与当代科技同步向前发展。在这个科技进步速度远快于进化速度的时代，人类大脑中依然留存了来自非洲大草原时期的机制，而这一原始的部分与创造了先进数字技术的部分的相遇，无疑将是一场迷人的邂逅。为了更全面地了解这场邂逅，我们必须牢记一些重要的观点：大脑进化不是为了做出理性判断、进行战略性思考，或开发先进的技术——这些功能都只是副产品。认知系统主要为了调节生理过程，保障人类的生存。而生存，指的是以最佳方式适应环境的能力。

数字技术不仅改变了人们的日常生活，还改变了人的社交、家庭生活甚至是人与自己的关系的性质。它改变了人们处理信息、学习、与环境交流和消磨时间的方式。

这本书将带领大家踏上一段前往平行世界的旅程：一个是人类的心灵世界，尽管它隐藏在可见的事物之下，但近年来心理学在实践和理论研究上取得的重大飞跃，得以让人们一探其究竟；还有一个是技术世界，当代人类生活的大部分领域，每时每刻都在它的掌控之下。

利拉斯

目 录

002　引　言
015　第一章　你能获得几分好评
025　第二章　在数字世界里了解一个人
037　第三章　这是一个虚拟奖励的时代
049　第四章　最成功的科技能唤起人的情感
058　第五章　是什么让普通人想用点赞量衡量一切
070　第六章　博士，请问您怎么看待科技
083　第七章　人们已经身处"箱子"之中
091　第八章　从行为主义到行为经济学
112　第九章　行为经济学对行为的设计
129　第十章　操控情绪的力量

139	第十一章	制造情绪，制造认同
154	第十二章	旧见解，新技术
161	第十三章	联想学习和强化作用
174	第十四章	如何设计心理依赖
194	第十五章	手机是人类新的斯金纳箱
224	第十六章	为什么无聊这么重要
237	第十七章	如何养成习惯
252	第十八章	如何保持习惯
262	第十九章	没有奖励，没有习惯
276	第二十章	网络生活
301	第二十一章	网络和景观文化

328	结　语
338	后　记
344	参考文献

人类认为自己是自由之身,因为他们知道自己的行为,但不知道导致他们行为的原因。

——巴鲁克·斯宾诺莎（Baruch Spinoza)

引　言

在西方消费文化中，最有影响力的人物之一是弗洛伊德的侄子爱德华·伯内斯。弗洛伊德曾寄给他一本《精神分析导论》（*Vorlesungen Zur Einfuhrüng In Die Psychoanalyse*），以此换取了一盒在古巴首都哈瓦那制造的雪茄。年轻的伯内斯阅读此书后，痴迷于叔叔的研究，他坚信人类的行为是被动物共有的无意识冲动所控制的。他清楚地明白——任何人，只要了解如何引发冲动就能成功地影响大众。事实上，他是发现弗洛伊德的理论具有内在商业潜力的第一人。只是他不知道一百年后这些见解仍继续塑造着人们的生活。

20世纪初，活跃于奥地利维也纳的弗洛伊德认为，人是受冲动控制的；而同时期活跃于美国的心理学家弗雷德里克·斯金纳则认为，人的行为是由环境对个体的强化所决定的。尽管人们普遍倾向于将这两种观点视为完全相反的论断，但两者在结构上实际是相近的。这两位心理学家都因自己提出的决定论观点而受到严厉批评,因为他们竟认为人没有自由意志,而是其他因素——不论是无意识的冲动还是环境——造就了人的行为。

西方观点不想承认明智的人没有自由选择。当下,人们已经接受了这么一种信念:人类与其他动物的区别,在于只要人类能够自由选择和自己做主,就能做出明智的决定和理性的行动。理性的最终实现,在西方文化中体现为被他们奉为神圣的自由选择。而自由选择的前提是人类拥有自由意志,即人可以控制自己的决策和行为。理性主导下的理性革命,鼓励人们自由选择住在哪里、买什么东西、与谁联系、如何谋生。主体对其生活状况负全部责任的观点,是新自由主义和资本主义世界观的基础,硅谷的科技巨头们正是这类世界观的重要拥护者。

在这种叙事中,技术的作用是辅助人实现他的选择,以他想要的任何方式满足他的愿望、冲动和欲望。世界上与人类生存相关的每一个问题,都有一个以自由选择为方式呈现的解决方案,如果每个人都能平等地获得内容、信息,以及有效的技术解决方案,那么人人皆大欢喜。

有关自由选择的思想已经渗透了我们的文化。几乎每篇关于"新消费者"的文章都会以洞察力开篇,这表明新消费者知道自己要什么,此时技术的作用是帮助消费者在做决定前快速访问所有信源。诚然,尽管消费者能意识到自己是激进营销的目标，但仍全心全意地相信自己足够强大，能进行独立思考，并且能识别自己何时会被操控。当他们被问及如何做出购买决定时，往往会讲述一个艰难而理性的思考过程。

其实，自由选择与"地球中心论"非常类似——两者都是基于人的感受。虽然那些仅通过感官感知形成的观念，依旧使人眼花缭乱，难以看到现实的真实存在，但下一场感知革命已经来临。第一次感知革命的领导者是尼古拉·哥白尼（Nicolaus Copernicus），他是第一个挑战人类重要性的人。哥白尼将人类从宇宙的中心"转移"到一个更现实的地方，地球作为人类家园仅仅是众多行星中的一分子，但这并不是关键所在。哥白尼是第一个播撒种子的人，他意识到人类信念仅来源于人能够通过感官感知的东西。查尔斯·达尔文（Charles Darwin）也同样质疑了人类的重要性，在他的观点中，人类由造物主下降为自然界的一种动物。随后弗洛伊德出场了，通过研究人类遗骸碎片，他声称人类不仅起源于猿，而且心灵的全部都是原始冲动的残余，和其他动物并无二致。这意味着，人不仅不能控制自己的行为，甚至还被无意识冲动所控制。

当下，人们正在通往下一次感知革命的路上，这次革命将使人们明白自己的意识并不在一个受保护的空间内，这意味着一个人的感受可能不一定源自他的内心。一个人的选择、决定和情绪不一定是独立的内部认知，以及心理或生理过程的产物。尽管拥有"人是自身决策主导者"的感觉非常必要,但近十年的研究结果一再表明,人对决策的控制力几乎为零,这一现象被称为"自由意志错觉"(free-will illusion)。

第一个提出这种错觉的人是本杰明·利贝特(Benjamin Libet)。1983年,利贝特要求他实验室中的被试在表示"愿意"时立即举手,并精确反馈做出决定的时间。有趣的是,在被试举手报告之前,研究人员就发现了他们负责手部运动的大脑区域活动的证据。换句话说,在被试有意识地做出"决定"之前,已经在无意识水平有所表现了。实际上,"做决定"的主观体验是说出已经做好的决定,而不是说出有所行动的原因。利贝特发现,是大脑活动本身,而不是先于手部运动的脑电活动,产生了有意识举手的冲动。这意味着有意识的自由选择体验,实际上是事后报告的,即在大脑执行行动之后。因此,自由意志是脑电的产物,而不是有意识的决定。我们从利贝特的实验和随后的其他实验可以了解到,"人类是自我决策的主导者"这一观点实际上是一种错觉。

当我们意识到自己不是所做决定的主导者,以及控制感只是一种幻觉时,就已经为"人类的行为是被他人所塑造"的观点铺平了道路。第一个提出"塑造人和其他动物的行为"的人是弗雷德里克·斯金纳。斯金纳的理论在20世纪40年代被人们无情抛弃,理由是复杂的人类行为不能被简化为"刺激-反应"这样的公式。斯金纳认为,所有的人类行为都是强化的结果,或者按照现今学者的说法,行为是"刺激"的产物。他建议人们只关注可以衡量的东西,因为人不可能专注于箱子[1](即人类大脑)之中的东西,诸如记忆或信息处理等过程是不可测量的,所以他建议放弃。在他看来,人们应该把重点放在"环境中的刺激如何塑造人的行为"上。道理很简单,如果能了解箱子是如何工作的,就能了解行为。

这种行为法也被称为"行为主义"[2],针对它的主要批评是认为它降低了人类的复杂性。持这类批评观点的人表示,人类是复杂的生物,不应该以这种方式简化人类的行为。其中的关键在于,如果将人类大脑视为一个黑箱,就相当于将人类存在的本质扁平化为"如果-那么"和"刺激-反应"等模式。毕竟,人不仅是刺激的被动接受者,还是理性的生物,可以决定将注意力集中在哪些刺激上。新一代心理学研究者则专注于内部过程的研究,即箱子里的东西,包括记忆、信息处理和决策,并开创了今天被称为"认知法"的研究方法。

---

[1] "斯金纳箱子实验"以斯金纳的名字而命名,它是在老鼠身上进行实验的代号。该实验研究了环境或实验箱子的变化如何影响老鼠的行为,为操作性条件反射和行为心理学的研究奠定了基础。

[2] 行为主义研究的是可以客观量化和测量的公开的行为。该方法的主要假设为"环境造就行为"。这种方法探讨了周遭环境对一个人的活动的强化,例如奖励、惩罚和事件的接近程度如何塑造人的行为。

在过去十年间，发生了一些人们没有留意的事情。当下，行为主义已重整旗鼓，将自身重塑为一门应用学科，被初创企业、高科技公司用来当作影响人做决定的工具，它还成为当下最赚钱的专业领域。在这种时代精神下，行为主义被赋予了一个新名称：行为设计。作为一门应用学科，新形式的行为主义旨在使用经济刺激来左右人的决策。事实上，这是一个优雅的概念化过程，让斯金纳关于强化的想法落到实处。斯金纳在很久以前就意识到，人们需要将行动与奖励机制联系起来。而当人们将这些原则与数字世界结合起来时，它便成为一个重要的力量倍增器。

近年来，数字世界在人们的生活中扮演着越来越多样化的角色，例如，许多人通过 WhatsApp 通信软件来管理人际交流，通过网络举办社交会议，通过数字服务以及商务会议、谈判和并购来完成财务管理。无论我们承认与否，它们确实非常便利。技术有助于人们的心理健康，这在疫情期间尤为明显。然而，将全部生活转移到数字世界，意味着人们做出的每一步行动都将被测量和记录。测量的公开目标是改善用户体验，其隐藏目标是深入解读哪些设计有效、哪些无效，以及如何构筑数字环境，使用户朝着所期望的方向改变行为——花更多的钱，花更多的时间，对数字服务产生更大的依赖。躺在口袋里、被人随身携带的设备就是一种塑造思想的"斯金纳箱子"，箱子或界面的设计者控制了人们看到的信息、获取的内容、选项或被推荐的产品。

如今，人们终于通过技术迈出重要一步，开始对无意识冲动进行大规模建模。今天，只需通过一些算法就能很容易地弄明白"是什么让人这么做"，甚至无须经过线上互动，使用软件就能分析用户情绪。可以说，我们生活在一个拥有无限心理信息的时代。因此，有权访问数据就意味着能够控制媒体和公众。

公众意识的可塑造能力是惊人的。弗洛伊德的侄子伯内斯在一个世纪前就意识到公众意识可以被有效地操控。这种操控是一种有意识的、主动对他人施加的影响，目的是改变他人的思想、感受和行为，而被操控者却难以意识或察觉影响他的力量。"我怎么会花这么多钱？明明一开始只是想买自己缺的东西……下次一定要坚持按照购物清单消费"，这种想法完全错误地理解了造成冲动消费的真正原因。对许多消费者而言，列购物清单是徒劳的。在我的调查中，大约80%的消费者会购买大量清单之外的商品。事实上，50%以上的超市消费都可以被定义为冲动或情绪化消费——那些被买单的非必要商品，人们第一眼看到它们时产生的想法是"必须要买"。超市、商场和网站购物都是操控消费者心理的绝妙例子。从消费者开始选购的那一刻开始直到完成付款，一个程序化的过程也在悄然进行，它的最终目的是引导发生尽可能多的消费，这是购买环境设计与人类独特的认知系统结构相互作用的结果。

在伯内斯看来，受影响的不仅是个人，还可以是公众。伯内斯的职业生涯始于20世纪20年代初，当时他受雇于公共信息委员会，该委员会本着时任美国总统伍德罗·威尔逊（Woodrow Wilson）的精神推动新闻报道。伯内斯很好地完成了任务，彼时美国宣布参加第一次世界大战，他成功向美国人传播了这样的想法——美国参战是为了让世界摆脱压迫，同时传播民主、自由与和平的价值观。当威尔逊在巴黎和会上被公众视为解放英雄时，每个人都感受了宣传的力量。或许是成功的竞选经验让人头脑发热，伯内斯产生了革命性的想法，他提出以同样的方法来塑造公众舆论，即使是在和平时期。

伯内斯的著作《宣传》（*Propaganda*）第一章开篇如下："在民主社会中，对于公众行为模式和意见的操控至关重要，这些隐形机制的操控者共同组成的深层政府才是国家实际上的掌权者。"（Bernays,1928）任何懂得控制这些工具的人都可以做出改变历史的举动，尤其是在技术让人们接受这些想法，并将其纳入自己愿意花费时间的系统中的时候。2016年，美国总统大选时期就发生了一件让美国人感到不安的事。一家名为剑桥分析（Cambridge Analytics）的数据分析公司设法访问了社交平台脸书上数千万名用户的个人资料，通过分析用户的点赞模式抓取了用户的个人特质，并对他们发送了某些针对性信息。例如，如果一位选民被认为有"保守主义、民族主义且恐惧变革"的倾向，他就会收到一条信息，告诉他只有特朗普才有能力抵御政策可能带来的变化，特朗普将对移民实行更加严格的入境限制，并与主张维持现状的人抗争到底。

人类学家娜塔莎·舒尔（Natasha Schull）在著作《运气的诱饵：拉斯维加斯的赌博设计与失控的机器人生》（Addiction by Design: Machine Gambling in Las Vegas）中阐述了老虎机如何使玩家进入一种特殊的意识状态，使得玩家对环境和自身的担忧与恐惧全都消失了。手机的设计原理不仅与老虎机相同，而且还让用户从环境中脱离出来过渡到"无我之境"。一个世纪以前，弗洛伊德在《群体心理学与自我分析》（Massenpsychologie und Ich-Analyse）一书中就曾分析过这种令人向往的状态，他将其描述为"退行"，即退回到较早年龄阶段的心理活动状态。

1967年，著名传播学家马歇尔·麦克卢汉（Marshall McLuhan）的不朽著作《媒介即按摩》（The Medium is the Massage）出版，其背景关乎电视向"电子社会"的过渡，这个称呼在今天看来具有更多的意义，因为多媒体已成为塑造人类行为的环境。麦克卢汉认为，决定信息接收方式的不是内容，而是人的交流方式，传递消息的媒介本身已经融于消息之中。新技术不仅是设备上另一个功能和按钮的集合，还是改变人际关系的因素，因为它将改变通信形式和内容。可见，人类创造了技术，技术又反过来塑造人类。很大程度上，媒介决定了接收者如何接收和解读信息。环境对人的生活有着根本影响，即使我们认为它是理所当然的，它在不经意间已变得无形。

请试着回想一下，你在早上醒来，开始决定今天穿什么、吃什么、买什么。以上选择看似都源于自我意愿，但事实上是由设计表单、网站或应用程序的人在为你做大部分的决定。法学教授伍德罗·哈佐格（Woodrow Hartzog）在著作《隐私的蓝图》（*Privacy's Blueprint*，尚未引进中文简体版）中指出，为了大规模使用而设计开发的技术，其真实目的是限制人的选择范围，这意味着面向公众提供的服务也必然是以限制选择的方式构建起来的。换言之，人们只能从提供的选项中进行选择，而无权"访问"数百个没有被列出的选项。这一切都不是偶然发生的，正如谷歌（Google）前技术伦理学家特里斯坦·哈里斯（Tristan Harris）所言："谁控制了菜单，谁就控制了我们的选择。"

请再想象一个应用程序，它拥有你在脸书和照片墙上收到的点赞和评论、领英（LinkedIn）上关于你的推荐、推特上的关注量、优步（Uber）或Gett司机给你的评分以及易贝（eBay）卖家给你的评级。想象有这么一个世界，上述评价将决定你的生活方式、生活环境、社交圈子、工作类型以及获得的服务。

可能有人会说,这听起来好像是想象中的世界,可它就是我们当下的现实。在接下来的章节中,我将展开讨论人们是如何"屈服"于一个所有人都被贴上"质量标签"的世界,可能是通过点赞、评论和推文,可能是让人像木偶一般,被字符串组成的"细线"牵制了行为。我们似乎看到这种控制已经超越数字世界的边界,进入人的真实生活[1],造成了完全超乎想象的影响。

本书讨论的立场,绝不是削弱技术的价值及其对人类生活产生的积极的、变革性的影响。技术是发生在人类身上最好的事情之一,但本书并不关注技术当下可见的和已知的影响[2],而是试图阐明其塑造人类行为的潜在机制。众所周知,技术本身没有意志或意识,是人在技术空间中根据自己的意愿行事并使用其力量。至少在这一点上,数字技术是沉默的。就像电视机能向大众播放影片,但它别无选择,因为选择权在控制播放内容的人手中,所以它也是数字化的。

如何阅读这本书

本书将揭露数字环境是如何在无形中操控人的行为和意识的。它将告诉读者是什么潜在力量在人毫不知情的情况下作用

---

[1] 数字空间中的事件也是现实,书中使用"真实生活"一词旨在区分这两个空间。
[2] 本书的最后两章——《网络生活》和《网络和景观文化》,讨论了技术对个人和社会可见的影响。

在人身上，在人们下载的应用程序中有什么"魔药"令人上瘾，人们为何沉迷于"点赞"，哪些新的人格障碍会在不经意间出现，以及为什么虚拟世界变得比客观物理世界更加重要。

本书讨论了意识可能被操控的方式、技术对抗注意力的方式以及实现这一目标的大脑机制。对于人们在社交媒体上的生活、社交媒体如何影响人生活方方面面的相关讨论，本书都有相当大的参考价值。此外，本书还将深入探索网络对人的心理意义、网络如何改变人的生活，数字角色是什么、它如何让人为它工作，以及科技巨头在这些故事中所处的位置。

本书的内容以逐层递进的方式展开，前一章内容构成了下一章内容的基础，但它们彼此之间是相对独立的。如果您想了解习惯是如何产生的，或者致使受控行为成为习惯的大脑机制是什么，可以选择直接阅读关于"习惯"的章节。如果您想了解剑桥分析公司是如何影响美国总统大选的，也可以跳到谈论该公司活动的相关章节。

在每章的最后，我都做了实用性很强的内容总结，方便专业人士和学生学习可实际运用的知识。在个别章节，我还附上了扩展思维的讨论。虽然这些讨论与章节内容相关，但它们并不是章节的核心，只是帮助有兴趣的读者加深对章节主题的理解。

最后，祝您阅读愉快！

如果你能不断重复一个巨大的谎言，那么人们终会相信它。[1]

——亚历山大·马恰舍夫（Aleksandar Maćašev）

---

[1] 这句引言被广泛但错误地认为出自约瑟夫·戈培尔（Joseph Goebbels）。实际上，这是对戈培尔在丘吉尔的谎言工厂（Churchill's Lie Factory）中所写的话的转述，戈培尔在其中写道："英语中有这样一句话，当一个人说谎时，他应该撒一个大谎并坚持这个谎言。"（Maćašev, 2005）

第一章　你能获得几分好评

《急转直下》是英国电视剧《黑镜》(Black Mirror)第三季的开篇集。"黑镜"系列向人类释放了讽刺和警告信号,让人们瞥见了一个反乌托邦世界,这个世界或将在一年、两年或十年后正式成为人类的生存空间,甚至它在某些方面已经是人们真实的生活写照。

在这集故事中,主人公莱西生活在一个非常重视个人网络评分的世界,人们会在一个类似照片墙的应用程序上互相给出1—5分的评价。在那个世界,评分会决定人的生活走向。一个人获得的平均得分越接近5分,他就越有可能获得更多的选择,过上更好的生活(比如加入更好的俱乐部、与评分靠前的人建立社交联系等)。相反,如果一个人的评分较低,那么他就会被剥夺在物质世界中必需的许多服务和娱乐活动。可见,这些评分反映的是个体在人际交往中给他人留下印象的权重,甚至连匿名交互也会影响分数的计算。当一个人的视线在身边经过的人身上停留过久，或者在排队乘火车时将前面的人推上车厢，或者是"早安"问好不够亲和——他的评分都会受到影响。当然，打分并不讲究规则、规范，每个人可以根据自己的意愿完成评价。剧中，每个人可以通过自己佩戴的虚拟现实眼镜接收应用程序上的信息，还能看到周围人的评分。每当一个人经过时，虚拟现实眼镜会在对方的头上标识一个圆圈，显示该人的评分。

剧中的评分方法促成了一个完全依赖社交媒体的世界，一个不断考验接受度的世界。它强化了公民集体意识中某种认知，即每个人每时每刻以及每一步都在受到考量、评分和评判。这种理念深深地融入了每一个字节、每一个微笑和每一个眼神中，当然也意味着要付出沉重的情感代价——任何不恰当的行为都会严重影响评分。在这样的现实中，每个人都在努力通过互相奉承来提高自己的分数。此外，这一集在拍摄中使用了大量橙色、粉红色和青绿色等柔和的色彩，让世界看起来像是照片墙程序里的一个消息提醒，其中的一切看起来如此虚幻，又如此完美。

人们在虚拟世界中培养的数字角色正在成为现实。剧中有一个令我记忆深刻的场景：评分4.2分的莱西站在镜子前练习自然的微笑，为的是让笑容看起来更真实，为她赢得较高的评价。莱西非常渴望住进令人羡慕的鹈鹕湾社区，但那里的房租对她来说太高了。还好社区推出了一个特殊的福利计划，只要她能设法取得 4.5 分以上的评分，就能减免 20% 的房租。莱西意识到，为此她必须获得更高的评价。于是，她会见了一位私人教练，由对方来指导她快速提高评分。根据莱西的情况，他们认为在短时间内达成目标的唯一方法是在她的朋友圈中找到愿意给她高分的高层人士。这是因为，在这个评分系统中，评价者自身的分数将决定他给出的分数所占的权重，例如评分为 4.5 分或更高的人会拥有更大的影响力。

但莱西面临的问题是她周围都是中下层人士。她必须扩大交友圈，这不是一个简单的挑战。大多数情况下，人的社交圈子是封闭的，很难在不同的社交圈子之间游移。莱西决定通过与一群高评分人士重新建立联系来实现目标。她计划在一位高评分朋友的婚礼上作为伴娘发表一场催人泪下的演讲，以此获得在场高分人士的好评……但事情的走向逐渐变得不受控制。莱西在参加婚礼的路上遭遇意外事件导致她的评分立刻下降，以至于她的朋友打电话告诉她，这么低的评分让她不想找莱西当伴娘了。不过，莱西还是成功出现在了婚礼上，并对在场的伪善者说出了自己的想法。后来，她被逮捕羁押在拘留室里，也就是在那一刻她才到达了自由的世界——她终于可以咒骂、哭泣、崩溃，只为自己而活，不理会这些行为将产生什么影响。

只有在拘留室里，莱西才终于从评分游戏中解脱出来。

毫无疑问，这个故事反映了现代社会痴迷量化所带来的可能后果。虽然有的人很难理解这一点，但剧中呈现的现实与我们的生活现实，在本质上并没有什么不同——我们已经走在这条路上了。我曾有机会与一些企业主交流，得知他们中的许多人会避免在网络中透露自己的政治倾向，因为担心客户会对此反感。在生活中，人们会与优步司机"尬聊"以提高乘客评分；一些照片墙用户会给其他人点赞以获得"回赞"，并乐此不疲地计算刚发布的新照片已收获的点赞量；有的用户干脆在个人资料注明"有关必回"，拥有大量关注是一个象征，在数字时代中是成功的绝对表现——人们必须意识到这就是现实！

"黑镜"系列的创作者查理·布鲁克（Charlie Brooker）表示，"黑镜"这个名称指代的是人们随身携带的装配着薄而冰冷的屏幕的设备，但它旨在反映人依赖的技术如何将人自身最黑暗的元素带入生活，并让它们反作用于人类自己。崇尚名利、高调张扬、注重外在、不断攀比、量化自我价值、滥贴标签而不自知，这一切都成为与网络文化密不可分的元素，如果人们现在还犹豫不决，置若罔闻，很可能会走上一条不归路。

不必赘述就能明白，这并不是一场吓人的梦，也不是艺术想象。被描述为"反乌托邦"的世界是当今多国的现实状况，人们可能不会察觉到，数以亿计的街头摄像头正观察着公民的一举一动。政府正在逐步实施社会评价系统，通过面部识别技术、生物特征识别、语音识别、GPS数据，甚至是通过步行识人的技术。评价系统一般会涉及三个主要指标：财务，例如所得税支付和偿还贷款的情况；社会行为，例如是否遵守交通法规、是否遛狗拴绳、是否在禁止吸烟的场所吸烟等行为；某些社交网络指标，例如社交网络账号的好友数量、网络发言的友好程度（内容越友好，排名越高）。如果发布针对政府的攻击性言论，可能会导致用户被扣分，从而影响自身生活。换句话说，如果一个公民超速驾驶、有一两次未按期缴纳抵押贷款，并公开发表辱骂当地官员的言论——他的社会评价可能会很低，生活也或将受到限制。有时，这种社会评价体系不仅依赖于公民互动的行为和性质，还依赖于公民的社交圈。一方面，与评分低的人共事可能会有损评分；另一方面，社会评价高的公民可以在诸如看病就医、租用汽车、出行预订等方面享受优先或减免等奖励优惠措施。

私营公司也可以推出面向社会的评价系统，例如中国的零售巨头阿里巴巴，其金融部门推出了芝麻信用评价系统，旨在给客户进行信用评级，类似于美国的银行客户评级。不过，据说该评价也受购买物品类型的影响，例如，购买彰显社会责任感的物品（如尿布）会提高分数，而购买电子游戏则会降低分数。

一般来说，社会评价系统可以面向政府、商业公司、公共交通系统和雇主。因此,未偿还贷款的公民所受的限制将不限于金融交易。他将无法预订飞机或火车的头等舱座位,也无法获得某些服务或申请贷款。若想解决这个问题,个体需要通过某些行动来提高自己的社会评分,例如参加志愿者活动或为公益事业捐款等。此类事件在西方国家已存在一段时间,当向大众推行带有附加利益的事情时,人们便会同意放弃一些隐私和自由以换取某些利益——换句话说,这是一场伪装成趣味活动的政治游戏。

有官方声称,评价制度能增强公民与政府之间的信任和社会稳定度,其目标是"让诚信的公民自由自在,而无信誉的公民举步维艰"。但实际上,让我们对陌生人产生信任的,是来自第三方(卖家、房东和司机)对其的评价。

牛津大学赛德商学院的副研究员瑞秋·波特斯曼(Rachel Botsman)在她的著作《你能信任谁》(*Who can You Trust*,尚未引进中文简体版)中分析道,评价系统帮助人打破从小学会的第一条规则:永远不要和陌生人乘同一辆车。在数字环境中,人们试图寻找一个快速直观的信号以了解某个人是否值得信任,而代表一个人声誉的评价就能起到这样的作用。当下是这么一个时代——人们可以毫无疑虑地信任一个通过优步驾驶私家车接单的陌生人,信任一个通过爱彼迎(Airbnb)在家留宿的陌生人,或者去一家朋友从未推荐过但在点评网站

Yelp[1]上评分高的餐厅吃饭。尽管如此，波特斯曼表示Yelp的评价方法存在两个问题。首先，人们往往过于依赖评价，而忽略了评价有时是被夸大的、不可靠的，例如事先说好给彼此好评的情况。其次，也是更重要的，是这些评价可能会导致以偏概全，例如一个人不是"好"的优步乘客，并不代表他在其他事情上获得的评价也是如此。这些评价基于一种陈腐观念，即个体是其获得评价的总和，并且个体在不同情境下的所有交互都能以一定算法得到一个总体评分，得多少分就反映了这是一个怎么样的人。

基于追踪和收集信息的评价方法正以迅猛势头扩展到各个领域。除了人们已经熟悉的优步、易贝、爱彼迎等应用程序附带的评价系统外，市面上逐渐出现了更广泛的评价系统，包括2016年3月推出的Peeple。Peeple是一个允许用户撰写关于邻居、校长、老师甚至配偶评价的应用软件，用户必须使用真实姓名注册，并从专业角度、个人角度等方面来表达对每个人的意见，甚至还可以在约会结束后对潜在的对象进行评分。最初，这个应用程序的开发人员希望评价者能给出真实的分数，但他们收到了不少负面批评，就放弃了这个想法。另一个应用程序Klout是根据用户在社交媒体上的影响力（点赞、评论、转发等）为用户进行打分，现在有的人还会把他们的Klout评分

---

[1] Yelp是一个分享评论的点评网站，允许用户分享关于美国各地企业的评价和推荐。

添加在自己的简历中，证明自己拥有良好的声誉。今天，人们在脸书和照片墙等平台上的评分和回复也将获得平台之外的价值。某次，我在采访女性招聘专员和人力资源经理的时候，她们告诉我，如今每个招聘专员在联系应聘者之前都会查询对方的脸书和领英账号，访问个人资料，在许多情况下，没有通过初步筛选的候选人就止步于此。这说明，人们正在积极使用更加个人化的评价系统。不难想象，在这样一个世界里，公寓房东将更愿意把房子出租给拥有良好网络评价的人，甚至是在脸书上更受欢迎的人，或在照片墙上拥有更多关注者的人。

本章要点

崇尚名利、高调张扬、注重外在、不断攀比、量化自我价值、贴标签而不自知，是与网络文化密不可分的元素，如果人们仍犹豫不决，置若罔闻，很可能会走上一条不归路。

人们会信任软件上素未谋面之人的评价，但这些评价可能会导致以偏概全。这些观点以一种陈腐观念为基础，即个体是其获得评价的总和，并且个体在不同情境下的所有交互可以计算得到一个总体评分，得多少分就反映了这是一个怎么样的人。

基于追踪和收集信息的评价方法正扩展到各个领域。除了人们已经熟知的评价系统之外，更广泛的评价应用程序正在面世。

今天，脸书和照片墙等系统中的评分和回复将在应用程序之外获得价值。如今招聘专员也会把应聘者的脸书和领英账号上的个人资料作为参考之一。人们正在积极使用更加个人化的评价系统。

控制意味着将人的大脑撕裂,并以你选定的新样式将其缝合。

——乔治·奥威尔(George Orwell)

第二章　在数字世界里了解一个人

如今，有些技术能以无法想象的规模对来自各种数字资源的信息进行整合，它们可以通过追踪用户留下的数字"足迹"来建立个人资料，然而这个过程往往在用户不知情，且未被告知或未征得许可的情况下完成。

我将在第十章中详细介绍"数字足迹"（digital footprint），它指的是在数字空间中可被追踪的所有活动。数字足迹分布在网络上，它能诉说每个网络用户的私人故事——一天登录多少次脸书、点赞多少次、登录多少次新闻网站以及在谷歌上搜索什么等。手机能在用户不知不觉中泄露大量个人信息，例如在哪里生活、工作，喜欢去哪里玩以及习惯做什么等。人们在数字空间中的每一个动作都会留下数字足迹。当把这些"足迹"集中分析时，就能揭示有关用户的个人偏好、习惯和特征信息，还包括是否有相信某些阴谋论的倾向，以及是否是娱乐八卦的粉丝等。这些分析的用途非常广泛，适用范围从营销和销售、审核贷款，到产生政治影响，甚至还可以储存在提供求职者信息的人力资源公司的数据库中，从而可以让招聘者不依赖候选人来获得信息。用户在网络上的每一个动作，无论多细微都会被监测，比如按键、打字、犹豫、深思以及参与互动的程度。

我会在第十章详细介绍剑桥分析公司，它是最早实施上述想法的公司之一，它们通过收集用户数字足迹，以及为每个用户定制私人消息，从而让用户在无意识间改变了行为。该公司前雇员克里斯托弗·怀利（Christopher Wylie）透露，剑桥分析公司先后为美国联邦参议员特德·克鲁兹（Ted Cruz）和唐纳德·特朗普（Donald Trump）提供服务，涉及约5000万名脸书用户的个人资料。他们的目标是"利用对用户的了解来建立模型，并瞄准用户内心的恶魔。这是整个公司工作的基础"。（Wylie，2018）

这件事引起了轩然大波，但它并没有阻止其他公司以类似的方式在数字世界中干预并控制每个用户收到的消息——行业已经知晓那些无意中收到的消息对用户意识存在何种潜在的巨大影响力。应用程序Spinner的开发者意识到，在政治以外的其他许多领域同样可以影响用户行为。Spinner提供了这样一类服务：它允许用户按照自己的想法，通过控制特定对象所访问网站上的内容，在对方不知情的情况下影响他。简单来说，只需支付29美元[1]的费用，就可以在某些人脑海中"植入"一些想法。该网站提供了许多专用内容套餐，每个套餐包含十篇指定主题的文章。当特定对象（目标[2]浏览者）浏览某个网站时，他在三个月的套餐有效期内将被推送事先选定的内容，例如被劝说买狗，或者被劝说戒烟等。

Spinner能提供一些能对个人生活发挥作用的服务，例如推送诸如"在法庭外解决离婚诉讼的四个技巧"之类的文章，期望配偶重新考虑是否在法庭上提交离婚诉讼。有一个专为男性提供的流行套餐叫作"开启浪漫关系"，该套餐在销售时承诺能让女性在浏览内容后产生情欲。另一个流行套餐则有助于摆脱不喜欢的同事，其重点是试图通过诸如"现在是退休的好时机"或"如何写简历"等内容来刺激同事去找新工作。

Spinner还能提供定制服务。例如，当子女两人因出售父母留给他们的房子而发生争执时，其中一方就可以通过购买服务，让另一方收到强调出售收益的内容，从而达成说服出售的目的。Spinner模型允许每个用户针对一个目标对象，通过让对方浏览关于戒烟、求婚、复合或发生亲密行为等的信息来改变他们的想法。推特上有一段有趣的视频，一位非洲裔美国女性

---

[1] 该价格以本章的书写时间为参考，可能会有变动。
[2] "目标"一词源自广告和营销领域，意指使根据某些标准细分出的目标受众，接收可能与其相关的营销和政治内容。

解释了她是如何让她的男朋友看到诸如"求婚前的七种迹象""如何选择订婚戒指"（Mrs. Joseph，2019）等文章来促使他向她求婚的。截至写稿时，该视频获得了50万次观看量。不难发现，这项服务最能证明在数字世界里没有明确的规则，任何人都可以在灰色地带进行一番操作。

另一个有趣的例子是填写在线问卷。人们可能从未想到或是不曾知道，在网站和应用程序上填写的在线问卷是丰富而广泛的个人信息来源。典型的评价系统会根据你提供的详细信息来打分，还会设置收入水平、教育或健康状况等变量。例如，汽车保险会考虑参保人先前的事故数量，健康保险会考虑过往病史并有针对性地进行评估。请想象一个申请创业贷款的情景：申请人穿着量身定制的衬衫，确保刮好胡子后，在银行工作人员面前坐下，对方试图根据所有可能的线索，考察他是否可以被信任，是否有偿还全额贷款的能力。除了参考过往财务史，银行工作人员还会尽量从会面时的行为举止中找出尽可能多的细节，比如看起来是紧张还是放松。这些信号也是信用记录的重要组成部分。或者，请试着想象自己点开一个在线问卷并开始填写。假设你在填写特定内容时有些犹豫；或者在填写某个答案时，输入速度与其他字段相比特别慢；或者一开始跳过某个问题直到最后才回答——这一切操作行为都会被监测并记录，然后用于进行整体评估。

因此，仅是在填写问卷时犹豫不决，也可能会影响对问卷填写人的评估。我曾负责一个美国某主流保险公司的项目，就健康保险申请表填写过程中的用户体验，向他们提供建议。我做的第一步，是观察用户填写详细信息时的行为。其中有一位用户做出了一个奇怪的行为。当被问及是否吸烟时，他的回答是肯定的，随后他需要回答自己一天抽多少支烟。他没有立马回答，似乎显得有些犹豫。停留许久后，他最后填写了一个确切的数字，继续往下答题。当他填写完问卷时，被要求保证自己提供的详细信息是正确的，并签字确认。此声明还附有一条细则：若所填信息不正确，公司将保留采取法律行动的权利。这份声明连同签字被认为具有有效的威慑力。这位用户阅读完声明后，立刻点击返回，将此前给出的关于每天吸烟的数量改成一个更高的数字。分析完这位用户在同一页面的行为后，我发现他不仅在回答这个问题时花了很长时间，而且之后填写其他答案的速度也变慢了。这说明说谎会提高人的唤醒（arousal）水平，大脑系统处理唤醒的一种机制是普遍减缓行动，在这里就表现为用户撒谎后答题速度变慢。

除此以外，人们还可以根据易于检索的数据（例如每月支出）来判定一个人生活的稳定程度，比如一个人近几个月的支出情况。假设一个人当月的总花销为八千新谢克尔（以色列通用货币），次月为两万新谢克尔，第三个月为三千新谢克尔，那么此人将立即被评为生活不稳定。测试稳定性还有一种富有创造性的方法，就是分析 WhatsApp 的对话。研究发现，经常与家人朋友交谈的人一般比缺乏支持基础的人更稳定。

不论人们提供的个人信息如何，通过上述方式就可以开发一个只依靠用户留下的数字足迹来标记可信赖度或稳定度的模型。一个有趣的例子是新建联系人。研究发现，有些用户会在系统专设的空格中填写好相应的细节，一般会包含姓氏、名字、公司等信息，例如"张三 办公室"或"李四 快递员"等，与那些随意填写联系人信息的人相比，他们被认为更具条理性、更有强迫倾向且人际交往能力较低。在不久的将来，或许每个人都将拥有一个基于网站、社交媒体或应用程序上留下的足迹的数字状态，它将被传递给任何想要测试用户的人。因此，当你下次遇到填写数字问卷时，请留心填写速度以及任何相关操作，以及自己添加新联系人的方式。

用户信息被收集起来后，将被用于广泛的领域，其使用目的可谓无穷无尽——从以商业营销和销售为目的，到以施加政治影响力为目的，再到公司以配备职员和筛选工作候选人为目的。因此，公司最感兴趣的是建立关于每个人的数据库并以此进行信息交易——这就是商业模式。以导航应用程序为例，此类应用程序将用户当前位置信息发送到服务器，从而能计算用户到达目的地所需花费的时间。但它同样可以把这些信息发送到第三方数据库，通过安装在设备上的附加应用程序获取对联系人的访问权限。虽然两个应用程序拥有的权限是独立的，但如果两者都使用了相同的第三方数据库，那么该数据库就可以获取不同信息。

一个影响用户的普遍方式，是逐渐向他们增加所见内容的激进程度。在纪录片《监视资本主义：智能陷阱》（*The Social Dilemma*）中，视频分享平台优兔网（YouTube）的一位负责开发推荐引擎的前工程师说：数字化陷阱是算法倾向于使内容激进化。例如，如果一个女孩正在寻找关于节食的视频，那么她很可能会被推荐看一个关于厌食症的视频。算法知道如何将用户引导到最令人兴奋、最激进和最耸人听闻的内容上，但这不是因为优兔网想蓄意伤害用户或将想法植入用户的脑海中，而是因为这种方法被发现能有效保持用户注意力。当然，这些算法都是在没有恶意的情况下运行的，实际上没有特定的意图，它们只是从程序员那里得到了一个关于积极性强化的定义，在优兔网的这个例子中指的就是尽可能延长用户使用该软件的时间。经过反复试验，模型了解了什么会让用户在网站上花费更多时间——内容越吸引人、越激进、越具阴谋性，用户就越有可能长时间停留。

目前，数字世界还没有规范使用时间或防止上瘾的法规，也没有用于定义用户是否上瘾的手册。每个用户都需要对自己负责，而个人承担责任的前提是自由选择。但这里的问题是，不论是数字世界、网络、购物网站还是游戏中的交互，都没有为用户带来真正的自由选择，因此希望用户负责任地行事是一种错误的期望。为此，用户参与了无休止的"实验"，其中许多是在不知情的情况下进行的，用以测试促使用户采取行动的积极性强化物是什么：文章标题中出现的"性"一词是否会引来更多的点击？标明"仅限今日"更好，还是"24小时内"更好？把哪个产品放在热门产品旁边，能激发更多人去购买？什么是"蒙蔽"用户最有效的方法，让他们在进入网站时难以觉察网站在收集有关他们的信息？可以说，人们在数字世界中做出的"决定"，几乎都不是自由选择的结果，因而能够控制菜单选项也就能控制人们的行为。

以前文提到的应用软件 Yelp 为例，这是一款用于分享评价和推荐的应用程序，其业务范围涉及美国各地的餐馆和酒店，以及车库、诊所和健身房。该平台声称，他们使用的算法会根据用户的相关性过滤用户推荐，具有可靠使用史的用户的评论将会获得权重加成，以帮助其他用户选出最合适的商家。尽管该平台试图为用户营造一种他们的算法是客观的且基于评价的感觉，但其收入的主要来源是广告。为了获取经济利益，网站排名靠前的商家会被建议通过付费来增加曝光率，以及提高正面评价的可见度。当一位用户进入应用程序搜索特定区域内的餐厅时，他认为他正在从所有可选项中进行选择，而实际上呈现给他的选项已被以某种适合平台利益的方式过滤了一遍。很明显，平台上的评论和评价并不是客观的。

即使是被认为完全客观的应用程序，比如导航应用程序，实际上也会利用心理操纵，探究能"更有效"地提高用户评价的方式。导航应用程序的开发者研究的是这些问题：如果提供给用户的预计到达时间比实际花费时间多了几分钟，用户是否会觉得自己"跑赢了时间"？或者，是否最好能为用户提供准确的预估，从而提高应用程序的可靠性？是否存在第三种选择，那就是提供一个时间差值，即给出一个比实际所需时间更短的预计时间，让用户在出发时就心情愉悦。（Grabowski，2018）

毫无疑问，上述例子足以说明数字用户没法自由选择的事实。人们很容易低估操控意识的力量及其影响决策的方式，我们每天接触的信息和它的呈现方式就是这样显著地影响了人的选择，这就是所谓的"框架效应"（the framing effect）。框架具有影响决策的能力，这听起来像是具有颠覆性的观点，它的影响确实十分深远。它之所以如此有效，是因为人们通常没有将注意力放在这一点上。众所周知，人们在刷卡付费时一般不介意多支付一些费用，但如果信息以不同的方式呈现，比如不显示现金支付具有折扣，而是强调刷卡付款要多缴税，那么人们就会拒绝支付附加费用（我将在第九章中详细讨论这一点）。

因此，在我们接触数字世界之前，类似"框架"这样的认知偏见早已存在，而在数字世界中，行为设计已经上升到了艺术的水平。换句话说，算法比人们更了解人们自己。

在数字世界中，设计大众意识的领域被称为"行为设计"（behavioral design）。该学科以经济学原理为基础，致力于了解如何让人们以程序所有者所期望的方式行事，包括在应用程序上花费更多的时间、加入特定的服务，或者与某些特定的人建立联系。唐·诺曼（Don Norman）在《设计心理学》（*The Design of Everyday Things*）一书中指出，通过数字环境的设计，可以指导、管理甚至提前设定我们想要的用户行为。

本章要点

数据收集技术可以通过追踪人们留下的数字足迹来建立个人资料，这通常在人们不知情且未告知或征得许可的情况下完成。

目前，数字世界中没有规范使用时间或防止上瘾的法规，也没有定义用户是否上瘾的手册。用户需要对自己负责，但个人承担责任的前提是自由选择。然而，数字世界、网络、购物网站和游戏中的交互并没有为用户带来真正的自由选择，因此希望用户负责任地行事是一种错误的期望。

在数字世界中，设计大众意识的领域被称为"行为设计"。该学科基于经济学原理，致力于了解如何让人们以程序所有者所期望的方式行事，包括在应用程序上花费更多的时间、加入特定的服务，或者与某些特定的人建立联系。长期以来，该领域控制并影响着每个用户收到的消息。

人们很容易低估操控意识的力量及其影响决策的方式，但是人们所接触到的信息及其呈现方式，都显著影响着人们的选择，这就是所谓的"框架效应"。框架具有影响决策的能力，这听起来甚至是具有颠覆性的发言，它的影响十分深远。而它之所以如此有效，是因为人们通常没有将注意力放在这一点上。

用户界面的设计可以影响用户在网站或应用程序上的操作，这些操作可以让用户购买原本不打算购买的产品、在网站上花费比预计更多的时间、每隔几分钟检查一次手机新消息提醒、订阅不需要的邮件，或者花几个小时玩游戏。

科技公司正致力于通过建立最有效的"环境协议"来获取更多利润。

新兴人类语言真正的独特之处,不在于它能够传达关于现实的种种信息,而是在于它能够谈论现实中根本不存在的事物,从而创造出一个新的现实。

——尤瓦尔·诺亚·赫拉利(Yuval Noah Harari)

第三章 这是一个虚拟奖励的时代

乌巴·巴特勒（Oobah Butler）是一位英国撰稿人。某次，一家他从未消费过的餐馆的老板支付给他十英镑，请他在网站上写一篇能提高餐厅评分的正面评价，这一刻他感受到深深的虚假感。巴特勒在《薇思》（Vice）杂志上写道："有一天，我坐在我住的小屋里产生了一个念头：在一个一切都是虚假的时代，建立一家虚假的餐厅也是完全有可能的。"那一刻，他做了一个决定：把自己住的小屋打造成在旅游平台猫途鹰（TripAdvisor）伦敦地区榜上排名第一的餐厅。巴特勒打算用虚假评论、神秘感和一丝想象的空间作为搭建这个项目的"乐高积木"。没想到，他在很短的时间内就成功地使一家根本不存在的虚拟餐厅成为伦敦最受欢迎的餐厅之一。这家名为The Shed at Dulwich的餐厅提供各式各样的概念菜，例如，在烤面包上放兔腰子的"激情"菜，或用素食者可食用的牡蛎做成的"同情"菜等。餐厅的菜单上还附有令人垂涎的菜品展示图，但实际上它们都是由剃须泡沫、油漆和放在一旁的煎蛋拍摄而成的。

这家餐厅一开始的排名是第 18149 名，是伦敦排名倒数第一的餐厅，得益于虚假评论，它的排名一路攀升。关于这家餐厅，一篇题为"无与伦比的乐趣"的评论中写道："现在很多餐厅在确定风格时都会犯错误。但在这里，你总能找到合适的氛围。"另一篇相关评论则说："太阳下山后，为我们提供了毯子服务。我们礼貌地拒绝了（因为其中一条毯子上有污渍），但这确实是一个增加自然氛围感的好主意。"很快，这家餐厅就收到了邀请函和公关提案，得到了媒体的报道。在餐厅资料首次上传到网站后仅六个月，它的排名就飙升到第一名。

人类与其他动物不同，是唯一通过口头语言交流的物种，因此也是唯一能够进行具象思维和抽象思维的生物。凭空想象的能力使人类能够体会物质现实中不一定存在的体验，就像品尝不存在的菜肴一样。这种通过语言来表达现实中不存在的事物的能力，使人能够获得的奖励也因此变多。历史学家尤瓦尔·赫拉利的著作《人类简史》（Sapiens：A Brief History of Humankind）的第二章中，描述了大约七万年前，智人如何发展出多样化的语言，从而开始主宰其他原始物种，进而主宰世界的过程。在语言革命期间，智人学会了以独特的方式表述谎言。今天，新的数字现实使人们不仅乐于得到物理现实中不存在的奖励，甚至还迷恋现实中不存在的人物。

因此，与其他动物相比，人类的优势和劣势在于能够通过想象自我满足，甚至在投诸实践之前就能想象这种体验。通过想象，人类能够在脑海中模拟从未经历的事件、预测未来的场景，并将情感通过点赞和表情符号表达出来。如果人类无法从虚拟表达中领会情绪，那么已经成为人类生活不可分割部分的数字世界将毫无价值，毕竟虚拟世界建立在虚拟拥抱、虚拟握手甚至虚拟奖励等表达之上。如果人类没有概念化的能力，数字世界就不会存在。例如，让老鼠或其他动物对药物上瘾很容易，但几乎不可能让老鼠对手机上瘾。心理成瘾的根源在于人类对可感知刺激的表征，它会让人对刺激带来的东西产生依赖。如今，人类文明已经难以区分模拟与现实、虚拟与真实、谎言与真相。

在2016—2021年的五年间，19岁巴西美少女里尔·蜜葵拉（Lil Miquela）在照片墙上积累了约300万名关注者，在声田（Spotify）上拥有超过27万名听众。她的追随者开设了一个特别活跃的论坛，关注她的每条推文动态。蜜葵拉会发布在所居住城市的街拍，她曾与意大利时尚品牌普拉达（Prada）合作，并为范斯（Vans）做广告，她会参加时尚发布会，喜欢上传在时尚餐厅的自拍照或海滩边的美丽日落。你可以想象，当她的创造者宣布这是一场公关活动时引发的巨大风暴——蜜葵拉只是一个由计算机生成的角色，旨在吸引追随者和网友。她属于一系列被称为"虚拟网络红人"的社交媒体博主。

图 2　蜜葵拉（右）（图片来自照片墙）

蜜葵拉大获成功，这使许多以线上客户为主的公司开始考虑是否有必要在社交媒体上联系名人、模特或有话题度的人来推销他们的产品。在可能的情况下，公司完全可以从零开始创建一个完美的虚拟产品展示者。虚拟网络红人有一个明显的优势，那就是他们不必受制于真人代言人所受的监督，创建并发布虚拟人物形象也无须透露虚拟人物的身份。此外，虚拟人物不需要打理外表、保持身材或以牺牲身体健康为代价做整形手术，他们不会请假，也不会抱怨拍摄条件。像蜜葵拉这样的虚拟网络红人，最显著的优势在于关注者对她的喜爱是非常真实的，即使她只是虚拟人物。具有讽刺意味的是，虽然她的"真实"身份是公关活动的衍生品，但是她的关注者在得知"真相"后并没有感到被欺骗，反而更加喜爱她。整个故事反而让她的人气上升。可见，真实性并不是获得奖励的必要条件。事物、人物、产品或菜肴，都足以唤起人们的情感。

根据赫拉利的说法，人类能够取得令人眼花缭乱的成功，并到达动物金字塔顶端的原因，源于为自己编造的故事。人类用于管理生活的规则——组织、机构、政府，并不存在于物理现实中，而是想象的结晶，是语言允许人们通过言语和文字相互交流想法。如果把一千只黑猩猩安置在一个足球场里，想必会乱作一团，场面将完全失控。然而，由于人类可以相互交流，能彼此领会并相互传达诸如保持秩序、排队等候等概念，所以即使把一千人安置在一个足球场中也不至于场面混乱。一方面，这是因为语言能使一群人相信一个特定的抽象概念，即使这个概念并不存在于物理现实中；而人以外的其他动物仅能使用它们的通信系统来描述物理和直接现实，例如黑猩猩能表达的可能是："这是一头狮子，快跑"，或者"这是一棵香蕉树，来摘一根香蕉"。另一方面，因为人类不仅能使用语言描述物理现实，而且还可以创造新的现实，即一个不存在于物理世界但存在于想象和思想中的虚构现实。而对动物来说，获取回报的途径是直接的感官和知觉体验。动物无法想象晚上在高档餐厅或在下周飞往巴黎的航班上会吃什么，也无法自娱自乐于一些天马行空的想法，比如幻想比基尼美女。

人类大脑中被称为"前额叶皮层"的区域使意象思维成为可能，这一区域是人脑中最后发育成熟的部分之一。该区域涉及高级认知功能的形成，例如抽象性思维、想象力、概念化，以及幻想物理现实中不存在的体验。这些能力是创造、创新、文化、道德和理性的基础——它们将人类与其他动物区分开来，为人类所引以为傲。有一种普遍的观点认为，这些能力使人成为人，它们是人类发达的心理世界的基础，也是人能被操控的前提；是它们让人类的生活处于难以区分现实和可视化、真实和虚拟的中间状态。在自然界中，没有什么动物像人类这样，自豪于拥有不依赖现实就能模拟世界的能力。目前，尚未有研究发现黑猩猩会为了能在死后的世界获得香蕉而努力工作，或者更喜欢爬上一棵刻有"咬过一口的苹果"符号的树（据说该符号象征着精英主义和地位）。而人们引以为傲的上述品质，则引导着人们生活在模拟的现实中。

这或许就是广告如此有效的原因。老鼠不会因为看到葡萄的照片就感到满足，但人类不需要真的接受刺激就能沉浸在美好的感觉之中——想一想就足够了。与其他动物不同，人类看到比基尼美女或者奶昔、汉堡就能释放多巴胺。多巴胺是一种与愉悦感有关的神经递质。因此，你永远不能以"这么做死后会上天堂"为理由说服一只黑猩猩给你一根香蕉，但人类却会被类似的理由说服。心理学家罗伯特·萨波尔斯基（Robert Sapolsky）在他的一次演讲中完美地阐释了这一观点："人类是唯一一种为求得回报不惜等待多年的物种。有时，这种回报基于一种信念体系，哪怕奖励无法在今生今世到来。然而，没有老鼠或猴子会愿意不停长途跋涉，只因圣地在前方。"（Sapolsky，2011）

于是，问题来了。人类在没有科技的情况下好好生存了数百万年，那么科技到底是如何与人类的奖励系统紧密关联？虚拟奖励正成为人类奖励系统中不可或缺的一部分。在这里，"虚拟"一词用于描述一种从现实世界中汲取了某些元素但并不真实的存在。例如，当你在电脑上玩战争游戏时，可能会感到兴奋、沮丧或急迫，但没有受伤的危险。战争游戏的发明者甚至认为，游戏中的虚拟体验甚至超过了真实体验，因为相关危险在真实体验中几乎不存在，而玩游戏的人却设法体验了危急、快乐、胜利和惊喜，这些感觉随着游戏变得越来越复杂，并被放大、被传递到现实可感的世界中。

数字世界把一系列新的人为刺激植入大脑的奖励系统里，这些刺激充斥感官，超越了今天人们能想象的快乐和兴奋的极限。数字技术带来的奖励使人类历史上的兴奋强度到达峰值。它让大脑体验了一种物理现实无法与之抗衡的新型生理性激活状态。实际上，当下的人们生活在双重现实中，而其他动物却仅生活在客观现实中，与山脉、河流、其他动物等客观实体相伴。诚然，人类也是这个现实中的一分子，但多年来，人们已在客观现实之上创造了第二层由虚构事物组成的虚构现实，而且这个现实日益占据主导地位。人们正全力以赴奔向完全在虚拟世界中的生活。这将是虚拟现实的巅峰，有史以来，人类第一次在物理现实以外的现实中花费更多的时间，这个现实中的对话、情绪、快乐、刺激，甚至连性都是虚拟的。人可以在网络空间做生意，在线上商店购物，在虚拟平台上交友，甚至通过虚拟导览参观博物馆和景点——这些都意味着人们获得的体验实质上也是虚拟的。

今天，人们足不出户就可以"去往"世界上的任何角落来一场虚拟旅行，用美颜滤镜就能达到整容效果，甚至还可以上传自己的照片来体验换装。挪威时装品牌Carlings就能提供数字时装服务，用户从网站上选择一件衣服，发送一张自己的照片就可以收到一张自己穿着那件衣服的图片——哪怕这件衣服在现实中并不存在，产品也不能真的穿上，也丝毫没有减损用户购买它时的乐趣。事实证明，Carlings的整个数字时装系列在短时间内都销售一空。这个荒谬的创举背后还有一个有趣故事。Carlings的首席执行官最初不相信有人会为了晒出一张穿着现实中不存在的衣服的照片而付钱。他把这个自认为愚蠢的想法告诉了他的孩子们，而孩子们告诉他当下正热的游戏《堡垒之夜》

（Fortnite）通过出售角色的游戏皮肤就大赚了一笔。

人类开发的想象世界正日益丰满，并改变着人类。如前所述，人们正将生活从物质世界中一点点转移到被创造的世界中。当青少年被问及哪一个更具有情感价值——是网络中的照片，还是挂在家中墙上的照片时，他们的回答十分明确。由于点赞和评论的加成，网络中的照片具有更高的情感价值，尽管"赞"本身只是一种虚拟符号，没有实际价值。点赞像是一种社交惯例，当一个人讲述有关自己的故事时，另一些人通过一个"竖起的大拇指"图标来表达对故事的欣赏和喜爱。因为奖励和刺激都是虚拟的，听起来这种转向虚拟世界的改变，会降低人们对奖励的期望。但恰恰相反，收获奖励的滋味从未让人感到如此上瘾。

本章要点

人类是唯一一种通过口头语言交流的物种，也是唯一能够进行具象思维和抽象思维的生物。

尤瓦尔·赫拉利认为，"新兴人类语言真正的独特之处，不在于它能够传达关于现实的种种信息，而是在于它能够谈论现实中根本不存在的事物,从而创造出一个新的现实"。今天,新的数字现实使人类不仅乐于得到物理现实中不存在的奖励,甚至还迷恋现实中不存在的人物。

通过想象,人们能够在脑海中模拟从未经历的事件、预测未来的场景,并通过点赞和表情符号表达情感。虚拟世界建立在虚拟拥抱、虚拟握手甚至虚拟奖励等表达之上。如果人类没有概念化的能力,数字世界将不会存在。

人类大脑中被称为前额叶皮层的区域使意象思维成为可能,该区域是人脑中最后发育成熟的部分之一,涉及高级认知功能的形成,例如抽象性思维、想象力、概念化和幻想物理现实中不存在的体验。这些能力使人类的生活处于难以区分现实和可视化、真实和虚拟的中间状态。

"虚拟"一词用于描述从现实世界中汲取某些元素但并不真实的存在。例如,玩战争游戏可能会让人感到兴奋、沮丧和急迫,但没有受伤的危险。

数字世界已经将一系列新的人为刺激植入了人类大脑中的奖励系统里,这些刺激充斥着感官,超越了今天人们所知的快乐和兴奋的极限。科技让大脑体验到了一种物理现实无法与之抗衡的新型生理性激活状态。

人类实际上生活在双重现实中，而其他动物都生活在客观现实中，与山脉、河流、其他动物等客观实体相伴。诚然，人类也是这个现实的一分子，但多年来，人类已经在客观现实之上创造了第二层虚构的现实，它由虚构的生物组成，而且这个现实日益占据主导地位。

这是人类历史上第一次在物理现实以外的另一个现实中花费更多的时间，在这个现实中所有活动都是虚拟的，人类由此获得的体验实际上也是虚拟的。

一切我们想象中会到来的东西都会给我们带来快乐,我们努力使其成为现实。

——巴鲁赫·斯宾诺莎(Baruch Spinoza)

第四章　最成功的科技能唤起人的情感

导航类应用程序位智（Waze）的用户需求非常明确：快速到达目的地。某次，我陪同他人旅行时，发现了一件惊人的事情。司机长时间使用该应用程序后，即便知道如何到达目的地，即便能预判某时间段路况根本不会拥堵，大部分人仍然会在上车后立即开启位智，不仅仅是为了寻找最快的路径或防范超速，还因为它会带来一种安全感。当司机遇到路口时，他们可以不假思索地向左转或是向右转——应用程序带给人一种确定感，这是它们被使用的真正原因。

如果说最成功的社交网络、应用程序和技术都有一个共同点，可能就是它们在用户身上成功地建立了情感依赖。开发人员向我寻求有关新应用程序的建议时，通常会告诉我他们的技术能提供多少功能性价值，而我的第一个问题一般是问他们这个应用程序的情感价值是什么，它能唤起用户怎样的情感。数字技术的发展旨在提供一种功能性的解决方案——为人服务、提高生活质量、使就业机会多样化,并扩大人际和商业交流范围,这已成为人们生活中几乎唯一的快乐源泉。数字交互的设计者小心翼翼地为人们创造情感上的奖励,以回应人内在的心理需求。

我将在第十三章中讨论联想学习,即通过技术与其唤起的情感之间的联系,来学习特定奖励与其附加价值之间的关系。简而言之,大家觉得脸书很好用,是因为它提供的各项服务让大脑学会把脸书与积极的接纳感和归属感建立匹配关系,例如唤起对过去的回忆,提醒好友个人资料上的头像更新,或者提醒好友的生日即将到来等。正面情绪的回馈赋予了应用程序心理价值。

此外,在社交平台替换头像的功能价值也很明显,尽管看起来只是用新照片替换了旧照片,但是这种更改满足了用户当时的情感需求,对用户而言有重要价值,在大多数情况下甚至超过了应用程序的功能需求。用户数字行为观察表明,当人们感到需要社会认可,想获得关注、归属感或自我优越感时,就会选择更换头像。脸书敏锐地关注到这一点,于是当你更改了头像后,它的算法知道如何识别并将这一消息告知你的好友。脸书的管理者知道,一旦用户更改了个人头像——用户会对来自环境的反馈特别敏感,尤其反映在对点赞的关注上,这种关心和认可构成了他们自我价值中重要的部分,能为用户带来很不错的感觉。而这种不错的体验感,最终将与平台本身联系在一起。尽管如此,研究发现即使社交平台能带来社会认可和增强自尊,在社交网络上花费大量时间仍与抑郁、焦虑和自卑存在联系,这一点我们将在第二十章中展开讨论。

一个截然不同的例子是易贝购物平台。虽然易贝的营销人员付出了很多努力,提供的大多数产品也是全新的,但它仍然被视为一个"二手"交易平台,因为用户在该平台的功能需求很明确——用可接受的价格购买二手或优质商品。尽管如此,我在采访易贝用户时发现了一件令人惊奇的事情。易贝上最受欢迎的功能之一是竞标,也就是在设定的有限时间内竞拍产品(通常从几天到两周不等),最高出价者便是幸运赢家。一些用户告诉我,使用该平台的主要奖励是获得赌博般的快感,他们不是为了购买特定产品,而是为了追求购买过程中的兴奋和刺激。有些用户沉迷于这个过程,每天会参与产品竞拍,有些人甚至根本不记得自己买了什么。这个例子让我们知道,有时让人上瘾的不是购买行为本身(尽管这是平台的既定目标),而是伴随着购买行为产生的兴奋。一些易贝用户描述了参与竞价带来的乐趣,他们急切地想看哪个竞标者会增加金额,最后等待合适的时机——通常是在拍卖结束前几秒钟,此时,其他参与者来不及再报价——再将目标收入囊中。

在易贝的例子中，产品或平台给予的关键性奖励都是情绪方面的。事实上，我们看到了一个人对技术产生情感依恋的过程，它满足了人的心理需求，例如寻求外界的肯定、得到自我满足感或刺激感。

20世纪50年代，精神分析学家约翰·鲍尔比（John Bowlby）首次提出依恋理论。在那个时代，人们普遍认为婴儿和其看护者之间的联系是为了满足婴儿的生理需求，比如进食和被照料。鲍尔比不完全认同这个当时盛行的观点，他向世人展示了看护者的角色，看护者除了满足婴儿的生理需求外，还提供了安全感的基础。当婴儿对看护者的依恋能提供安全感时，婴儿很容易平静下来，他／她与母亲的情感联系可以调节他／她的焦虑水平。当婴儿觉得自己难以承受压力时，他／她可以回到父母为他／她创造的安全之地。

不难发现，依恋理论同样适用于解释各种应用程序实现的效果。用户对技术产生情感依恋，是因为这种技术能够满足用户的心理需求。在高压生活下，应用程序为用户提供了安全感、自我肯定、关注和兴奋感。每当人们想要获得即刻的心理满足时，就会立即求助于技术。《上瘾》(*Hooked*)的作者尼尔·埃亚尔（Nir Eyal）认为，人们偏爱特定应用程序、平台或产品的动机是内在的。如果一个特定的产品能够在用户没有意识到需求的情况下满足他们的心理需求，那么这个产品就会在用户的日常生活中被频繁使用。

图3展示了"数字化需求的马斯洛金字塔"的信息图，它描述了不同的应用程序如何满足人的心理需求。（Salomaki，2019）根据马斯洛的理论，人的需求存在一个按程度排列的层级结构。同理，数字化需求也存在层级结构，只是人们还没有意识到这一点。这幅图解释了为什么WhatsApp把两个蓝色对钩代表的已读标记（√√）与确定感相关联，以及脸书为什么把用户收到的点赞数和自我价值相联系。

图3 数字化需求的马斯洛金字塔2.0

今天，人们已经深深依赖在数字世界中获得心理回报，有人甚至亲眼看见了诸如幻觉响铃综合征（Phantom Ringing Syndrome）之类的现象，即对手机震动或者电话来电产生幻觉。

这一现象主要发生在那些被定义为"手机重度患者"的用户身上，他们每天使用手机的时间超过三个小时。最初，这种类似的症状与经历截肢却仍能感受到被截肢体的人有关。尽管这部分肢体已经不再是身体的一部分，但它通过神经细胞"存在"于大脑中，并且在过度刺激下能产生这部分肢体的疼痛感。对于幻觉响铃综合征患者而言，如果在一段时间内没有听到手机振铃，通常会引发幻觉。此刻用户内心的感觉是，世界已经遗忘了他们。他们对与世界联结的渴望如此强烈，以至于开始想象来电铃声和手机振动音。

另一种相关现象是无手机恐惧症，这是一种由于设备丢失、电池没电或手机故障而引起的恐惧症，发作时人们可以详细描述从不适到焦虑全面发作的一系列感受，严重的症状包括恐慌、心率加快、体虚和头晕。因此，有专业人士呼吁将这种恐惧症作为一种正式症状，纳入有关的精神疾病中。其实这就是上瘾的直接后果，但不要误会，人们不是对设备本身上瘾，而是对设备所象征的东西上瘾。对大多数用户来说，手机象征着与世界的联系，因此当这种联系无法正常运作时，就会体验到与世界脱节的感觉。

我们已经看到，在数字世界中获得的奖励与感觉、情绪、动机有关，包括对自我价值、欣赏和认可的需要。纵观历史，此前并没有创造出类似这样能够塑造人思想和感受的奖励。当人生活的越多部分被纳入数字世界，它对人的影响就越大。数字世界正使人越发产生依赖心理，但这不仅是因为它为生活提供便利，更主要的是因为它满足了人的基本心理需求。人无法触及自己的无意识冲动，但技术可以。

这个时代最有影响力的动机研究人员之一、英国定性市场研究之父比尔·施莱克曼（Bill Schlackman）在一次采访中说道，消费者可能有某些基本需求，但消费者自己却并不知道，也不完全理解这些需求。你需要知道这些需求是什么，这样就能充分利用消费者，从而增加销售产品所获的利润。为满足人们的愿望而打破他们设下的防御，是一件坏事吗？（Curtis，2002）

本章要点

在数字空间中获得的各种奖励拥有塑造人行为的能力。

尽管数字世界中的奖励和刺激都是虚拟的，似乎转向虚拟世界会降低人对奖励的期望。但正相反，人们从未对收获奖励如此上瘾。

数字技术的发展旨在提供一种功能性解决方案——为人服务、提高生活质量、使就业机会多样化，并扩大人际和商业交流范围，这已成为人们生活中几乎唯一的快乐源泉。

最成功的技术，能使用户在使用过程中产生情感依赖，因为它能够满足用户的心理需求。在当今高压的生活方式中，应用程序提供了一种关注、自我肯定、安全感和兴奋感。

景观并非一个图像集合,而是人与人之间的一种社会关系,通过图像的中介而建立的关系。

——居伊·德波(Guy Debord)

第五章　是什么让普通人想用点赞量衡量一切

用户在不经意间对经过量化的自我价值产生了巨大依赖，这是数字世界发生的一项最为重大的变化。古往今来，人们曾以多种方式向世界传达自己的社会地位，但从未有过一种方式能像"点赞"这样把自己在他人眼中的价值进行量化。人们发布到网络上的照片的价值（实际上是人的价值）直接体现在点赞、分享和评论的数量中，这些反馈直接影响着用户的感受，哪怕反馈来自他们从未见过的人。

公众可接受和不可接受的行为规范在现实生活中非常明确，而在网络中却有不同的规则。在现实世界中，当一个有魅力的女孩走进一家咖啡馆时，有些人会盯着看，但大多数人不会发表任何评论或做任何反应。然而，网络见证了一个清除规范的过程，任何人都被允许评论、回应和关注，都可以对照片评论好坏，甚至把它们与朋友分享。根据他人所能带来的兴奋和快乐来衡量自己的价值，就好像他们是博物馆中展览的器物或旨在娱乐我们的景点。评判是网络交互的一个组成部分，也被认为是合法的。

点赞是虚拟世界中的重要元素，是它允许了人的价值的量化。这是它如此令人上瘾的原因，也是点赞在脸书上先实行，后来又被其他社交网络广泛采用的原因。了解自己在社会中的价值并立即获得社会认可是一种强大的奖励。但这并不是对社会价值的一次性考验，而是一系列考验，就像孩子需要不断确认父母是爱他／她的一样。在这个过程中，点赞量成为社会价值的一个量化标志。这种量化具有深远的社会意义，它会自动转换为在社会中的接受度和受喜爱度。社会评价系统触及了人们最深切的恐惧和最基本的渴望，即归属于社会、被环境所接纳，这就是为什么人们相当依赖于量化自我价值。

在一档热门频道的广播节目中，和我一同接受采访的一位年轻讲师说，如果她的学员们上传的帖子没有得到"很多点赞"，他们会感到难过，因为对于他们而言，点赞能让他们知道自己是否被人喜爱。但点赞提供的自我价值不仅仅是一个数字。衡量用户自我价值的另一个重要组成部分是社会比较。我们如何知道"很多点赞"的这个"多"指的是多少？而"很少点赞"的"少"具体又是多少？点赞量没有一个绝对数值，它只能与其他朋友进行比较，这意味着人们对社会认可的追求将永无止境，因为每上传一个帖子，一轮新的竞赛便重新开始。

我曾采访过一位读媒体专业的美国女学生，她告诉我一件令人惊奇的事情："我认为我们这一代人通过照片上的数值来获得自我价值，看到谁获得了更多的点赞、更多的关注者，就想试图复制这样的成功。同样，过去我们会对一个生日时打电话来问候的人心存感激，然而在今天，就像17—24岁年轻人说的那样，过生日时通过私信的方式给你发送祝福信息的都是与自己相处得不那么好的人，因为如果是真正的关心，祝福者会在对方的留言板上公开发表祝福，让所有人都知道这个人有多受欢迎。荒谬的是，不知不觉中，大家都参与了这样的互动，每个人都乐于自己上传的照片被公开评判，并从大多数不认识的人那里得到评分。"从这位女孩的话中可以总结出一条经验法则：被点赞的次数越多，内容就越被认可、被喜爱和流行，点赞量被转化为接受度和被喜爱程度。

收获大量点赞是数字时代中可以获得的最重要的社会认可。在一项正在进行的综合调查中，89%的受访者承认收获大量点赞会让他们感到愉悦。（Tait，2017）但另一方面，我们正在目睹没有得到预期点赞数量的年轻女性患上抑郁症的案例。就点赞量而言，反响不好的照片会被认为是有损自我价值的，这导致有42%的用户会删除那些没有获得"足够"点赞的帖子。在这种情况下，值得思考的问题是——为什么人们要在这项活动中投入如此多的时间和精力,无休止地追求陌生人的注意力?大多数人在参与这项活动时,并没有意识到施加在自己身上的社会压力和心理压力,例如需要被认识、需要得到社会的认可和接受。和人类做事时大多数的动机一样,这里的动机也不是理性考虑后的结果,而是情绪化的。

记录比体验本身更具有价值

令人惊讶的是,人们喜欢接受赞美,即使他们意识到背后存在操控性,或缺乏真实性。尽管用户能意识到很多的点赞不那么真切,但还是更喜欢得到这些赞美,因为人们生活在一个这样的世界中——光得到赞美而没有人听到或看到就没有价值。这意味着图片、经历、祝福和消遣本身没有什么价值,除非它们被分享,除非其他人也看到它们。因此,公开分享一些体验,也就是记录,比体验本身更具有价值。

事实上,网络说明了一个古老的哲学问题——如果森林里有一棵树倒下却没有人听到,那么它倒下时真的发出声音了吗?今天,在这个网络时代,人们明白如何回答这个问题:如果森林里的一棵树倒下而没有人听到,那么这棵树就没有发出声音。这种看法并不是青少年和年轻人的专属,老年人也会在社交网络上花时间。爷爷奶奶会上传孙子孙女的照片,即使他们每个月只见一次,也能描绘出一幅亲密而美好的家庭图景,也可以趁机"秀一秀"孙辈。刚生完孩子的女性，会上传她们在公园里推着婴儿车走路，或抱着襁褓中婴儿的照片，以表明自己是成功的母亲。（Duncan，2020）让孩子"快乐成长"的养育观念不可避免地对一些父母产生了深远的负面影响，致使产后抑郁病例的数量显著增加。（Glover，2019）类似的社会比较存在于生活的各个方面，因为它在今天衡量了受欢迎程度、幸福程度和吸引力程度。想衡量40岁左右的人家庭生活是否幸福美满，可以参考他们的家庭旅行和集体活动的照片数量；想衡量女性是否成功，可以看她晒出的照片是不是既有工作又有家庭生活。荒谬的是，大多数人都在遵守这项游戏规则。

网络中的"积分规则"

网络世界与游戏很类似，获得评价的同时会获得相应的奖励。只不过在评分网络中，没有什么升级或者获胜，最重要的是脱颖而出，吸引其他用户的注意力并获得认可。人的注意力系统是结构化的，因此它会优先考虑图像而不是书面文本，会优先考虑情感而不是重要性。

多年来，广告商和营销人员一直在使用泳装模特来推销地毯、冰箱或汽车，但使用廉价刺激来吸引注意力已经不再那么起作用了。从生活逐渐转向网络、每个人都有一个数字角色开始，用户已经明白吸引注意力需要通过情感。因此，复杂、深刻和重要的问题已经被抛弃,能够产生情感的信息才是有效的。

在数字时代,社交网络带来的重大变化之一,是将人的注意力从重要的事物转移到能迅速吸引注意力的事物上。我们正在见证一个进化过程,就像自然界中的"强者生存"原则一样,社交网络上的强者是那些能够在噪声的洪流(无尽的帖子、评论、分享和推文)中脱颖而出的人。人的认知系统是结构化的,因此注意力明显倾向于投入不费吹灰之力就能获得情绪价值的信息上,大脑会优先考虑不需要投入脑力资源的消息。如今,人们正前所未有地暴露在海量信息中,如果仔细检查脑海中出现的每一条信息,就会没有精力了解世界上其他正在发生的事情。于是,人们只能选择通过一种能根据少量信息做出快速判断的决策机制,这种机制就是情感。不管承认与否,人类确实是以情绪为基础做决定的。在信息溢出的状态下,注意力系统更是没办法处理全部信息,一部分只能通过情绪来处理。

诚然,对于"旁观者"来说,这种行为可能是不合理的,但对于大脑来说,这是一种非常理性的行为。这是因为基于事实或可靠的信息所做的推理,并不能帮助人类生存。大自然更喜欢让人陷入恐慌,即使要以承担巨大风险为代价。如果远古大草原上的人类祖先经过缜密的思考才能判断面前的生物是否构成危险,那么他们显然就不会幸存下来。这是人类开发的最原始、最有效的机制,也是情绪机制进化的原因。所以这也解释了为什么高度触发情感的网络发言会得到更多的关注。

在此，我们可以看到一个网络规则的学习和内化过程：多人分享和点赞的帖子得以长期留存，同时走向极端的例子也越来越明显——十年前人们觉得新鲜刺激的东西，今天已经置若罔闻。人类有一种内在的倾向，即快速适应以前被认为是令人兴奋的事物。这并不难理解，回忆一下第一次看到泳装美女照片时的感受。那些第一次见的事物往往能引起更强烈的刺激，但一旦它们变得司空见惯，刺激就不复存在。因此，人们正在目睹一个向极端靠近的过程，在这个过程中人们痴迷于寻找并感受"下一件新鲜事"，例如从危险的地方自拍（全世界每年约有15人因此丧命），或者年轻女孩在TikTok上摆出带有性暗示的姿势，甚至推特上推文的内容也越发极端，具有攻击性。和"强者生存"的本质一样，社交网络的本质也是如此——强者会带来更具吸引力、更刺激和更突出的内容。用户知道什么行为能在网络上带来奖励，并在无意中遵守了游戏规则。

一个很好地说明上述极端化过程的例子是微软开发的聊天机器人——泰（Tay）。为了开发智能，开发人员将其模拟为一个处在青春期的女孩，通过推特邀请网友与她交流，以帮助它快速了解人性。泰的算法使它能在与用户的互动的过程中做出回应，并不断学习对话。然而，仅在上线后的几个小时内，它就从一个回复天气预报或巴黎推荐餐厅等问题的天真应用程序，变成了一个与网友分享对犹太人的仇恨、对希特勒的同情的新纳粹分子。它学会了"唐纳德·特朗普酷毙了",以及"女权主义者应该受到诅咒"。微软被迫停止实验并公开道歉,他们宣称"泰已被禁用,直到工程师能够找到防止聊天机器人损害公司价值观的方法"。(*The Guardian*, 2016)

这起事件的致命错误在于,缺少筛选机制或规则用于阻止机器人学习含有种族主义或其他不良内容的信息。泰的故事是关于人类在网络中走向极端过程中的重要一课。在没有清晰的框架来划清什么被允许、什么必须被禁止的情况下,极端主义将驱使人们朝着侵略和性两个方向发展。

就像游戏通关能获得积分和奖励,成功完成任务能被转化为用户收到的点赞量。点赞是虚拟世界中最重要的交流方式,它的价值远远大于正面的回复。点赞被认为是态度的一种表达,人们通过它在公共空间中表示对他人的欣赏。特别是在社交网络进入了人类生活之后,数字时代带来最重要事情之一,便是获得社会认可和对人的社会价值立即进行定量评估的能力。纵观历史,从来没有一种方法可以如此清晰地量化人的自我价值。

采用合适的点赞策略

尽管点赞不用花钱,只需极少的投入,甚至不需要集中注意力,但大多数人在点赞之前仍会犹豫不决。大多数人觉得自己的点赞是有价值的，很少有人是出于最原始的目的进行点赞——比如喜欢。

有时，人们因承诺而点赞。大部分用户觉得自己有义务为某些人发布的每个帖子点赞，他们大多是家人和亲密的朋友，在我的调查中有一则匿名反馈这么说道："对于朋友和家人，即使（有些内容）不那么喜欢，也会更加包容。"有时，无论与对方的亲近程度如何，人们都觉得有必要点赞，那就是对方更新个人头像的时候——"即使不喜欢这张照片"。

人们还会遵循"有来有往"的规则——"在发布某些内容之前，先浏览一下别人发的内容并给他们点赞，就有更大的概率获得他们的点赞"。另外，点赞实则也是一种人情世故。在某些情况下，如果有人说他们根本不浏览内容就直接点赞，并不会令人感到惊讶，"如果我喜欢的人发布了一些东西，我可能不看内容就直接点赞，这是一种网络社交方式"。

相应地，故意不点赞可能是为了疏远关系——"有时为了避免使自己出现在一些人的数字生活中，我会故意不给他们点赞"。不点赞会被视为是一种不亲近、不喜欢的表现——"某些女性朋友会因为我不给她们点赞而生气，实际上我确实是生某人的气或者想和她保持距离"。一旦双方相互点赞成为自然与习惯，当其中一方突然停止点赞，很多时候代表着一方想跟另一方保持距离。

有时，点赞还表示对人的尊重或奉承——"只是为了表示尊重或奉承，无论内容如何"。在某些情况下，点赞还因为"某些人可能未来用得到，想接近某人会从点赞他所有的帖子开始，吸引他的注意"。

此外，还存在一种战略性点赞。最近，随着脸书算法的修改，用户开始使用战略点赞，它能使得到点赞的人后续发布的新帖出现在消息首页，继续被人刷到。基于脸书的算法，战略性点赞能识别用户感兴趣的内容，持续推荐类似的内容。

本章要点

数字世界中的奖励与感觉、情绪和动机有关，例如对自我价值、欣赏和认可的需要。纵观历史，此前并未创造出类似今天的数字奖励这样能塑造人思想和感受的存在。

数字世界在人不经意间发生的最重大变化之一，是对被量化的自我价值的依赖。古往今来，人类曾以多种方式向世界传达自己的社会地位，但从未有一种类似"点赞"的有效方式，量化人们在所有人眼中的价值。

用户尽管知道很多点赞并不真切，但大多数人还是更喜欢得到赞美，因为人们生活在一个这样的世界中——如果光得到赞美而不被人知晓，那么这种赞美就没有价值。这意味着图片、经历、祝福和消遣本身没有什么价值，除非它们被分享，除非被其他人看到。记录，也就是公开分享一些体验，比体验本身更具有价值。

社会比较存在于生活的各个方面，因为今天它是衡量我们受欢迎程度、幸福程度和吸引力程度的方法。

数字时代，尤其是社交网络带来的重大变化之一，是将人的注意力从重要的事物转移到能够迅速吸引注意力的事物上。人的认知系统是结构化的，因此注意力会明显倾向于投入不费吹灰之力就能获得情绪价值的信息上。

人们正在见证一个进化过程，就像自然界一样，符合"强者生存"的原则，在社交网络上，强者是那些能够在噪声的洪流中——在无尽的帖子、评论、分享和推文中——脱颖而出的人。

对我一岁大的女儿来说，杂志就像一台不工作的平板电脑，她可能一生都会这么认为。

史蒂夫·乔布斯对她大脑操作系统的一部分进行了编码。

——让-路易·康斯坦扎（Jean-Louis Constanza）

第六章　博士，请问您怎么看待科技

我已经数不清自己听过多少次这样的提问了，提问者不仅有看过我相关采访的、试图在大街上拦住我的路人，还有研究人员、心理学家和各类专业人士。我经常被告知，"不要再向人们灌输恐惧了，特别是关于你所说的技术，过去人们也这么担心印刷品、广播、电视和电话，可你看，大家现在还活得好好的"。另一种说辞是："你怎么像一个原始人似的，明明还是一个年轻人，你怎么会反对技术呢？"

首先，我想强调，技术不是造成伤害的原因。相反，技术在太多方面改善了人们的生活，我无法在此一一详述。真正造成伤害的，是隐藏在技术背后的人——他们投入了时间和资源，为人们"创造"了三种感觉：刺激与体验感、对生活的控制感、与环境的脱节感（类似于做白日梦，逃到另一个世界的感觉）。这些人花了很大的力气让人们在手机半小时没有动静的情况下感到不安，给人产生一种不及时处理消息就会错过大事的感觉，还让人们感到自己很重要。

这难道不奇怪吗？——设备收到消息发出的提示声，竟然会让人觉得自己很重要。我的一位学生告诉我，如今还出现了一个新的身份象征，即未读消息（通知）量。以脸书为例，与其他应用程序一样，脸书也会在应用程序图标上方的一个小圆圈中标记一个人收到的消息数量。换言之，圆圈内数字表示的信息数量，代表了有多少人喜欢你、回复你、认为你很重要。这位学生告诉我，消息数量越少，社会地位就越低，因此她通常不会查看和阅读消息，以免消息已读后就不再在提醒中显示。毕竟任何人看到一个人的未读消息数量，都会将其和这个人的受欢迎程度联系起来。在这里，我们发现人们的受欢迎程度也可以被量化。

被设计的大脑

弗洛伊德的学生、精神分析学家雅克·拉康（Jacques Lacan）认为，一个人的客观存在是他在他人眼中和在自己眼中的集合。如果一个人的母亲用钦佩的眼光看向他／她，他／她就会认为自己是受人尊敬的。事实上，技术已经为人们创造了不需要再解释的客观现实，即人们受到环境的影响。因此，认为人们沉迷于技术的观点，本身就是错的。正确的说法是人们沉迷于科技为人带来的一切。技术"成功"地为人们带来人为刺激，这种刺激的强度超过了自然产生的任何刺激，我称之为"被设计的上瘾"（engineered addiction）。如今，有大学专门为工程方向的学生开设了设计心理学课程，教授如何有效地影响人的大脑，让人们在手机上花费更多的时间。当然，该课程是以教学的名义开设的，为的是工程师们更好地为用户谋福利。只是一旦了解了人类的大脑，特别是儿童和青少年大脑如何应对数字环境，人们将慢慢意识到用户的福利可能是设计师们最不关心的事情。

在有关这类主题的视频中，我尤其喜欢这么一个视频：画面中，一个一岁大的孩子坐在自家院子里，正在玩平板电脑，玩得不亦乐乎。后来，她拿到一本杂志，不假思索地就用点击平板电脑屏幕的方式来阅读这本杂志。她试图使用已经熟练掌握的行为模式，即每次触碰（即使轻轻一下）都会得到设备相应的反馈。她想把这样的方式也应用到杂志上，但失败了。她一次又一次地点击图片，但都没有成功，图片并没有随着点击而产生任何变化。

把从与触摸屏交互过程中学到的知识用于其他场景的行为，被称为"同化"。孩子总在试图了解这个世界运作的模式。一个相关的例子是单手握笔。一旦孩子习得了单手拿铅笔的动作，他/她就会试图将获得的知识运用到一个新的物体上，例如一个球。于是，他/她会试着单手拿球，但当尝试失败后，他/她就会开发出一个新的模式——这是一个被称为"适应"的过程，意味着他/她会改变现有的模式来适应新的情况。从开发出新模式的那一刻起，孩子会认识到至少存在两种模式：单手可以拿笔，双手可以拿球。

不过，这个视频中的小女孩却不一样。她拿到杂志后，用手点着纸面，期待图片会自动切换到下一张。当发现触摸屏模式对杂志不起作用后，她却并没有像幼儿在认知发展过程中自然就会的那样改变自己的行为模式——她没有试图学习如何翻阅杂志，尽管她变得越来越沮丧，却仍旧重复着触摸屏的互动模式。值得注意的是，当杂志页面对她的触碰始终没有反应时，她甚至开始怀疑自己的手指有问题。

这个孩子的案例，非常清楚地表现了移动设备给人带来的奖励对大脑有怎样重要的意义。在物理世界中，没有任何事物可以如此有效地影响大脑。上述例子中令人印象深刻的地方是，手指与屏幕的持续交互会导致大脑中与触摸相关的区域发生变化。

新的研究表明，因长期使用智能手机而导致的重复性手指运动，会改变感知区域的灵敏度，尤其是对儿童，因为他们的大脑对变化特别敏感。简而言之，数字技术的使用正在重塑人的大脑，尤其是可塑性强且易受环境影响的儿童大脑。大脑中负责计划、长期思考和调节冲动的脑区，在 25 岁左右才发育完全。这个区域被称为前额叶皮层，极易受环境变化的影响，它所受的刺激将会影响发展。（Arain, Haque, Johal, Mathur, Nel, Rais & Sharma, 2013）例如，如果把智力发育水平不良的孩子暴露在信息更为丰富的环境中，他们的智力在一定程度上可以得到恢复。可见，成长的环境对智力开发有巨大的影响[1]。（Mack，2009）

手机"上瘾"的生活

实际上，人们不需要通过长期研究就能发现某些事情发生了变化。如果 20 年前的我们看到了今天生活中的一些日常状况，想必会认为这是不可思议的，或者至少是难以接受的。美国摄影师埃里克·皮克斯吉尔（Eric Pickersgill）在征得同意后拍摄了一些人们在日常生活中的画面，并把手机从这些照片中抹去了，如图 4 所示。

当我把这张照片展示给三四年级的小学生时，他们只看片刻就说照片中的夫妻在吵架或者生气，因此他们彼此背对着对方。如今，一对夫妻在结束漫长的一天后准备上床睡觉的亲密时刻，被孩子们天真的眼睛视为一种愤怒和疏远的时刻。说

---

[1] 在此期间，关于数字环境如何改变人想法的证据正在不断积累，我将在有关科技影响的章节对此展开讨论。

实话，为什么人们不在一起交流，而是各自沉浸在各自的世界里，毫无意义地盯着手机看呢？"睡前看手机"是一种比想象中更普遍的现象。

图 4 安格和我（*Ange and Me*）
这张照片展现了智能手机用户的肢体语言

我的一位受访者说："多年来我难以入睡，从小就这样。现在我发现，睡前看手机有助睡效果，所以我会在照片墙上看短视频，直到自己睡着。"就像父母通过摇晃或轻拍来安抚婴儿一样，手机也可以安抚我们，我将在下一章中详细展开有关手机使人进入恍惚状态的内容。研究发现，手机可以创造出一种新的意识状态，可以称为"意识流"，这是一种介于兴奋和放松之间的状态，能极大地满足大脑。

图4来自摄影师皮克斯吉尔的摄影项目《移除》(Removed)，该项目的灵感来源于纽约的一家咖啡馆。当时皮克斯吉尔坐在一家人旁边，包括一对夫妻和两个女儿。"他们彼此之间显得非常'脱节'，父亲和女儿都专注于手机，母亲没有看手机或者她没把手机拿出来，悲伤地盯着她的家人们，父亲偶尔会把注意力从手机上移开，讲述一些他看到的内容。"皮克斯吉尔拍摄的照片说明了过去20年发生在人们身上的变化。

心理学家雪莉·特克尔（Sherry Turkle）将这种情况称为"影双成单"（together alone）。尽管使用手机是为了让人们克服物理距离，与在远方的人联系，但实际上它也能使人们彼此远离。在特克尔的一场演讲中，她表示移动设备不仅改变了人做事的方式，也改变了人自己，主要表现为注意力出现明显损伤，再也无法抑制无聊，密友和能商讨要事的人的数量正在不断减少。（Turkle，2012）技术极大地影响了人际交往的质量和数量。（Drago，2015）想象一下，假设你计划在一家咖啡店与一位朋友见面。你赶到时，对方已经在那儿等你了，你走过去向他打了个招呼，接下来你会做什么？没错，是把手机放在桌子上。

有些人可能会把手机倒扣在桌子上，避免因为看手机而让朋友感到不快，但这只是你的一面之词，因为把手机放在桌子上这个行为本身就有损亲密感。研究员沙里尼·米斯拉（Shalini Misra）的团队做了个实验，让100对夫妇在一家咖啡店进行交谈。每当夫妇中有一人拿起手机瞥一眼屏幕上出现的消息提醒时，亲密感就会受到负面影响。（Misra, Cheng, Genevie & Yuan, 2016）哪怕手机只是放在桌子上没有任何动静，双方的对话也会因此变得琐碎或正在聊的话题会戛然而止。然而，当手机没有出现在双方视野中时，对话往往会更加深入，双方表现也会更加亲密。

手机就在手边，意味着手机可能会干扰交流并夺走双方的注意力，因此即使它只是看似"无伤大雅"地放在桌上也有损害亲密度。据称，手机的出现标志着亲密关系的界限。例如，我本人宁愿把手机放在身旁（尽管它可能会吸引对方的注意），也不会告诉对方我的父亲正在医院里。我的学生托迈尔告诉我，他过去很喜欢让别人搭他的顺风车——"我一生中最有趣的一些对话，是在搭顺风车时发生的。我遇到了很有魅力的人，我和对方相谈甚欢，并且一路上非常享受。只是我已经不再有这样的经历。"当他把这件事告诉我和其他学生时，我从他的话语中感受到了一丝悲伤。他讲述这个故事的那堂课，我正试图让学生们尝试漫无目的地盯着一个地方看。当天晚些时候，托迈尔在该课程群里发消息说："我今天坐火车的时候就这么看着窗外，对我来说这是很长时间以来体验最好的一次旅行。"读到这条信息，我被一种非常愉快的感觉所包围。我每天都坐火车去上班，但据我观察，车上的乘客都不会看向窗外。

除了可能错过有趣的相遇，人们的创造力也在下降。独处是一种人在生命早期就学会的能力。当一个孩子没有独处能力时，无聊就成了他／她最大的恐惧，他／她会变得非常依赖外部刺激。当我们给孩子讲故事的时候，孩子需要把声音加工成文字，在脑海中想象一个完整的画面，创造一个独属于他／她的内心世界。而在屏幕前，家长们无须付出这样的努力，这就导致了孩子创造力的下降。于是，诸如车窗外美景这样的刺激就难以再令人感到满意。人们的注意力不再集中在自己身上，而是不断向外发散。但是，注意力转向内在，才是有助于发展创造性思维的方法。因此，在十字路口等待红绿灯变化并不是浪费时间，这可能正是富有创意的见解诞生的时刻。

由于在与手机交互的过程中会接收大量刺激，人们会变得极度依赖外部刺激来获得满足感和趣味感，而这导致人的行为模式发生了极大的变化。某次我乘坐出租车时，司机在不认识我的情况下对我说："你是一个特别的女孩，我没见过像你这样的人。"我诧异地看着他，回复说："谢谢，但为什么这么说，您根本不认识我吧？"他告诉我他整天开出租车，发现几乎所有乘客都是一上车就立刻低头看手机，没有人看他一眼，或者看窗外、看风景,"但是你并没有把注意力放在手机上"。司机的观察当然是对的。尽管尚没有统计数据可以证明这一点,但人们在电梯间里很少互相微笑,在等红绿灯时不会看向旁边车内的司机,或者在诊所排队等候时也不会和周围的人交谈,这些现象值得引起关注。手机的存在填补了每一个空闲的时刻,但不仅仅是为了消除无聊或者打发时间。

人们对手机的依赖如此之深,以至于即使在开会期间或是与家人交谈的时候,也不会停止摆弄手机。尽管这是我的研究方向,我自己也没能做到对手机免疫。我不会忘记这么一个场景,那天我处理完一天的会议之后,晚上七点才到家。我在沙发上坐了一会儿,想放空几分钟,但排除看手机这个选项,还有什么是最佳放空方式?毕竟,手机能起到平静的作用,能让人进入一种恍惚状态,这正是我所需要的。后来,当我正想了解哪个孩子洗过澡了,谁又没吃晚饭,该去处理堆起来的脏衣服时,我的丈夫说想和我谈谈。就在听他讲话的时候,我下意识地回复了一条 WhatsApp 消息。当下,他感觉自己被冒犯了,他不明白我一整天都不在家,为什么不给他几分钟交流的时间。

早些年,一些研究就表明移动设备能对恋爱关系产生不利影响。各种电子设备在一对夫妇的生活中出现得越多,他们对关系的满意度就越低。(Weinstein & Przybylski, 2013)如今,人们一天的生活从手机开始,也从手机结束。有不少人表示会在晚上至少检查一两次手机消息,超过1/3的年轻人在深夜看手机。(Deloitte,2016)手机是怎么做到这一点的?这个小小的设备为何让人产生如此深的依赖?

本章要点

技术不是造成伤害的根本原因。相反,技术在太多方面改善了人的生活。是隐藏在技术背后的人让技术造成伤害,他们投入时间和资源,为人们提供三种感觉:刺激和体验感、对生活的控制感、与环境的脱节感。

移动设备不仅改变了人做事的方式,也改变了人自身。人们的注意力明显受损,且再也无法克制无聊,密友和能讨论要事的人的数量也不断减少。

技术极大地影响了人际交往的质量和数量。

手机就在手边,意味着它可能会发出声音吸引人的注意力,因此即便它只是放在那里也会有损亲密度。研究显示,手机的出现标志着亲密关系的界限。

除了错失有趣的相遇之外，人们的创造力也下降了。独处是一种在人生命早期就学会了的能力。当一个孩子没有独处的能力时，无聊就成了他/她最大的恐惧，他/她会变得依赖外部刺激。

正确地设计箱子,就能够控制行为。[1]

——弗雷德里克·斯金纳

[1] 这句话是斯金纳思想的精髓。

第七章　人们已经身处"箱子"之中

在我 11 岁时，海湾战争爆发了。我永远不会忘记那时收音机里发出的警报声，它在飞毛腿导弹落在以色列大地的 90 秒前响起，给我和 6 岁的妹妹带来了极大的恐惧。"海湾战争"这个词瞬间唤起了我对那个时期的一系列回忆：封闭的房间、随时随地戴着的口罩、"巴巴布巴"这个电视人物形象，以及"镇静剂"般令人安心的时任以色列国防部发言人纳赫曼·沙伊（Nachman Shai）的声音。在战后的几年里，每次听到摩托车出发的噪音我都会受到惊吓。心理学上关于这个现象的解释是，由于过去的经历，摩托车噪音产生的刺激已经变为能带来焦虑的负面性刺激，就像警报声那样。这表明，环境中的刺激能在积极或消极的条件作用下塑造人的行为。

19 世纪 40 年代，美国心理学家弗雷德里克·斯金纳首次提出"所有人类行为都是由起强化作用的刺激而发生"的观点，其中的刺激就是现在通常所说的"奖惩"。斯金纳认为,情绪和想法是主观的,情绪实际上无法被量化或测量。如果我们想努力把当时被归为哲学领域的心理学转变为科学,那么我们必须放弃理解思想和感受的徒劳尝试。根据斯金纳的说法,人需要关注可以测量的东西,比如环境中的刺激如何塑造人的行为。事实上,环境是由刺激构成的,环境和刺激的每一次变化都会导致行为发生变化。

改变环境就相当于改变行为。一只关在笼子或箱子里的老鼠,如果不小心踩到了笼子或箱子里的踏板,但踩下之后什么都没有发生,那么它踩踏板的频率就会很低。但是如果老鼠踩下踏板就能得到食物,那么它踩踏板的频率就会显著增加。这就是操作性条件反射的含义。其中的逻辑很简单,只要知晓箱子内部的工作原理就能理解行为。换言之,如果想要某种行为发生,就必须设计积极的奖励方式;如果想让某种行为消失,就必须采取消极的惩罚方式。因此,父母如果想让孩子打扫房间,就应该给孩子巧克力作为奖励,而如果想让孩子不再欺负自己的妹妹,就应该惩罚他。

人们是如何确认能够强化或削弱行为的事件的?有一些感受是与生俱来的。正如进食后会引起饱腹感,没有必要去教授什么是饱腹感;音量大的噪音会引发恐惧,这也不需要多教,不过如果在特定的房间里经常出现巨大的噪音,机体就会开始害怕这个房间。如果食物是由妈妈提供的，那么宝宝就能学会把妈妈和饱腹感联系起来。这是正强化的例子。世界上最重要的正强化物，是金钱。人并不是天生就喜欢金钱，随着时间的推移，人逐渐了解了金钱带来的许多便利和好处。于是，在这一背景下衍生了许多积极和消极的奖惩措施。

斯金纳认为，环境和强化物几乎完全塑造了人的行为。但值得注意的是，斯金纳并不排除人体内部存在调节行为的过程，这与心理学界的普遍看法正好相反。作为激进的行为主义者，斯金纳被认为反对"人格"这一概念，并完全拒绝弗洛伊德的精神分析理论。但仔细分析他关于"人性"概念的研究后会发现，他与弗洛伊德的观点实际存在一些相同之处，例如两人都认为人不是自由的生物：弗洛伊德认为人是受冲动控制的生物，而斯金纳认为人的行为经由环境的强化作用塑造而成。大约有十年时间，两人做着各自的研究，弗洛伊德不了解斯金纳的工作，但斯金纳却对弗洛伊德的工作非常熟悉，他甚至寻求精神分析治疗来熟悉弗洛伊德的观点，对弗洛伊德研究的无意识领域也很感兴趣。他们都认为人在很大程度上是由人所不知道的力量驱动的，只不过在斯金纳看来，这个系统基于操作性条件反射，在人类无法用语言解释或意识不到它的情况下发生。

如前文所述，斯金纳并不反对人体内部存在调节行为过程的观点，但他认为可以不考虑大脑中究竟发生了什么，只需关注人的行为。他将大脑称为"黑箱"，这个术语已被软件工程师和数据科学家采用，他们也同意斯金纳的观点，正试图开发影响人行为的软件。我咨询的一家公司开发了一项广告自动化技术。这家公司开发的算法，可以识别出在谷歌搜索特定内容和关键词的网络用户，并向他们提供与搜索词相关的广告。下一步，他们会确认植入广告的标题中的某些词是否跟点击率有关系。从中，他们发现一些表达会成为引发高点击率的因素，包括疑问词、首字母大写等。当我问他们，如何解释这一现象，即为什么用问句作为标题能吸引更多点击，他们说，他们无心关注其中原因，只在乎最后结果。斯金纳肯定会同意他们的看法！毕竟，他还认为，只要能影响人类行为，箱子里的东西并不重要。在他看来，任何行为都可以通过刺激和反应之间的联系来进行解释。

斯金纳的理论也被称为"行为主义理论"，尽管很容易被理解和应用，但在当时没有被"主流"学界接受，只被认为是一种可以训练狗在室外排便的方法。针对行为主义的一种主要批评是认为它弱化了人类的复杂性，人类行为不能以这种方式简化，它们理应是极为复杂的存在。该批评的根本观点在于，行为主义将人的大脑视为"黑箱"，从而将人存在的本质扁平化为"如果－那么"以及"刺激－反应"这样的因果关系。用

"刺激－反应"来描述行为足以分析简单的行为模式，但它却忽略了人类行为的广泛领域。人不仅仅是刺激的被动接受者，人可以选择注意哪些刺激、怎么处理它们并做出决定。人们如何处理刺激？为什么会关注某些刺激而忽略其他？为什么详细记住与某人第一次会面的细节，却完全忘记与另一个人会面的场景？上述问题都有了解的必要性，它促使研究人员去破解"黑箱"内部发生的事情。新一代的研究人员认可内在心理过程的重要性，例如记忆如何运作或行为的动机是什么。这使得心理学研究开始转向专注于研究人的内在心理。

近年来"悄悄"发生了一些令人惊讶的事情。被认为属于心理学学科的行为主义，重回研究前沿，成为当今最时尚、最赚钱的领域之一。行为主义将自己塑造成一门应用学科，得到了初创企业和高科技公司的重视和应用，用于影响人们做出的决定，例如买什么、选择什么服务等。尽管没有人会称这些方法为"行为主义"，但它们的本质是相同的——经济刺激，实际上就是将斯金纳的强化原则进行概念化。那么，是什么导致行为主义把人作为小白鼠一般的实验对象呢？

近年来，行为经济学发展势头良好，已经站在了古典经济学的对立面。后者声称人类是理性、自私、追求利润最大化的，并会努力避免损失。前者作为一门学科时被称为"行为设计"，它以经济学原理为基础，致力于如何确保网络用户按设计者的预期方式行事：在应用程序上花更多时间、购买特定的服务，或与某些特定的人联系等。它不是作为一种应用方法而是作为一种理论发展起来的，目的是理解人类思维的缺陷，或者简单地说理解"为什么人是非理性的"，以及"人的行为背后的动机是什么"。

19世纪70年代，阿莫斯·特沃斯基（Amos Tversky）教授与丹尼尔·卡尼曼（Daniel Kahneman）教授为"行为设计"实用领域奠定了基础。特沃斯基教授是数学心理学家，他建立了描绘思维方式的模型；卡尼曼教授则是研究注意力领域的认知心理学家。两人在希伯来大学心理学系相遇时，并没有料想他们的研究会为一个名为"行为经济学"的新领域做出贡献。

本章要点

斯金纳认为，通过分析构成环境的刺激可以分析环境。环境的每一次变化、刺激的每一次变化都会导致行为的变化，所以改变环境，就相当于改变了行为。

如果希望某种行为发生，就必须设计积极的奖励方式；如果想让某种行为消失，就必须采取消极的惩罚方式。

一级强化是人在进化过程中自然认知的结果，比如进食能带来饱腹感，不需要通过学习获得。

人在内部调节过程中认识了二级强化。人不是天生就喜欢金钱，但随着时间的推移，知道金钱能提供许多便利和好处，可以被用来实现一级强化。通过这种方式，正强化与负强化的类别都扩大了。

斯金纳的理论起初并没有得到认可，后来被一门基于经济学原理的"行为设计"学科所采纳。

"行为设计"致力于了解确保网络用户按设计者期望行事的方法，它的原理被初创企业、高科技公司采纳并应用，用来影响人们做出决定。

我对那种愚蠢的心理学不感兴趣。

——一位美国哲学家对丹尼尔·卡尼曼研究的回应

第八章　从行为主义到行为经济学

　　前一阵子，我和我女儿去福克斯（Fox）商店买衣服。排队结账时，我们站在一位30多岁的女士身后。她把两条裤子递给店员，说她得赶快结完账去幼儿园接孩子。店员开始扫裤子标签上的条形码，然后说："你知道吗，今天有大促销，消费满300付200。您现在消费了250新谢克尔，再去挑些什么吧。"女士一脸茫然，毕竟她急着去接孩子。她想了想，决定算了，但是——她并非放弃了折扣，而是干脆什么也不买了。

　　这让我很意外。毕竟，这位女士原本是打算花钱买东西的。知晓折扣情况并没有改变她有购买需求的事实，只是这确实改变了她的购买动机。一方面，她一定告诉自己，这次没有足够时间去挑选"凑单"的商品了，另一方面，她也并不想失去打折的优惠。为"凑单"买一件不需要的商品，真的会被认为是一种损失吗？对于"理性"的消费者来说，这似乎不算；

但对于普通人来说，这就是一种损失。人类行为会受认知偏差的影响，而这些偏差与经济学家所说的"理性行为"是不一致的。

对此，前文提到的卡尼曼和特沃斯基两人都反对古典经济学的观点，即人的基本动机是尽可能多地赚钱。（Bar-Hillel，1988）不过，他们并不反对人类努力追求利润最大化的原则，只是他们认为人脑无法像机器那样通过程序精准计算盈亏，因此古典经济学定律中的数学模型无法用来预测人类行为。例如，人们被要求回答两个问题，这两个问题都描述了相同的经济损失，只是措辞稍有不同。尽管纯粹从经济角度看，两者本质是相同的，但是人们会给出不同的回答。这也是"理性"一词使用引号的原因：理性的定义可以是利益最大化，但利益不一定只指金钱。理性的人大概率会忽略措辞差异，对两个问题都予以相同的回答。让我们来看一个具体的例子，摘自卡尼曼和特沃斯基的文章（Tversky & Kahneman，1981）：

1. 你决定去电影院看电影，提前买好了一张50新谢克尔的票。走到售票处时，你发现自己忘带票了。你会重新花50新谢克尔来买票吗？

2. 你决定去电影院看电影，没有提前买票。你来到售票处的窗口准备付钱买票，却发现钱包里一张50新谢克尔的钞票丢了。你会买票吗？

当人们在某种情况下面对一种不确定性时，并不是仔细思索已有信息，而会根据一系列设想做出决定。这些设想并不能更快地计算得到答案，而是让你完全跳过计算过程。例如卡尼曼和特沃斯基列举的两种情况，都会损失50新谢克尔。在第一种情况中，如前文所说——认知偏差会让人们觉得自己在电影票上花费了双倍的金额；而面对第二种情况时，则是另一种设想——丢50新谢克尔是一回事，买电影票花50新谢克尔是另一回事。

50多年来，诺贝尔经济学奖获得者、心理学家丹尼尔·卡尼曼一直在研究这样的问题，分析人们给出的答案。他的实验简单却结果惊人，从根本上改变了人们对人类思维的思考方式。几个世纪以来，哲学家、经济学家和政治学家一直认为人类是理性的化身——但学者们的研究已经表明，人类并没有想象的那么理性。

人类一旦意识到自己不是完全按照经济规律行事，将会被引向何方？如果人类不遵守理性法则，那么该怎么观察人类行为呢？卡尼曼和特沃斯基的伟大发现表明，虽然人类不遵循纯粹的经济逻辑，但最后做出的行为与经济模型指向的结果并非大相径庭，两者之间的偏差可以通过建模来预测。如果非理性被认为是无法被控制和无法解释的行为，是无意识和原始的冲动，那么卡尼曼和特沃斯基就是在非理性中归纳出了系统的模式。事实上，他们研究出了心理学家所说的"启发式"或"认知捷径"[1]，能够模拟出人类思维的"缺陷"。

这样的研究结果带来了实际上显而易见的好处。如果我们能够了解经济模型与人类行为之间可能的偏差，那么就可以预测、控制和塑造人类行为。卡尼曼教授的学生、杜克大学教授丹·阿里利（Dan Ariely）也是行为经济学领域的知名学者，他将这种现象描述为"可预测的非理性"（predictably irrational），这回归了斯金纳的行为主义理论。（Ariely, 2008）如果人们能控制可以激发行为的积极性诱因，就能够客观、科学地对人类行为进行建模。

卡尼曼和特沃斯基提出的第二个关键问题，是降低人际差异在思考和决策中的重要性，这一做法依旧是斯金纳理论的延续。传统经济学认为人的冒险倾向各不相同，但卡尼曼和特沃斯基将注意力从关注人与人之间的差异，转向了关注人所处的情境。这同样是斯金纳的观点之一，强调环境或情境对人类行为的重要影响。让我们回到购买电影票的例子上，其中的"环境"就是那两个问题的措辞。明明从本质上来说是同样的一件事，但因为两个问题的措辞不同，人们会给出不同的回答——有的人可能选择再花钱买票，有的人可能就干脆放弃看电影。人

---

[1] 指的是基于简单逻辑或直觉的简易思维规则或"经验法则"。

们构建环境的方式会引导人们做出某些决定，这是行为经济学的重要观点。如果我们能理解这个前提，人们的决定就可以朝着我们想要的方向发展。

行为经济学领域的发现，被人们应用到模型中，以控制行为和影响决策。应用领域基于"行为设计"的主要发现可以总结如下：

- 人们不遵循古典经济学的规则；
- 人类行为与经典经济模型的偏差是可预测的，并且可以建立模型；
- 人与人之间的思维"缺陷"，总体来看相似性大于差异性。

与卡尼曼和特沃斯基一道的，还有来自传统经济学领域的权威人物，包括获得诺贝尔经济学奖的经济学家理查德·塞勒教授。卡尼曼曾开玩笑说，"遇到一位数学不好的经济学家是一大幸事，因为当没人愿意听我们的研究时，这个人会愿意"。多年来，卡尼曼、特沃斯基甚至是塞勒的研究成果一直都受到轻视。没有一位自尊心强的经济学家愿意听他们的观点。卡尼曼记得，一位著名的美国哲学家在听闻这些研究后，轻蔑地说："我对那种愚蠢的心理学不感兴趣。"（Lehrer，2012）但是，塞勒的"心理账户"理论（Thaler, 1985）确实为电影票问题提供了一个很好的解释。根据塞勒的说法，对于不同来源的金钱，人们有不同的心理预算。例如，如果一个人中了彩票，他对这笔金钱的态度与他对辛苦工作所赚的钱的态度是不同的。也就是说，通过汗水与努力赚到的钱具有不同的价值。我们还可以看一个易贝用户的例子。以买卖"二手"产品平台起家的易贝，现已成为零售领域的主要平台之一。在采访中，我的受访者告诉我说，他们酷爱在易贝上购买产品，因为可以参与拍卖并与卖家讨价还价。从这个过程中所获得的快乐，往往大于购买产品本身。为了享受这个过程，人们会花钱购买他们其实不需要的产品。我们再次目睹了这样的事实——产品的价值不是经济价值，而是心理价值。

从理论到实践——如何推动人们做出决定

理查德·塞勒创造性地使用了"助推"（nudge）一词，意为一种几乎难以察觉的、旨在改变人决策方式的干预。这个词很快就流行开来。在不改变奖励的情况下，如何影响人们做出决定？答案很简单：改变获得奖励的方式。

怎么理解这句话？举个我在生活中遇到的例子。我六岁的小儿子乌里，喜欢在晚餐时吃两块番茄酱配炸肉排。他喜欢把炸肉排切成小块，然后亲自蘸番茄酱吃。每次他吃完第一块炸肉排时，番茄酱就已经蘸光了，于是他会要求加酱。有一天晚上，我图省事，就在盘子上挤了双倍量的番茄酱。当然，这无济于事，乌里在第一块炸肉排吃完时依然吃光了所有的番茄酱，吃第二块时还是要求加酱。为了避免他摄入过多的糖，此后我回到了之前的分配方式，一开始只给他少量番茄酱，等他吃完第一块炸肉排后再加酱，这样他一顿就不会吃掉太多番茄酱。同理，如果我给你提供两份相同分量的食物，一份放在大盘子里，另一份放在小盘子里，用大盘子装的食物可能会让你吃得更多而且不会感觉吃饱了。实际上，这是一个关于如何呈现奖励的问题，或者说正是塞勒所说的心理账户问题。如果食物数量能影响饱腹感，那么说明胃真正的感觉就与饱腹感关系不大。饱腹感、满意度或满足感都与获得奖励的方式有关。

塞勒在学术生涯刚开始时就领悟到了这一点。他的学生抱怨他们在课程考试中获得的成绩太低，于是他决定对成绩进行小幅调整。改变分数，就像改变盘子的大小，其实没有任何意义。例如当把总分从100分改为137分时，答对卷面70%问题的人就能获得96分。如此改动后，学生们满意了，尽管在统计学意义上分数跟原先是一样的。另一个关于奖励形式影响人感受的例子，来源于塞勒某次加油的经历。塞勒指出，人们同意为赊账而支付更高的金额，即使在现金支付有6%折扣的情况下仍会选择刷卡，但是问题的表达方式或者说法变了——比如告知对方赊账支付要多付 6% 的罚款，人们就不愿意支付这笔附加费了。罚款在心理上等同于经济损失，人们对损失特别敏感。对此，塞勒与特沃斯基、卡尼曼共同得出的结论是，失去的痛苦远大于获得的喜悦。因而，当附加费以罚款的形式出现时，人们往往会避免赊账付款。

一次，我在为某知名保险公司提供咨询的过程中，也注意到了表现形式对人行为的影响。在为用户投保或提供贷款时，保险公司和银行面临的主要问题之一是诈骗或提供不真实的信息。一般来说，人们并不倾向于坦诚公开自己有精神疾病史、吸烟史或过度消费的嗜好，然而这些问题都可能导致保险公司和银行在未来承担损失。当时，我提出的解决方案正是基于卡尼曼和特沃斯基的理论——改变问题的表达形式。我建议工作人员别直接问对方"你一天抽多少支烟"，而可以用一种略显不同的方式来达到目的，比如"你最后一次抽烟是什么时候"。如此一来，承认吸烟的人的比例有了明显上升。

了解了该如何提问，就能让问题引导人们做出不同的行为。一次我接到某公司客服打来的电话，对方说："您好，我是××公司的工作人员××。您是我们公司的会员，当下您可以享有一个会员权益，即刻就能开通电子邮件接收账单业务……"我拒绝了这项服务，挂了电话。对方想通过电子邮件给我发送付款信息，无疑是为了节省纸张、邮递和雇员方面的开销，但他们明白，为了使这项服务获得较高的响应度，最好只为"某些用户"提供电子邮件服务。这样一来，用户会觉得自己享受了权益，又被暗示自己是高级客户。从这个事例中也可以看出，本质相同但呈现方式不同的奖励，可以大大影响人的行为。不仅仅是奖励的不同呈现方式，环境的不同呈现方式也能影响人的行为。想象有一个富有异国情调装饰图案的箱子，还有一个普通杂货店里卖的箱子。老鼠在两个箱子中的行为是否会有差异？可能并不会有什么不同。但对于人来说，画在箱子上的图案却可能有重要的意义。例如人们不愿意在杂货店购买一瓶18新谢克尔以上的啤酒，却情愿在豪华度假村度假时为同款啤酒支付40新谢克尔。

塞勒、卡尼曼和特沃斯基的出发点是好的。他们试图去发现并引导人们的行为，帮助人们做出更好的决定，而不是强迫他们做不想做的事情，毕竟完全可以用温和的方式推动人们做正确的事情，比如促使人们储蓄养老、为自己买保险、健康饮食和保护环境等。一个应用了塞勒"助推"理念的例子，是阿姆斯特丹史基浦机场的清洁厕所。他们在每一个男士小便池的中间都贴了一个苍蝇图案的贴纸，方便男乘客在排尿时更容易"瞄准"正确的位置。正是这个小小的举动，使小便池的清洁度有了显著改善。随着时间的推移，"助推"理念已被世界各地公共部门所应用。我特别喜欢的一个例子是关于大型连锁酒店如何鼓励客人重复使用毛巾，毕竟呼吁"环保"并没能有效地说服客人。加利福尼亚大学心理学教授诺亚·戈德斯坦（Noah Goldstein）领导的一组研究发现，张贴"大多数入住客人都重复使用毛巾"的标语比贴"让我们一起保护地球"的效果要好25%。请重点注意这个结果：当标语上写明"此前该房间的客人都重复使用毛巾"时，效果会更显著。

这个发现令人惊讶，物质刺激不一定比社会比较——即与其他入住房间的客人进行比较，更有效。加利福尼亚大学圣迭戈分校行为经济学教授尤里·格尼茨（Uri Gneezy）研究发现，有时物质刺激导致的实际结果可能会与预期相反，而且可能会引发不良行为的发生。格尼茨教授的一项著名研究关注了每个家长都会担忧的一种情况：没有按时接孩子回家的家长会被老师冷眼相待。有一次，格尼茨去幼儿园接孩子迟到了，作为惩罚，老师对迟到10分钟的父母处以每人10美元的罚款。格尼茨在畅销书《隐性动机》（The Why Axis）中谈及此事，引起了很大的反响。在此后的5个多月时间里，有10所幼儿园采取了不同的措施：有的对迟到的家长处以罚款，有的则不罚款。但结果与幼儿园老师希望的正相反——迟到要被罚款的幼儿园里，迟到的家长数量猛增，因为这导致迟到行为可以用金钱来衡量，也就是说如果愿意付钱就可以迟到。这项研究充分说明物质刺激具有难以捉摸的力量，有时它们还可以得到与预期截然相反的结果。

尽管行为经济学直到21世纪才被认可为理论学科,但它发展飞速,许多理论已在实际生活当中应用。第二代研究人员正在继续开发该学科在政府机构和公众决策中可能的发展性,并尝试将行为模型转化为实践。近年来,美国、英国、挪威等多国政府以及世界银行等组织都成立了行为经济学团队。甚至白宫也采用了经济刺激的理念,在奥巴马执政期间成立了"白宫行为与社会科学团队",以改进各种政府制度,涉及从提高退伍军人权益行使率,到协助青年学生偿还学生贷款等。政客们还喜欢通过"小小的推动"让公民储蓄更多养老金,或更注意回收再利用。

行为经济学家丹·阿里利在他广受欢迎的TED讲座中曾用到一张图表,其中展示了不同欧洲国家愿意捐赠器官者的百分比。(Ariely,2008)该图来自约翰逊和戈德斯坦的一项研究,它非常清楚地区分了器官捐赠比例高(右侧矩形)的国家和捐赠比例低(左侧矩形)的国家。那么问题出现了,为什么有些国家的捐助者比例很高,而有些国家却很低?是宗教影响,还是文化问题?这与社会凝聚力和保障措施有关吗?

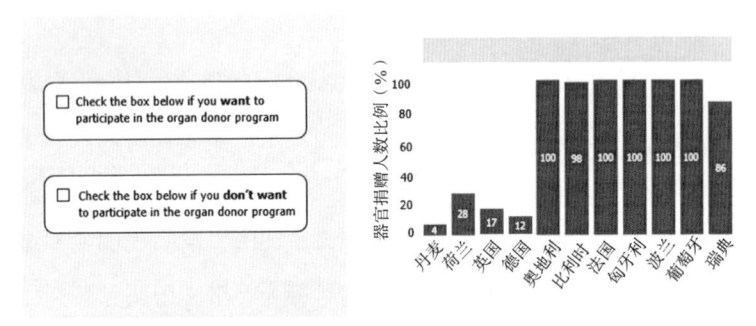

图 5　器官捐赠意愿询问和各国捐赠人数
左图：不同国家关于器官捐赠意愿的询问方式
右图：欧洲国家驾驶人参与器官捐献计划的百分比图

仔细观察这张图表，我们可以发现在人们认为比较相似的相邻国家中，参与器官捐赠计划的人数比例存在显著差异，例如瑞典和丹麦，或者德国和奥地利。这背后的缘由是什么？事实证明，这个差异与每个国家相关部门让公民填写的表格有关。捐赠比例低的国家要求填写的捐赠表格上面写着：

如果您有兴趣参与器官捐赠计划，请勾选以下方框。

当然，大多数人选择不勾选，表示不打算参与器官捐赠计划。然而，在捐赠比例很高的国家，提问的形式是类似的，但指示语有所不同：

如果您不想参与器官捐赠计划，请勾选以下方框。

面对这个问题，人们同样没有勾选，但正是这个事实使得他们加入了捐赠计划。

完成博士阶段的研究后，我开始在 ClickTale 工作，这是一家分析各类网站上的网络用户行为的公司，当时它的客户包括微软、沃尔玛和耐克等。我的工作是使用公司开发的工具研究用户行为，了解他们如何做决定，并通过使用心理学理论帮助公司客户改善用户体验（我相信这是我做的工作）。

我的第一批客户中包含了一家在美国提供税务服务的公司。该公司为它的网站用户提供了两种套餐：第一种是免费的，仅提供基本服务；第二种价值 17.99 美元，可以获得公司提供的所有服务。当然，多数用户选择了最便宜的选项，或者更准确地说是 7.8% 的用户选择了免费套餐，而 1.2% 的用户选择了付费套餐（见图 6）。受丹·阿里利教授做研究的启发，我建议该公司添加一个中等价位套餐，这个套餐会提供高价套餐中的部分服务，但比免费套餐丰富一些。

猜猜发生了什么？对，大多数用户选择了价格最高的套餐！

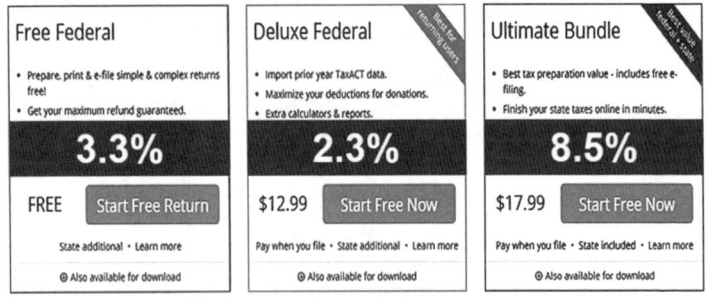

图 6　美国某税务服务公司网站套餐服务和购买率前后对比
上图：提供的两种套餐及用户购买率
下图：改为提供三种套餐后的用户购买率

在原有的两种选项的方案中，大多数消费者选择了便宜的套餐。而在添加中等价位选项后，激发了这样一种思维过程：中等价位套餐似乎更值得购买，人们会倾向于选择中间项，但由于它跟最贵的套餐只有 5 美元价差，人们往往会倾向于多付一点钱然后解锁所有的服务。在实践中，添加中等价位选项改变了思考问题的参照点，参照点的变化导致客户的选择策略从重视价格转向重视服务。决策总是与做出决策时的背景相关联，或者说，就如行为主义所说的那样，行为是环境刺激的结果。因此，如果能改变环境中的特定刺激，我们就能改变行为。塞勒和行为经济学家凯斯·桑斯坦将这种呈现可选项的方式称为"选择架构"（choice architecture）。

扩展思维

家长制自由主义

假设你每年都会来一家豪华酒店度假。在酒店前台登记后，接待员为你提供了酒店的休闲娱乐活动项目单。你看着项目单，惊讶地发现里面没有以往你喜爱的项目，例如私房美食品鉴、葡萄酒之旅或是在精品乳品店品尝山羊奶酪，取而代之的是健身、冥想、打坐、瑜伽、普拉提和体育游戏等活动。你返回前台去咨询这一情况，接待员笑着回答说，酒店依旧提供过去那些活动，只是它们在项目单的最后一页。

近年来，政府机构和私企都制订了鼓励经济和个人发展的计划，包括储蓄养老金、回收产品、采取健康的生活方式等，目的都是"利用"人的弱点和认知偏见使得人们做出更好的决定。研究表明，人通常会高估接触到的第一个信息来源的价值，这种现象称为"锚定效应"（anchoring effect）。与之相匹配的是，有关部门决定鼓励酒店开展体育活动，作为改善公共卫生状况的一部分。因此，酒店改变了项目单上活动的出现顺序，优先列出有益于身体健康的运动项目。但问题在于，国家机构以及公共的和私人的机构是否能被允许在关照自身利益的同时，影响公众的决策？仅因公众做出的决定不被认可，而企图影响公众选择，这种行为合法吗？

关于酒店的例子，我想知道，你对这个发现有何看法？你会感谢酒店和有关部门关注你的身体健康，还是说你对他们干涉你的私人事务而感到受骗和愤怒？理查德·塞勒和卡斯·桑斯坦在他们的合著《助推》中提到"家长制自由主义"（libertarian paternalism）。这个术语指向选择架构的概念，即人们的选择如何受呈现形式和呈现框架的影响。这也就是说，设计可选项这样的呈现形式可以"推动"人们做出决定，影响人们的行为。作者在书中描述了学校食堂如何通过食物分配和呈现的方式，来影响学生对菜品的选择。

当水果和蔬菜等营养价值高的食物放在学生视线可及的高度，而高热量的食物和碳水化合物放在不易接近的地方时，学生们在相当大的程度上会选择吃更多水果和蔬菜。这种方式不会阻止人们吃想吃的东西，而是鼓励人们选择更健康的食物。根据作者的说法，家长制自由主义正是致力于以有利于决策者的方式，通过"选择架构"来影响人做决定。同理，当一个病人被告知服用某种药物就有20%的康复可能时，他会感觉比被告知有80%的死亡可能要好得多，尽管这两种说法表达的是完全相同的生存概率。

在酒店活动项目单这个例子中,明显有关部门没有禁止或阻止访客报名与锻炼无关的活动,也没有要求酒店提高这些活动的价格,只是改变了它们的呈现方式。这样就只需在背后推波助澜,不用直接干预,同时也保留了客人自己做决定的自由。这种不删减选择又影响人决定的行为,被称为"助推"。

当然,助推中涉及了一些非行为科学领域而属于伦理、道德领域的问题。一个人是否有权以他自认为合适的方式生活,即便他知道自己的某些行为可能会带来不良后果?当这种干预被认为对人们有利时,它们能在多大程度上干预人们的生活?当你试着回答上述问题时,可以再思考一个这样例子——人们一边被告知要注意一些选择的不利影响,另一边营销人员又极力推销,最后还是有人避免不了这些诱惑。大多数人没有足够的知识储备,去意识到这种干预对选择的无意识影响,无论是好的选择还是不好的选择。

在这种情况下,如果我建议你在大脑中植入一块芯片,它能帮你做出重要的人生决定,比如和谁结婚、要不要孩子或选择什么职业,我保证该芯片会为你做出理性且正确的决定,通过权衡各种数据,例如个人特征、市场状况、过去的选择、基因信息等,来得出理想的答案。那么,你会同意植入这种芯片吗?

截至写作前，所有被我发问的人都给出了否定的答案。

近年来，行为经济学领域获得了高度认可，但这种认可，不是刊登期刊或发表对学者或从业人员的采访那样的公开认可，而是默默的认可。选择架构最初只是为了达到助推的效果，帮助人们更好地做出决策；现在，它被程序员、产品设计师和客服人员据为己用，应用于数字世界的方方面面。这个方法的简易性使任何人都可以轻松掌握规则。这些从业者对数字界面（人们一天中花大量时间待在那个"箱子"里）如何影响决策都很感兴趣。当然，程序员、游戏设计师和产品经理们的出发点是好的，他们相信自己是为客户提供更好的服务，帮助客户获得他们想要的东西。他们坚持"自由选择"的理念，不强迫任何人购买产品、花时间上网或将钱花在游戏通关道具上。

但这种"自由"的假设是错误的，自由选择不是一种可以被给予的东西。作为数百万年来进化的产物，人类大脑已经发展出了一套机制来帮助人们在自然界中生存，也就是在现实世界中生存。当这套机制被挪用到数字世界后，可能会出现问题，因为现实世界和数字世界并不完全对应。唐·诺曼在著作《设计心理学》一书中谈到如何通过构建数字环境来指导、管理甚至提前预判用户的行为。（Norman，1988）正如选择架构的巨大力量可以用来产生积极的影响，它同样也可以用来产生消极的、负面的影响。于是，便产生了那个众所周知的问题：

毒贩和软件工程师有什么共同点？只有这两个职业的人会称他们的客户为"用户"。

本章要点

卡尼曼和特沃斯基认为，人脑无法像机器那样通过程序精准计算盈亏。因此，无法利用遵循古典经济学定律的数学模型来预测人类行为。尽管人类不遵循纯粹的经济逻辑，但人类行为与经典经济模型的偏差是可预测的，能够建立模型。

卡尼曼和特沃斯基的理论强调了环境的重要性，并且人与人之间的思维"缺陷"相似性大于差异性。只要知道调节奖励呈现形式的方法，就能客观、科学地对人类行为进行建模。

塞勒创造了术语"助推"，它是一种几乎难以察觉的干预，旨在通过改变向人们提供奖励的方式（也称为"选择架构"）来影响人们做决策、改变人们的决定。

"助推"的成立基于人类的心理预算倾向——赋予不同来源的金钱以不同的价值。如果一个人中了彩票，他对这笔金钱的态度与他对辛苦工作所赚金钱的态度是不同的，即通过汗水与努力赚到的钱具有不同的价值。

了解刺激的动机有助于进行微调，每次微调都能导向不同的行为。塞勒和阿里利认为，这一发现可以帮助人们更好地做出决策，不必被强迫做不想做的事情，而可以温和地推动他们做正确的事情。

行为经济学直到21世纪才被认可与应用。第二代的研究人员正致力于开发该学科在大众领域的可发展性，将行为模型转化为实践。近年来，许多国际组织和机构都成立了行为经济学团队，将行为经济学原理应用于民众的日常生活中。

选择架构现已被程序员、产品设计师和客服人员采纳，在数字世界中广泛采用。他们对数字界面如何影响人的决策很感兴趣。这些模型被整合到一个新的学科中，称为"行为设计"。

不能低估设计的价值。通过建立数字化或非数字化环境,可以指导、管理甚至提前预判用户的行为,使其行为正如我们所希望的那样。[1]

——唐·诺曼

---

[1] 这句话是唐·诺曼书中所表达思想的精髓。

第九章　行为经济学对行为的设计

我非常喜欢阅读富有艺术之美的文学作品，但由于工作繁忙，没什么空闲时间。每天，我唯一能用来阅读的时间就是乘坐火车的时候。为了不放弃阅读，我给自己定下一个规矩——在火车上只能读书，不能查电子邮箱，不能看手机——这是我专门用来阅读的时间。慢慢地，我也开始尝试用各种电子设备阅读，比如听有声书、在Kindle阅读器上阅读电子书等。后来，我发现自己还是最喜欢阅读纸质书。有一天，我收到一封来自网上购物平台亚马逊（Amazon）发来的电子邮件，说有一个"仅限两天"优惠的活动——买新版Kindle阅读器即刻享受38%折扣，拥有完美的阅读体验，原价79.99美元现在只要49.59美元。于是，我立马点开了链接，我觉得如果不点开看看，可能会错失优惠。事实上，我家已经有一个类似的阅读设备，而我已经有两年没用过它了。但是，当我看到这则优惠活动时，还是蠢蠢欲动，认为可能是自己没有给阅读器足够的使用机会，也许值得再试一把。

这是一个关于"助推"的绝佳例子。活动标题以"仅限两天"开头，带来一种紧迫感；原价 79.99 美元——抛下了诱饵；相比之下，现价 49.59 美元——这会被认为是个实惠的价格；尽管新旧版本差别不大，但写在标题中看起来就很吸引人；加上 38% 的折扣，这就让人担心现在不买就亏了。故事的结局，可想而知——我订购了这个设备，强行使用了三个星期，这样我就不会认为浪费钱，然后它就一直和旧的 Kindle 阅读器一起被放在柜子里。

毋庸置疑，行为经济学领域的模型大有用武之地。如今，许多互动都发生在数字世界中，其中包括人际互动、购买产品和服务，以及网恋和商业会谈等。正是这种向数字世界过渡的中间阶段，留出了对人类选择、决策和行为进行设计的空间。有史以来头一回，人们被装进了斯金纳的箱子里，就像实验室里的小白鼠一样，开始了无休止的实验，以了解什么对人有效、什么对人没有影响。

在任何时刻，我们都应当留心购买按键的设计、标题中的文字和表达、视频传达信息的效果与文字信息的差异、在点击特定链接之前犹豫的时长，以及更改头像的频率。行为经济学与数字世界的结合不可小视。如今，人们可以自行设计箱子的样式，以便它能激活大脑中特定的按钮，使人不知不觉地在数字世界、某设备或某网站上花费更多的时间。与此同时，不可忽略这些事实：数字世界中一切均有记录，任何网站都处于监测之下，所有的点赞也都被记录着——无论是出于营销、政治、商业还是信息安全的目的。

2013年2月，谷歌和脸书的一些资深老员工决定另起炉灶，创立人文科技中心（Center for Humane Technology），成为老东家的对手。他们成立新公司的初衷是因为无法忍受社交网络和数字技术对儿童的心灵造成的持续性负面影响。而让他们最难以接受的是，他们早前创造的技术并没有用在正途，反而用来诱使用户在屏幕前花费更多的时间。他们所创立的人文科技中心，旨在教学生、家长和老师如何正确使用智能设备，向他们解释技术可能带来的危害。

"我们是内部人员，"谷歌前设计伦理学家里斯坦·哈里斯（Tristan Harris）在TED演讲中说，"我们知道公司在考虑什么、想传达什么，我们知道机制如何在内部运作。世界上最大的超级计算机位于谷歌和脸书这两家公司的内部，但我们把它们用在何处？用在分析人脑，用在我们的孩子身上。"（Harris, 2014）具有讽刺意味的是，为了深入了解技术的影响，就必须深入内部，参与产品研发，编写应用程序，研究什么有效、什么无效。对于"外部"的人来说，这些警告无疑是天方夜谭。

哈里斯在一次采访中解释说:"谁决定菜单上显示的选项,谁就可以控制我们的选择。"以"选择架构"之名进行的实践,旨在改善人的生活和帮助人们更好地做出决定。但现在这个领域已被冠以"行为设计"这般富有美学意味的头衔。经典行为主义的行为模型与行为经济学领域的模型被结合起来,以难以辨别的方式嵌入应用程序、游戏机或社交网络中。尚未适应科技环境的人脑,还没有能力应对网络世界机制下的各种刺激与诱惑,就像牵线木偶一般被操控。

如果一个人平均每天查看手机150次——这是他有意识的选择吗?从将照片上传照片墙或脸书的那一刻起,他每隔几分钟就会登录这些应用程序查看自己收到的点赞数量——这是被操控吗?似乎不是。当脸书用户更换自己的账号头像时,脸书就会在用户好友的信息流中特别强调这一点,因为它知道自头像替换的那一刻起,用户对来自环境的反馈会越来越敏感。人们已经极度依赖这种社会认可,这就是为什么网络点赞和评论会如此吸引人。当一个人收到领英平台上发来的好友申请时,这条信息不是简单地告诉你"您收到了来自丹尼的好友申请",而是"丹尼想加入您的人脉圈"——这会产生一种自我价值感,尽管丹尼可能只是浏览了一下"您可能认识的人",然后就发送了添加好友的申请。很有可能,这位想加你为好友的丹尼,在点击你的名字前根本没有多想什么,但这种好友申请的呈现方式会让人有满足感——"我很重要，人们都想成为我人脉圈中的一员"。

今天，商业公司仍在完善他们的设计，尽力驱使顾客按照他们想要的方式行事，选用他们的产品和服务。可能我们都经历过这种情况：想去希腊度假或买一双鞋子，在自己正浏览的网站上就能看到有关希腊度假或鞋子的广告。哪怕我们只是与朋友在社交软件上聊天时谈到了这些计划，也能收到各种相关信息的推送。但这不是问题的核心——只是冰山一角。作为在一家监测网络行为的公司工作了六年的人，我可以说，行为设计这门学科比人们想象的发展得更远，并以大多数人所不知的方式影响着大众。一个很好的例子是近年来围绕"黑色星期五"或"网络星期一"衍生出的购物狂欢节。尽管近年来公众对"理智消费"的认识有所提高，但网购数量仍在逐年显著增加。"狂欢节"的购买行为有很大一部分是冲动消费，但消费者产生这种冲动并非偶然——是大量精心设计的结果。网站推动用户购买（大量）他们不需要的产品，还让他们觉得理所应当。商业公司投入大量时间和金钱付出的努力都是为了了解如何激发购买欲。然而，在活动日（网络星期一、黑色星期五、亚马逊会员日等）购买的大部分产品都被扔进了垃圾桶或者被闲置，即使消费者根据需要进行选购，大部分人还是会或多或少购买至少一种计划之外的产品。

风险投资家兼脸书首批员工之一的查马斯·帕里哈皮蒂亚（Chamath Palihapitiya）在《纽约时报》（*The New York Times*）发表的一篇文章中指出，社交网络"撕裂了社会结构"。（Bowles，2018）他不是唯一一个这么想的人，许多高科技公司的高管都同意他的观点。最令我惊讶的是，我在与相关技术人员对话和采访的过程中，他们似乎意识到技术会带来负面影响；然而不在相关领域的人则只会提到长期看电子屏幕对儿童有害。社会心理学家亚当·阿尔特（Adam Alter）在 TED 演讲中提到了一个故事，或许能说明人们对于过早接触数字技术所能带来的潜在危害缺乏认识。这个故事是这样的——一家大型宠物食品公司的负责人，曾带着一罐公司生产的狗粮罐头去参加年度投资者会议，他想证明如果这些罐头他能吃得好好的，那么宠物狗也可以，这是他说服投资者的方式。制造商通过自身生产的产品来展示自己对产品的信心，这种策略在商业世界中很常见，但阿尔特认为，"有趣的是一些例外，也就是不使用自己产品的商人，他们大多都从事相似的行业，例如平板电脑制造商"。（Alter，2017）2010 年，苹果平板电脑（iPad）以"你能拥有的最好上网体验"为口号横空出世，时任苹果公司首席执行官史蒂夫·乔布斯（Steve Jobs）接受了《纽约时报》的采访。采访结束时，记者送了乔布斯一句"好话"——"您的孩子一定会疯狂爱上 iPad"。这句话本意是想赞扬他，而令记者惊讶的是，乔布斯回答说："他们还没用过它，我们在家中限制使用电子设备。"乔布斯的做法与绝大多数高科技行业高管相同。苹果首席执行官蒂姆·库克（Tim Cook）在接受《卫报》（*The Guardian*）采访时表示，他不会让他的侄子使用社交网络；脸书首批投资人之一的肖恩·帕克（Sean Parker）也发表过关于社交网络的言论，"天知道它对孩子的思想会有什么影响"。还有一则热点新闻：发明"点赞"功能的脸书产品经理贾斯汀·罗森斯坦（Justin Rosenstein）由于担心脸书对其心理造成影响，在自己的手机中删除了这项应用程序。

美国硅谷附近的宾夕法尼亚州华尔道夫学院规定，八年级以下的学生都禁止使用电子屏设备。（Weller, 2018）这些孩子的家长，有75%是在硅谷工作的高科技行业资深人士。乍一看，那些开发和投资这些技术的人居然阻止他们的孩子使用它，这听起来很讽刺，但仔细想想，这也并不奇怪，因为制造这项技术的人最清楚它们对儿童大脑的破坏性影响。

此前，美国的政府机构还在担心低收入经济阶层学生无法享用科技，致使他们与早早接触科技成果的同龄人之间形成差距。但该领域许多专业人士所表达的担忧不仅消失了，而且情况发生了逆转。如今，在硅谷工作的父母越来越担心屏幕对孩子的有害影响，尝试让孩子们回归"旧时代的童年"，玩玩具和非数字化游戏。由此，人们反而开始担心贫困家庭中的孩子，若使用电子屏设备不加节制，可能会影响孩子正常发育。

如何激发人们的购买欲

如前所述，冲动消费是巧妙计算后的结果，那是一个早早布下的局——将一天（或几天）定为"购物节"，让购物在当天成为一个事件，并在那一天到来前一个多月便开始营销造势，制造氛围，给消费者建立种种预期。"有且只有一天"的定位会增加购物节的价值，会促使消费者在此之前早早开始计划购物，大大激发了参与活动带来的兴奋感。为进一步激发购买力，企业纷纷宣传"仅限今日""限时促销""亏本促销""不买后悔"等信息，使大脑产生一种紧迫感。于是，消费者会觉得，如果不买就亏大了——而人们最讨厌的事情就是吃亏。

卡尼曼和特沃斯基曾谈到人有"失去恐惧"倾向：失去的痛苦是获得的喜悦的两倍。这就是为什么你想买的车型缺货时，你会突然意识到自己只想拥有它；这就是为什么股票下跌时感到的痛苦，比股票上涨时带来的满足感更大。有时，一些购物网站还通过在活动前故意抬高价格，使之与活动期间的优惠价形成价差，起到夸大折扣力度的作用，让消费者感觉自己享受了优惠。其中会使用一个有用但老套的方法，就是强调"打折"，它可以扰乱消费者的感知并影响判断力。

哈佛商学院的研究员乌玛·卡尔马卡尔（Uma Karmarkar），

试图研究消费者在接触"打折"一词时的想法。(Karmarkar, 2015)她在一项实验中向被试展示了不同的产品,包括服装、电器、食品、保健品等。有所不同的是,第一组被试先被展示产品,再是含有"打折"字样的标题;第二组则相反,先是"打折"信息再是产品。卡尔马卡尔发现了一件令人惊奇的事情:第二组被试接触"打折"一词时,他们大脑中一个被称为"伏隔核"(nucleus accumben)的区域被唤醒,这个区域是大脑的快乐中心(我将在第十四章中展开讨论),能产生满足感和愉悦感。相比之下,第一组被试接触产品时,内侧前额叶皮层的活动有所增加,说明他们在对产品进行评估。这意味着,当消费者看到"打折"这个词,甚至在考虑是否有必要购买产品之前,大脑中评估产品的区域就给该产品加了分,增加了产品的价值。标题中的"打折"一词,使消费者没有对产品的价值进行客观考量,就提前产生了购买它的倾向。如此,理性的决策就被搁置在一旁。在分析销售网站的过程中,我发现打折产品的细节和详情,相比非打折类产品受到较少的关注。一项关于食品和药品销售的实验结果也验证了这一发现。贴有黄色或橙色价格标签(表示参与促销活动)的产品,其售卖率比非打折产品高得多,即使它们的价格相同。

读到这里,有些人可能认为此类操作也适用于商场,这当然是正确的。但在数字世界中,影响消费者决策并引导冲动消费其实更加容易，一系列操作都可以达到此目的，例如通过突出"畅销榜排名第一"来加强"羊群效应"——如果很多人都购买了该产品，那么它就值得买。羊群效应给人一种感觉，即跟随大众的选择购买就是明智的、理性的消费。

在数字世界中，网络用户很容易被吸引人的刺激所迷惑，包括颜色、声音、各种字体、动画、弹出窗口、闪烁的标题和倒计时的秒表等，可以说种种因素都增加了下单购买时的紧迫感。换句话说，在数字世界中针对"箱子"的设计会让用户感觉"如果关掉网站而不买东西，那就亏大了"。我曾在"黑色星期五"期间分析了各购物网站的网络行为，还研究了除"打折"以外引导消费者走马观花、不仔细阅读商品详情就下单的因素。我的观察告诉我，在促销活动期进行网购的消费者往往不会那么犹豫，他们会更少地比价，比往常消费更多。消费者花越来越多时间在网上购物，这种趋势在未来将会愈演愈烈。诚然，营销者一直在影响消费者，他们努力诱使消费者购买产品，但数字环境以某种方式塑造了消费者的行为，使人们难以厘清究竟是什么让自己心甘情愿掏钱购买产品或服务。

尽管消费者清楚地知道自身的偏好，或者知道自己愿意为产品花多少钱，但无从知晓自己在购物时会不会受到产品的展示方式、标题、品牌知名度等因素的影响。购买行为，表面上看起来像是消费者自己做出的决定，实则不是自由的。消费者在决定购买特定产品时，认为自己的行为是理性的，并且做到了"利益最大化"，但这只不过是一种认知偏差。虽然他们知道自己是营销的目标对象，但仍全心全意地相信自己很明智、思想独立、不受"操控"。当被问及如何做出购买特定产品的决定时，他们会将其描述成一个艰难而理性的思考过程，讲述自己如何研究产品特征、对比报价、计算性价比。但这种自我认知存在本质上的问题，它源于人们需要一种一切尽在掌控中的感觉，以确保自身在精神上的独立。这是一种基本且重要的防御机制，没有它人类将无法生存。

但是，人的意志在实践中却无法参与决策。主观体验是一种幻觉，让人误以为自己是掌控者。人们沉浸在自己的故事里，由此保持自己在生活中迫切需要的一种控制感。实际上，一时的情感和冲动在购买行为中扮演着非常重要的角色——只是人们不情愿承认罢了。大脑的决策过程中有两种相互对抗的力量参与，即理智和情感。它们对应了大脑中的不同的工作区域。

按道理，有头脑、有思想的人，购买了一两次本不需要的产品后就会吸取教训，不会再浪费钱。但事实证明，这不是心理机制的运作方式。人们购买产品，不是为了寻求功能性，而是为了填补心理上的空缺，因为购买提供了一种愉快而短暂的兴奋，能让人暂时分心，就像吃到甜甜的冰激凌一样。我们为了不让自己感到沮丧，会进行一些自我催眠，比如绝对要买一个电子灭蚊器；这些玩具肯定要买，它们能帮助孩子开发智力，这个钱值得；等等。实体店的购物模式，是一手交钱一手交货，而线上购物需要等待商品发货，这增加了期待感并进一步延长了购物体验的持续时间。开箱时刻，无论买的是什么东西，都会大大提升满足感。换句话说，人们在日常生活中，通过网络购物为自己安排惊喜。

什么是"黑暗模式"

如前所述，最早是卡尼曼和特沃斯基提出，人类的思想不遵守古典经济学规律，并且不遵循纯粹的理性逻辑。但人类的非理性也不是随机的、不可预测的，它是可被建模的。目前，已有不少各种基于行为经济学进行干预的成功案例，例如，近年来已经制订了鼓励有效经济管理的一系列计划。但与此同时，在没有监督和监管的数字世界中，这些干预措施影响用户行为的力量也已得到了验证。

我们在上一章中提到唐·诺曼在《设计心理学》一书中讨论了如何通过构建数字环境来指导、管理甚至提前预判用户行为。仅通过设计界面能影响用户决策，使用户购买计划外的产品，并且在应用程序上长时间停留。例如，人们或许只是想查一下新邮件，但界面设计可能会让人们在两个小时后才关闭邮箱，在这段时间里可能订阅了本不需要的邮件，开通了程序访问个人数据的权限（例如地理位置、照片或联系人）等。科技公司已经洞悉用户想法。在现实世界中，企业需要对自己的行为负责，但是他们难以将现实中需要循序的法律程序照搬进数字世界。

在普林斯顿大学的一项研究中，研究人员查阅了数千个网站，发现这些网站中嵌入了大量旨在"操控"用户的模板。这些模板在各类网站中被广泛使用，大同小异。研究人员归纳出了数百个这类模板，并称其为"黑暗模式"，专指那些欺骗用户的诱导界面，企业主利用它们来影响用户决策，激发用户做出某种特定行为。（Mathur, Acar, Friedman, Lucherini, Mayer, Chetty& Narayanan, 2019）事实上，这些模板都是自动化技术，可以适应不同的业务需求，是各种数字平台不可或缺的一部分，其中包括社交网络、商业网站、应用程序和电脑游戏。

广泛使用此类元素的一个网站是提供全球酒店预订的网站缤客（Booking.com）。当用户点击某个酒店时，网站分析师会将其解读为"对该酒店感兴趣"的信号，会立即向用户提示诸如"过去一小时内有53人查看该酒店"或"近期已有三位用户预订该酒店"之类的消息。这些消息创造了紧迫感（urgency effect），大大提升了用户预订该酒店房间的可能性——这些提醒会使用户产生一种恐惧，担心自己此时不做出决定就会后悔。然而，如果不发送此类消息，用户可能就不会急着预订。

另一种模板是基于"锚定效应",即夸大用户接触到的第一个信息来源的价值。如果用户接触到的第一个物品是一个价值 1200 美元的包,那么他浏览到的第二个包就价值 700 美元。还有一个流行的模板被称为"确认羞耻"(confirm-shaming),这种模板会让用户感到羞耻或不舒服,由此诱导用户"屈服"。例如,在用户即将离开特定界面或关闭某列表时嘲笑他。当用户点击离开页面,就会看到两个弹出的选项:"留下并查看更多相似的产品"或者"不,谢谢,我对获得更多促销和福利信息不感兴趣"。

图 7 亚马逊网站上的提示信息
左图:在会员邀请页面,提示"不,谢谢,我不想要无限量一天送达服务"
右图:在七折优惠界面,提示"不,谢谢,我更想全额购买"

本章要点

人们的生活不断向数字世界过渡，这推动了行为经济学模型的广泛应用。数字界面是一个渴望以一种隐蔽的方式塑造人们选择、决定和行为的空间。

尚未适应科技环境的人脑，没有能力应对网络世界机制下的各种刺激与诱惑，像牵线木偶一般被操控。

商业公司致力于让用户做出有利于其公司利益的行为和决定。

尽管近年来公众对"理智消费"的认识有所提高，但网购量逐年显著增加。在"狂欢节"的购买行为很大一部分是冲动消费。

冲动消费是一种被精心设计的结果，早在销售活动之前商家就开始布局，通过各种操作引起对损失、错过的恐惧，利用紧迫性效应、羊群效应，突出"打折"以激发购买欲。这些操作让人感觉，如果不买就亏了——人们最讨厌的就是吃亏。

在宣传语标题中使用"打折"字样能使消费者在理性思考之前就产生购买的倾向，他们会觉得买到就是赚到，即使其折扣力度可以忽略不计。

尽管在现实世界中也有刺激冲动消费的操作，但数字世界更容易影响人们的决策过程，引导消费者进行以情感为导向的冲动购买，而消费者的目的是填补内心的空缺。

普林斯顿大学的一项研究显示，购物网站中嵌入了大量以"操控"用户为目的的诱导界面模板，以利用用户有限的感知和认知偏见来获利。

出于不良目的利用诱导界面模板的行为难以被取缔。这种行为在商业领域的灰色地带屡见不鲜，其操控能力不可小视，可能致使成瘾或导致较大的经济损失。

说服一个人在雨天去投票,与试图说服品牌 A 的消费者使用品牌 B,没有什么不同。

在这两种情况下,施加影响力的关键都在于在正确的时间,向处于正确心理状态的用户,传达正确的信息。

——理查德·罗宾逊(Richard Robinson)

第十章 操控情绪的力量

剑桥分析公司是一家政治研究和咨询公司，它在脸书用户不知情的情况下使用用户个人信息来定制广告，使用户感到恐惧，对用户心理造成了伤害。根据前剑桥分析公司的员工克里斯托弗·怀利的说法，该公司获取了8700万名脸书用户的信息，以便"利用对用户的了解来建立模型，瞄准他们内心的恶魔，这是整个公司的基础"。（Wylie，2018）2016年，剑桥分析公司启动了影响美国总统大选和英国脱欧民意调查的两项调查项目。

在剑桥分析事件爆发之前，我曾受邀在德国科隆数字营销展览会（Digital Marketing Exposition & Conference，Dmexco）上，与该公司新任副首席执行官理查德·罗宾逊一同出席一场座谈会。Dmexco会议是欧洲最大的数字营销会议，每年约有四万名来自世界各地的相关研究人员和从业者参加。

奥多比（Adobe）、谷歌、脸书、微软和赛富时（Salesforce）等许多公司都会提前预订会议展位，借此展示自己的技术创新。不仅是展位，连酒店房间也必须至少提前半年预订，否则参与者很有可能不得不住在另一个城市。大多数情况下，受邀发言的都是赞助公司的代表，所以当我收到邮件邀请我参加座谈会时，我非常惊讶，因为当时我所在的公司并不在赞助公司之列。那场我要出席的座谈会，将围绕"心理变数定位"（psychographic targeting）而展开。

心理变数定位是一个相对较新的概念，它指的是通过用户行为背后的心理原因分析用户特质，比如个性特征、对风险的态度、决策策略等，而不是根据性别、年龄或地理位置等社会人口统计学变量来描述用户（例如，"亚特兰大的女性"倾向于在早上买鞋）。心理原因是通过监测用户的数字足迹来分析的，数字足迹指的是在网络空间中可以被跟踪的所有活动。可以通过两个维度来从用户那里获取信息：被动和主动，隐性和显性。事实证明，隐性方式是相对有效的收集信息方法。数字足迹分散在整个网络中，包括一个人每天登录脸书的次数、点赞的次数、登录新闻网站的次数以及在谷歌上搜索的内容等。不知不觉中，手机透露了很多个人信息，比如生活地、工作地、喜欢去哪里玩以及有什么习惯等。在数字空间中的每一个动作都会留下数字痕迹。当你尝试集中分析这些数据时，它们就会揭示有关用户的个人偏好、习惯和特征的信息。毕竟，对信息的利用是无止境的。每一个动作，即使是最普通的，也都会被监测：点击的动作、输入的内容、犹豫的程度、思考的时长、参与互动的程度等。

你可能觉得，监测点击和输入内容尚在预料之中，但是监测犹豫的程度就很奇怪。实际上，监测公司雇用分析师和心理学家，就是让他们从枯燥的数据中找寻意义，或者说，完成数据拟人化。例如，有两个用户，丹和罗伊。丹打开亚马逊网站，立即点击进入一件特定商品的主页，比如一件衬衫；而罗伊则把鼠标在同一件商品上停留了两秒钟，然后才单击进入页面。罗伊的这个动作会用一个被称为"犹豫度"的度量标准来计算。假设罗伊决定购买这件衬衫并单击"继续购买"，但突然遇到某种故障，致使他无法进入购买页面，于是他在很短的时间差内持续点击了数次。这就是由另一个名为"疯狂点击"（rage click）的度量标准来计算的行为了，它表示用户的挫败感，通常在网页出现问题时发生。

心理变数定位在零售行业中非常有用。因而，从根据人口特征进行分类，转向根据心理特征对用户进行更为复杂和细致的分类，是迫切而必要的，各类公司在这方面都投入了大量资金。例如，我在女性身上发现的主要特征之一是"幻想"，这个特征常见于电子商务类网站。

通过观察用户行为，我们可以发现用户真正满意的是体验本身，即检索产品、查看产品信息、更改颜色、对比相似的产品等；而幻想者做出的主要决定不是购买哪些产品，而是将哪些产品添加到购物车中。你是不是无论何时查看购物车，购物车里差不多平均也会有8—10件商品？幻想者行为的有趣之处在于，她们通常不会把"完成支付"作为访问网站的最后一步，而是会将商品留在购物车中，第二天再回来查看。有时，她们还会删除某件商品，或再添加另一件商品。与现实中的购物车不同，网站的购物车提升了对产品的拥有感，因为用户可以随时添加或删除商品，即使离开网站，这些商品也依旧保留在购物车中。幻想者可以随时点开购物车，查看自己积累的"虚拟财产"。每一次访问购物网站时，购物车里的商品都在等着她们——这无疑增强了她们对产品的拥有感。这种感觉弥补了幻想者可能买不起想要的商品的缺失。

但重要的是，幻想者的特征如何为企业主所用？企业主如何利用这点从中获利？一个可行的方法是，通过给购物车中的一两件商品打折，来促使幻想者完成购买。"今天是您的幸运日，您选择的商品正享受折扣！"这种出人意料的优惠活动会让消费者认为，当下是购买商品的好时机，就好像冥冥之中得到了指示，自己注定要购买这个产品。有一种有趣的用户类型，我称之为"名牌追逐者"。这类用户对时尚着迷，对"每个人都在谈论"的最新流行趋势感兴趣。他们的购买决定完全基于产品具有"名牌效应"的事实，他们的注意力直接被产品具有的情感特征所吸引，例如颜色、配饰和标题等。与幻想者不同，名牌追逐者根本不在意价格。

另外两种我特别关注的用户类型是"利益最大化者"和"满足者"。利益最大化者会在一个给定的可供选择的产品列表中查阅其中的每一个产品，并尝试根据成本效益评估每个产品，只有浏览完整个列表后他们才会做出决定。然而，即便如此，利益最大化者在大多数情况下并不相信自己的决定。他们生活在一种持续的错失感中，总是在思考如果做了不同的决定会发生什么，在惦记清单上没选择的产品，并且如果这个选择范围越大，挫败感就越强，选择的困难也就越大。反观满足者，他们可能不会做出最好的选择，只要足够好（good enough）就够了。他们会选择列表中第一个符合自己预先设定的标准的产品，不会纠结于其他没选上的产品。他们安于自己做出的选择。总的来说，这些人更快乐。

针对利益最大化者，我会建议企业主限制他们所能接触的产品数量；而对满足者，企业主应该允许他们过滤选项，因为这些用户知道自己想要什么，并且一旦找到正在寻找的产品就会停止搜索，所以应当帮助他们更有效地找到想要的产品。这些关于数字用户的分类和见解，具体到企业主对自己的客户进行定位也因情况而异，不同企业的理想客户类型不尽相同。这些分析需要将心理洞察与数据分析结合，但如今只有大公司才会意识到分析行为的重要性。

我在参加"心理变数定位"的小组讨论时，与同组几位负责制定营销策略的同行一起讨论了雀巢旗下的一家宠物食品公司普瑞纳（Purina）。雀巢根据消费者与宠物关系的性质，通过分析消费者接触到的内容、他们的网络活动和访问的网站列表，以参与度为标准将消费者划分为不同的群体（例如高参与度者将宠物狗视为家庭成员，而低参与度者只让宠物狗看家），并针对每个群体设计了不同的营销方案。根据剑桥分析公司副首席执行官理查德·罗宾逊的说法，这是从数据分析上升到心理变数定位的进化过程。

如果最初的尝试是根据消费者消费的内容来划分用户群体，然后根据人口统计学数据对用户进行分类，例如性别、年龄和居住地，那么现在我们要做的是根据消费者访问的网站和访问的内容对其进行分组。在罗宾逊看来，专注于这些数据可能会导致分析缺少重要的步骤，即从宏观角度综合分析所有相关数据，从而产生对于用户的整体性认知。在这些分析中，缺少的是人性化体验（humanizing）。恐怕每个人都曾有这样的体验，一走进街角的小店，柜台工作人员就认出了自己，他们记得你喜欢什么，可能还会和你说："冰激凌出了新口味，是开心果味,我给你留了一盒,我知道你肯定会喜欢。"罗宾逊指出,他们公司的目标就是将这种人性化服务带给数百万用户。

数据分析需要尽可能多地获取关于消费者的数据,其中一个关键任务是提出正确的问题。事实上,在经历专业分析加工之前,大多数数据是毫无意义的。罗宾逊解释说,专业分析能使公司了解用户的动机是什么、态度是什么、心理模型是怎样的、是否能被影响,以及自认为对事情的掌控程度是怎样的。通过这些信息,研究人员可以创造性地思考与这些用户接触的最佳方式是什么。例如,如果某个人喜欢处于中心位置,就可以想办法满足他。一切工作的目标是深入分析用户的大脑,根据他们表现出的特征进行分类,并做出针对性设计。为了以最佳的方式做到这一点,剑桥分析公司不仅分析了枯燥的数据,还直接与人们交谈,直视他们的眼睛,了解什么对他们"起作用"。

"你看,"罗宾逊总结道,"说服一个人在雨天去投票,与试图说服品牌 A 的消费者使用品牌 B,没有什么不同。在这两种情况下,施加影响力的关键都在于在正确的时间,向处于正确心理状态的用户,传达正确的信息。"(Dmexco, 2017)

我可以证明罗宾逊说的完全正确。在我的一项研究中,我发现对于被定义为"目标导向型(goal oriented)"的用户,即出于特定目的访问网站或应用程序的用户,如果他们错过了一场足球比赛，登录网站或应用程序只是为了查看比赛结果，或是如果他们打开亚马逊挑选领带，只是因为第二天要与客户参加晚宴——那么，费尽心思向他们推荐衣服或配饰是没有效果的。但是，如果用户是处于一种"随便看看"或"橱窗购物"的心理状态，那么他们会乐于接受推荐。他们会喜欢查阅各种产品，因为访问网站只是为了享受体验本身，类似于在商场里消磨时光。在这种情况下，向用户推荐各种产品是有效的。

正如罗宾逊强调的那样，要想影响用户，必须了解用户，把他们的个人信息与他们当时的心理状态联系起来。这就是剑桥分析公司成功影响2016年美国总统大选的秘诀。

本章要点

心理变数定位，指的是通过用户行为背后的心理原因分析其特质，比如个性特征、对风险的态度、做决策的方式等。

"数字足迹"是用户在其访问过的网站上留下的痕迹，在数字空间中的每一个动作都会留下数字痕迹。在用户不知情的情况下收集数字足迹，能比较有效地分析出用户的心理特征。集中分析这些数据，能揭示有关个人偏好、习惯和特征的信息。

对信息的利用没有止境。从营销、销售，到人力公司在数据库中存储个人信息，公司认为这些信息比面试者在应聘时提供的信息更可靠。

在使用理论模型进行分析之前，大多数数据是没有意义的。只有经过专业的分析之后，才能从中研究出用户的动机、态度和个性特征等等。

欲求超过购买力,在他们所属的世界中几乎成了一种规则。

这规则不是他们自己制定的,是文明颁布了它:广告、时尚杂志、展示会、街头的表演。

甚至从某种意义上说,整个文化的生产都是这种文明现象的最恰当的表现。

——乔治·佩雷克(Georges Perec)

第十一章　制造情绪，制造认同

要深入了解剑桥分析公司对美国总统竞选产生的巨大影响，让我们先从20世纪20年代讲起。

营销的最佳方式是迎合人们的心理需求，这一想法并不新鲜。剑桥分析公司的理念，很大程度上来自弗洛伊德的无意识理论。弗洛伊德的侄子爱德华·伯内斯，是第一个接受弗洛伊德的思想，并意识到产品本身与我们对它的情感无关的人。他是营销界中最具影响力的人之一，也是公共关系学科化的先驱者。可以说，是他在"幕后"推动了整个西方消费文化所依据的理念。在今天看来，伯内斯的假设似乎是很明显的事实，即消费产品（后来似乎也包括技术）可以满足人的心理需求。纪录片导演亚当·柯蒂斯（Adam Curtis）的作品《探求自我的世纪》（*The Century of the Self*），以精妙的方式展示了这一想法的发展。尽管对我们来说这听起来也许有点奇怪，但事实是直到伯内斯的时代，人们才按需求购买产品，他们在购买时主要考虑的因素是产品的优点。有些产品是通过强调功能特性来吸引消费者，比如电话可以向远方的人传达消息，汽车可以实现远距离的移动。总之，消费者购买特定产品时，都会将一些因素考虑在内。但这一切，在第一次世界大战后美国繁荣的背景下，发生了变化。

"独立的女性会抽烟"

20世纪20年代，经济迅速增长，达到了空前的繁荣。这是一个科学飞速发展、产业投资前景良好、技术进步的时代。得益于此，汽车和家用电器（冰箱、洗衣机、吸尘器、收音机）等产品的生产率提高了30%以上。然而快速的进步导致了生产过剩，制造商被要求提出具有独创性的方案来销售所有囤积的剩余商品。

雷曼兄弟投资银行的高级主管保罗·迈泽（Paul Meiser），是提出从"需求型经济"转向"欲望型经济"的第一人。纪录片《探求自我的世纪》中也引用了他的观点：美国应从需求型经济转向欲望型经济，教育人们消费新产品，甚至是在旧产品淘汰之前，欲望应该盖过需要。（Curtis，2002）

物质的丰富致使新的营销方法被开创出来教育消费者，"不要把消费算计得那么清楚，那么公式化"。消费是一种生活方式，是一种自我实现的方式，也是一种实现幻想的方式。餐厅贩卖的不是富有营养的食品，而是一种美食体验；游学，则是一种"富有挑战、丰富多彩、滋味繁多的体验"。伯内斯和另一位名叫欧内斯特·迪希特（Ernest Dichter）的心理学家，一起承担起了改变以往一直存在的保守主义和实用主义消费文化的任务。

伯内斯对他的叔叔弗洛伊德的理论很着迷，他认为可以利用精神分析的方法来推销产品。弗洛伊德的著作除了让他知道人们会无意识地顺从大众的想法之外，还让他理解了另一件同等重要的事情，那就是意识到"人类是愚蠢的"。在此之前，他始终认为人是理性的，认为如果人得到了所需的信息就知道该如何做出正确的决定——但这种观点从根本上是错误的。察觉到人的愚蠢后，这种观念就一直伴随着伯内斯。在他于1928年出版的著作《宣传》中，他解释说，"了解大众的意识，便可以在大众不知情的情况下对其进行有效操控"。为了验证这一假设，他发起了历史上最著名的运动之一，其目标是说服女性吸烟。当时，受过教育、受人尊敬的女性（被称为"女士"）是不抽烟的，女性吸烟根本没有被大众所接受，被当成一种禁忌，违反规范的女性会被视为行为不端正。美国好彩香烟（Lucky Strike）公司的总裁乔治·华盛顿·希尔（George Washington Hill）是伯内斯的客户，他向伯内斯抱怨说自己失去了50%的潜在客户。伯内斯受叔叔弗洛伊德的影响,询问希尔可否愿意借助精神分析,希尔同意了,由于当时弗洛伊德住在维也纳,伯内斯就向美国当地的精神分析学家,同时也是弗洛伊德著作的英文版译者亚伯拉罕·布里尔(Abraham Brill)求助。伯内斯试图了解香烟对女性的象征意义。布里尔回答说:"香烟是阳具的象征,也是男性权力的象征。如果你能将香烟与挑战男性权力联系起来,女性就会吸烟。"(Curtis,2002)

伯内斯明白,如果他能成功建立起吸烟与挑战男性统治之间的联系,就能成功地促使女性吸烟。从这一点出发,他想到了一个绝妙的点子。1929年4月1日,在纽约第五大道举办的年度复活节游行时,一批由著名的《风尚》(*Vogue*)杂志编辑挑选出的模特正等待伯内斯的指令。模特们把香烟藏在自己的吊袜带里,一旦伯内斯发出信号,她们就会戏剧性地拿出香烟并点燃。伯内斯提前与媒体打好了招呼,也设计好了噱头。他会告诉媒体,一群女性正在点燃"自由火炬"进行示威游行。这场被称为"自由火炬"的游行不仅受到了当地媒体的报道,还受到来自世界各地报纸和杂志的关注。颇具讽刺意味的是,该运动成功地让所有坚信性别平等的人,支持女性吸烟。从那时起,向女性销售香烟就开始变得容易。女性吸烟已成为无可争论的行为,吸烟的女性是一个独立的女性、一个有主见的女性,这一观点至今仍能引起共鸣。

伯内斯和所有成功的营销人员都十分清楚，人是非理性的，就像由遥控器控制的汽车，只是人不受电池驱动，而是由情感驱动。从购买产品到在选举中投票，每一种行为背后的原因，都是无意识的冲动。因此，如果能够知晓如何操控情绪，如果能够窥探人最深层次的欲望，就能轻易地指导人的行为。这些欲望可能是关于性、心理或意识层面的需要，以及一些无法用语言描述的需要。其实人们都明白，女性并不会因吸烟而变得自由，但吸烟与男性权力之间的联系，在潜意识中赋予了女性一种独立感。

"这是精心烘焙的蛋糕"

剑桥分析公司的首席执行官亚历山大·尼克斯（Alexander Knicks）曾提及著名市场心理学家欧内斯特·迪希特在一个世纪前的观点，即不要直接问消费者为什么更喜欢一种产品而不是另一种产品，而必须了解他们行为背后的原因，以及是什么造成了他们在选择上的偏好。

在一个世纪前，人们遵循的仍是男人挣钱养家、女人照顾家庭和孩子的传统。20 世纪 50 年代中期，美国食品制造商通用磨坊（General Mills）食品公司决定向市场推出一种当时被视为创新巅峰的产品：一种用来制作蛋糕的混合预拌粉。该产品在 20 世纪 40 年代就开始开发，但经历了相当长的时间才上架。最初的想法很简单，发明一种粉末，只需添加液体（水或牛奶），然后放入烤箱就能做好蛋糕。在开发的同时，制造商还投入了大量营销活动，让其旗下受大众喜爱的知名品牌贝蒂妙厨（Betty Crocker）做宣传。然后，蛋糕预拌粉大张旗鼓地上架了，意外的是人们对它并不感兴趣。家庭主妇们在超市路过放满它的货架，并不会把它放进购物车。产品制造商一直无法弄明白究竟在哪里出了问题。当他们调查并采访了消费者和家庭主妇时，得到的回答是他们认为这种预拌粉没法保证蛋糕的味道。

无助的公司高管于是聘请了欧内斯特·迪希特来帮助解决这个问题。在迪希特组织的一次焦点小组讨论中，失败的原因逐渐变得清晰：公司认为的产品优势，在家庭主妇眼中恰恰是很大的劣势。换句话说，是因为产品使用起来"太轻而易举了"。对于家庭中大大小小的事物便是生活全部的家庭主妇来说，使用这种产品会让她们产生内疚感，因为用它做蛋糕太不费力了。这是心理分析师找到的产品销售状况不好的原因，一位迪希特团队中的成员如是说。迪希特团队设计的解决方案是改变配方，使得家庭主妇使用预拌粉时需要加入两个鸡蛋，这样蛋糕的制作过程就显得不那么容易了。这个方案的目标，是提升消费者在产品使用中的投入程度，通过提升消费者制作蛋糕的参与感，来阻止内疚心理的产生。开发人员回到实验室"破坏"了现有产品，开始尝试创造新的配方。事实证明，这种实际上降低了产品技术含量的小操作起到了大作用，改良后的产品销售额开始飙升。

同弗洛伊德和伯内斯一样，迪希特深入理解了人们无意识需求的力量及其对人行为的影响。他的焦点小组采用的调查方式是直接向被试提出问题。今天，焦点小组采用的主要策略是弗洛伊德所开发的自由联想法。通过这种方法，人们想要接近真理，就必须慢慢剥去保护自己免受潜意识冲动和本能影响的保护层，哪怕这些冲动和本能是人类行为的基础。在当时的一些焦点小组中，成员还会被要求扮演产品的角色，描述自己作为产品的感受。即使诸如此类的方法在今天听起来有些无厘头，但它们能非常有效地揭示隐藏的行为动机。所有的营销人员都知道，在任何情况下，如果直接问消费者"您为什么喜欢这款产品"，是无法得到客观的回答的。就像如果被问及"为什么支持某个特定候选人"时，公民也很难给予客观的回答一样——必须了解人们的行为背后隐藏的冲动。

伯内斯和迪希特两人提出的创造性方法，让消费者开始因为产品能够带来良好的感觉而购买，而不是因为产品的功能。产品的特性作用于消费者，让他们感到快乐，让他们远离痛苦，给他们带来安慰。这种策略被迪希特称为"欲望策略"，他曾解释说："应该明白，现如今的人经常试图通过（金钱）消费来克服挫折，达到自我满足。人们愿意通过购买对自己好的产品来实现自己眼中的自我形象。"（Curtis，2002）关于这一点，露华浓（Revlon）化妆品公司的总裁给出了更精辟的说法，"在工厂，我们生产化妆品；在商店，我们销售希望"。事实上，上述见解构成了现代营销理论的基石。

为幻想和愿望买单

美国电视连续剧《广告狂人》（*Mad Men*）的第一集，最能说明伯内斯和迪希特两人所得出的见解的力量。在这一集中，作为彼时最成功的烟草公司之一的好彩香烟遇到了一个问题。越来越多已发表的研究表明吸烟有害健康，因此香烟说不上有什么好处。那么，好彩香烟生产的危害健康的产品与其他类似产品有何不同呢？

剧中，思特林库柏（Sterling Cooper）广告公司创意部门的主管唐·德雷柏（Don Draper）绞尽脑汁思考如何才能缩减一大笔广告预算。他询问了有关公司的老板，想知道他们是如何制作香烟的。这位老板开始一步接一步、干巴巴地描述生产过程，并说在其中一个阶段他们会烘烤烟草，此时德雷珀打断了他的长篇大论。房间里一片寂静。于是有了以下对话：

"请等一下，"德雷珀问，"烟草会经过烘烤吗？"

"香烟都是烘烤过的。"老板惊讶地回答他。

"不，人们吸的香烟是有毒的，"德雷珀灵光一现，"好彩香烟是经过烘烤的。"

许多公司在销售同品类产品时，为了让自己的产品显得与众不同，会为产品本身说话。这段话之所以成为经典，是因为它呈现了广告界的一个历史性转折点：人们不再谈论产品及其特性，而是用晦涩、无意义的术语，营造一种提供了信息但是又不是什么必要信息的氛围。广告给予产品一个形象，这个形象传达给人们一些与自身以及自身愿望有关的事情。广告使人下意识地觉得"只有购买产品才能变得更好"。就像运动品牌耐克不会和消费者谈跑鞋，而是谈鼓励他们实现梦想（Just Do It）；苹果公司也不会展示笔记本电脑的技术，而是用空洞、无意义或不合逻辑的陈述词来展示产品。人的幻想世界具有巨大的购买力，尽管它与客观现实关系不大，甚至毫无关系。

有一项研究证明了上述观点对人存在深远影响。在该实验中，被试被要求浏览一些照片。第一组被试看到的是一位女士购买一款价值50美分的面霜的照片；第二组被试看的也是女士买面霜的照片，只是面霜的价格变为5美元。之后，被试被要求描述自己看到的场景。第一组被试将图中的面霜描述为油腻和厚重的，他们认为图中的购买者是没有经济来源的女性，盲目地相信广告；而第二组被试将这款面霜描述为细腻和清爽的，甚至具有抗老功效，他们认为购买者是成功的职业女性，在意自己的外表。这些源自弗洛伊德的思想被伯内斯和迪希特应用在广告和营销领域，并在当下被应用于一个最为危险的空间——数字世界。

从情绪入手

伯内斯受弗洛伊德的启发，采用的第一个理念是理解人们的"心口不一"——即真正在背后刺激人们并导致行为产生的因素，与人们自认为的因素可能并不一致。人们并没有撒谎，因为真的他们不知道。例如，奈飞已正式将评分系统从"五星制"更改为"赞踩制"。相比之下，新的评分方法更符合用户的口味。负责将这一变化落地的是奈飞产品创新副总裁托德·耶林（Todd Yelin），他在新闻采访中解释说："用户的行为和说辞是两件不同的事情。打星综合反映了用户的诸多考量，而赞踩则直接反映了用户的喜好。比如，用户可以给一部纪录片打五星好评，却只给亚当·桑德勒（Adam Sandler）的作品三颗星，然而后者才是他们愿意一遍又一遍观看的电影。"（Sims，2017）

要理解这一点，必须明白人的行为与实际驱动的动因之间存在差距，实际上这是弗洛伊德想要传达给人们的观点。可以这么思考这个问题。例如，我在结束一天的工作准备睡觉前，特别喜欢看几集《老友记》（*Friends*）再入睡。如果我被要求给这个系列打分（五星制），我可能会给它三颗星，即便每一集我都至少看过十遍，毫不夸张。然而，如果是一部有关大脑和创造性思维的纪录片，我就可能会给它五颗星。其中的原因是人的行为深受自我感知方式的影响——哪会有学术界的博士给《老友记》五颗星的好评？如此看来，奈飞采用的新评分系统能带来更多有益的见解。仔细分析可以发现，新旧两种系统询问的是两个截然不同的问题：前者询问"你如何评价这部电影"，而后者问的是"你喜欢这部电影吗"。

如果说，过去纳粹德国的宣传部部长约瑟夫·戈培尔雇用官员的工作，深入实地了解并测试了各种信息的有效性，那么现在的分析软件不仅可以在网络上找到关于公司或产品或特定个人的所有相关信息，还可以帮助组织了解公众情绪。戈培尔上台后承认，他读过伯内斯的书，并从中获得了宣传灵感，应用于如何使元首成为受人尊敬的领袖以及如何进行针对犹太人的宣传。他称自己为"心理独裁者"，他知道如何投其所好，让公众听到他们想要的声音。而这些，或多或少也是我参加的小组会议上，来自剑桥分析公司的高层所要表达的。

与伯内斯和戈培尔在技术时代来临之前所做的宣传不同，在今天这么做的危险点在于，程序可以在不与网络用户互动的情况下完成分析情绪的任务。通过这些程序就能够了解上网者的感受，无须真的去询问对方。在网络中写下的每一句话，都可以被用作情感分析的素材，无论它表达的是积极情绪还是消极情绪。因此，公司可以从每月数千条消息中了解其背后隐藏的一般信息；政客也可以利用这一点，根据每个网络用户的心理特征和人格结构，为不同的个体构建准确的信息文档。如伯内斯和罗宾逊所说，推销牙膏和推销选举候选人并没有什么区别，候选人也是一种"产品"。由此，人们也应该明白，即使是宣传一场战争，与宣传一款产品也没有太大的区别。

事实上，伯内斯通过操控人的意识和情绪在营销非必需品上获得的成功，最早并不是从消费领域开始的。伯内斯的首次成功经历，始于第一次世界大战期间。当时，伯内斯在伍德罗·威尔逊总统的政府中谋得一席职位，他被要求协助这位决定干涉世界大战的美国领导人赢得欧洲人的信任，让他们相信他并不打算征服奥匈帝国，而是"给世界带来民主"。伯内斯做到了，他成功地向强烈反对美国干涉战争的决策者和民众"推销"了这场战争。当威尔逊总统在"巴黎和会"上被民众视为将民主带到欧洲的英雄和解放者时，宣传的力量便不言而喻了。伯内斯把一个会让美国付出沉重代价的不必要举动，包装成了致力于将世界从压迫中解放出来，传播民主、自由与和平的决定。同时，他也为这位不顾民众反对将自己的国家拖入战争的威尔逊总统，在美国、欧洲乃至全世界都赢得了巨大的声望。

美国思想家兼记者沃尔特·利普曼（Walter Lippmann）赞同伯内斯的观点。他认为民众无法消化吸收复杂的观点，也不会进行理性思考。相当多的政客和商人以此为出发点制定战略。在冷战时期，伯内斯又一次展现了自己在这方面的能力。当时，一种对核战争的恐惧感席卷了美国上下，伯内斯被要求想办法安抚公众。但在这种情况下，他认为正确的策略是利用这种恐惧，做出有利于本国政府的事情。他没有试图平息民众的恐惧，而是选择鼓动这种恐惧，使其成为冷战的武器。他调动群众的这种无意识冲动产生了更多的恐惧，从而使民众做到团结一致。

人类历史上的诸多事件表明，恐惧感最容易被利用，它能有效地控制公众意识。创造一个外部"恶魔"是一种非常有效的措施，因为民众的注意力会因此被向外转移，从而减少对内的批评和反对。这就是伯内斯所说的"认同的营造"（the engineering of consent）。无论是购买某款产品，还是在选举中投票给某位候选人，这些选择背后的深层原因都是无意识的冲动。因而，直接询问消费者购买特定产品的原因是没有意义的。要想成功地推销产品，就需要了解目标客户的人格特征，揭开隐藏在他们身上的恐惧和本能——喜欢掌控还是喜欢顺从，是否崇尚家庭观念和传统，以及本性是怎样的。只有这样，才能找到最有效的接近他们的方式，找准时机"见缝插针"。剑桥分析公司的故事就是极为恰当的案例。

本章要点

消费者被告知，消费是一种生活方式，一种自我实现的方式，一种实现幻想的方式。是伯内斯和迪希特承担起了这个改变此前一直存在的保守主义和实用主义的消费文化的任务。

人是非理性的。无论是购买产品，还是在选举中投票，每一种行为背后的原因都是无意识的冲动。

知晓如何操纵情绪，就能窥探人最深层次的欲望，就能轻易地指导人的行为。这些欲望可能是关于性的、心理上的或意识层面的需要，以及那些无法用语言描述的需要。

消费者购买产品，不再因为产品的功能，而是因为它能够带来良好的感觉。

人是天真且易受影响的,并不具备批判性,对他而言不存在不合理的东西……

企图影响他的人不需要预备合适的逻辑论据,而是必须鲜明地表达,夸张地运用,然后一遍又一遍地重复同样的东西。

——*西格蒙德·弗洛伊德*

第十二章　旧见解，新技术

如何将弗洛伊德的理论应用于实践？

剑桥分析公司雇用了许多分析师，每个分析师都负责一个特定的人群。一旦划分好了群体，就能看出哪些人是"举棋不定"、易受影响的。为了了解如何接近每个群体中的人，分析师们与他们进行了深入访谈，探询困扰他们的问题、他们的担忧，以及他们所期待的现实中的改变等。例如，分析师在采访中得知，非裔美国公民担心特朗普的就业和移民政策，但在意识形态上他们倾向于支持特朗普，比如认同他在巴基斯坦问题上的坚定立场；期待他承诺出台的政策，改善非洲裔的就业状况，为美国的繁荣做出贡献。下一步，分析师会在了解每个群体的恐惧和焦虑之后，根据群体中个体的性格定向投送信息。但选民的性格特征是如何被得知的呢？

剑桥分析公司的做法基于一项发表在《美国国家科学院院

刊》(Proceedings of The National Academy of Sciences)上的研究。该研究表明,可以通过一些零散的信息了解用户,比如给他点赞。(Kosinski, Stillwell & Graepel,2013)这项研究基于20世纪八九十年代提出的大五人格模型,主要由计算心理学家米哈尔·科辛斯基(Michal Kosinski)和戴维·斯蒂尔威尔(David Stilwell)合作完成。两人向数百万名脸书用户发放了性格测试问卷,发现仅根据用户点赞就能分析他们的特征:如果能获取一位用户发出的70次点赞信息,就能比他的朋友更了解他;如果能获取150次点赞信息,就能比他的父母更知晓他的性格;如果能获取300次点赞信息,就能比他的伴侣还懂他。用户每泄露一个额外信息,就能更进一步精确和完善他们的性格模型。于是,用户的点赞数据就构成了复杂的人格评估的基础,同时也揭示了用户的政治倾向、性取向、智商水平,以及是否在社会或家庭中经受过创伤等个人信息。此外,上述所有调查都不需要收集用户的隐私数据,比如个人账号中的照片或状态更新等。在研究者眼中,给扭扭薯条和丝芙兰(Sephora)化妆品广告点赞的用户,会被认为是高智商的;关注流行歌手Lady Gaga的用户,大概率是外向的;热衷于哲学,会被认为是内向的一个证据;给魅可(MAC)化妆品点赞,可能会被视为与同性恋倾向有关;而判定是否为异性恋的最有效的标准之一,是用户是否给嘻哈乐队武当帮(Wu-Tang Clan)点赞。

虽然零散的内容不足以拼凑出一个人性格的完整画像，但结合来自数百个来源的信息，至少可以得到较为精准的预测。然后就迎来了故事最精彩的部分——将用户的性格测试问卷答案与他们的点赞数据，进行交叉分析。结果显示，只需68次点赞数据就可以准确预测一位用户的肤色、性取向、党派倾向，甚至是婚姻状况。这个模型的有效性还体现在它能预判用户的回答，有时比他的父母，甚至比用户自身都表现得更好。

由此我们知道，今天人们可以不再依靠人们填写的性格测试问卷，只需要收集点赞数据就足以准确预测人的性格。而要做到这一点，甚至无须经过人们的同意。为此，剑桥分析公司创建了一个约包含9000万名用户个性信息的数据库，确保他们开发的应用程序能够从选择这些程序的用户设备中提取信息，其中包括脸书互动、个人状态、点赞信息，有时甚至还包括私人消息。拥有这些数据，就可以轻松绕过认知障碍，根据人们的无意识冲动及恐惧，定向投送信息。

2016年，剑桥分析公司的首席执行官亚历山大·尼克斯做过一场演讲。他在演讲中，描述了如何根据个人资料，向不同的受众投送不同的信息，以达到影响选民投票的目的，例如给不同的用户发送不同的视频。偏向"宜人性"人格的用户收到的视频，会展示在草地上奔跑的孩子、鲜艳明亮的色彩、自由女神像等画面。也就是说，他们会看到代表希望和对未来美好愿景的事物。相比之下，偏向"神经质性"人格的选民则会看到灰色、阴郁、充斥着恐惧和不安氛围的画面。通过这种方法，他们能够从心理角度对美国民众进行细分，并推送定制化广告，以利用弱小群体的心理弱点，有时甚至还可以精确到个人。其后，基于用户准确性格分析所生成的定制消息，被推送到用户的脸书首页——这也成为特朗普在2016年大选中成功当选总统的重要一步。

多年来，人们普遍认为大数据和人工智能将带来下一次伟大革命。在这个过程中，人们坚信网络将带来前所未有的自由、平等和民主。然而，人们所拥有的，将是一个以人们未曾想象的方式带来不利影响的世界。正如前文提到的"助推"，它的力量在于，用帮助人们做出更好决定的名义，说服人们过上一种更健康、更幸福的生活。但在另一方面，它同样可以利用人性的弱点，说服人们去做违背自身利益的事。在拥有自由选择权的情况下，网站用来诱导消费的方法同样适用于引导选民投票。正如著名心理学家比尔·施莱克曼在接受采访时曾说的："消费者可能有某些基本需求，但消费者自己并不知道，也没有完全理解这些需求。"

只有了解这些需求是什么，才能充分利用消费者，从而增加公司的利润。"清除保护层，把人们想要的东西给他们，这有什么错吗？"（Curtis，2002）脸书也自问了一个类似的问题，在 2012 年约有 70 万名用户成为其实验的对象。在用户不知情的情况下，脸书删除了一些用户信息流中的负面帖子，另一些用户的正面帖子，用于检测他们影响其他用户情绪的能力。如果有一天脸书有能力在潜移默化中影响用户的情绪，那么距离大公司直接干预人们的情绪和想法的时候，也就不那么远了。

在 21 世纪，人们总倾向于认为信息是公开的、透明的，觉得自己对试图愚弄他们大脑的力量了如指掌。而事实证明，弗洛伊德关于无意识的想法，在数字世界中得到了更复杂的表达。通过科技，这些想法的影响变得更复杂、更分散、更难以捉摸，但更糟糕的是——认同的营造是在没有任何监督的情况下完成的。

本章要点

针对每个群体制定个性化信息的基础是收集人群数据。剑桥分析公司还会通过收集用户无意中的点赞信息，来分析用户的个性特征。此外，用户回答的性格测试问卷，可以用来与他们的点赞数据进行交叉分析。

剑桥分析公司使用的模型的有效性表现为预测出用户

的回答，有时比他的父母，甚至比用户自身做得更好。

剑桥分析公司创建了一个数据库，其中包含大约9000万名用户的个性数据。有了这些信息，便可以轻松地发起一项运动，根据他们的个人资料为不同的受众生成定制的消息。

基于对选民的准确性格分析而生成的定制消息，被推送到选民的脸书首页，此举成为特朗普在2016年大选中成功当选总统的重要步骤。

人们认为21世纪是一个信息有效、便捷、公开且透明时代。事实证明，正是由于传播信息的技术不断发展，更快速、有效的营销手段也应运而生。弗洛伊德关于无意识的想法，在数字世界中得到了更复杂的表达。通过科技，这些想法的影响变得更复杂、更分散、更难以捉摸，而更糟糕的是——认同的营造是在没有任何监督的情况下完成的。

产品是在工厂制造的,但品牌是在意识中创造的。

——娜欧米·克莱因(Naomi Klein)

第十三章　联想学习和强化作用

有一次，我出差去往美国波特兰，顺便探望了在那里读书的妹妹。我们在城市的街道上漫步了一整天，对这座城市特有的种类繁多的商店、市场和餐车印象深刻。晚上，我们在一家菜品看起来非常诱人的亚洲风味餐厅用餐，一边享受着美食，一边用漂亮的瓷器享用红茶。服务员将热气腾腾的茶水倒入装饰有粉色和浅蓝色花朵的小杯子里。茶香弥漫在空气中。"这种茶叶的香气让我想起了一些事。"我妹妹兴奋地说。"我也是这么想的！"我一听就明白了。沉默片刻后，我补充道："我知道你想起了什么，以前我们去看望奶奶，饭后她泡的茶香气也是这样。"虽然我的祖母在几年前去世了，但关于她的记忆并没有被抹去。我和妹妹的大脑学会了将我们心爱的祖母与红茶的气味联系起来。这种学习是一种被动学习，人们无法主动做任何事情，来促使这种学习发生。当人们接触两种相关的刺激时，大脑会将它们联系起来。这种学习称为联想学习或条件学习，这是人类所有习惯形成的基础。

想象一下，一个人说出的每一句话都会引发惊叹，迈出的每一步都将伴随着掌声。然而，在当下这个时代，没有必要进行这样的想象。数字世界可以强化人们做出的每一个动作，并以灯光、声音和色彩的形式给予奖励。人们的内心渴望得到这样的回应。人们大部分时间都在一个叫手机的箱子里消遣。这个箱子自带一个工具箱，允许程序员、产品设计师和用户体验设计师探究，哪些因素能够影响人们，以及如何刺激人们做预期的行为。纵观人类历史，没有任何奖励能如此有效地塑造人的思想，与移动设备或平板电脑进行交互，与大脑喜爱的所有强化功能相匹配。

尽管谈论到强化功能时，人们不免会想到巧克力、奶油蛋糕、鼓励或赞美等条件刺激物，但强化可以有多种表现形式，比如微笑、点头，甚至是确认动作发出的声音。例如打开家里的取暖器，或者开启电热水壶时，电器会用红灯确认操作。再例如座机电话上的数字键盘，每按下一个数字就会听到按键的声音，这种声音也构成了大脑对执行这种操作的强化。甚至是在发送了 WhatsApp 消息之后，大脑也会接收以两个对钩标记为形式的强化，代表着对方已收到消息。这正是婴儿学习的方式，大多数父母都明白，他们无须经过特意学习或阅读育儿指导书，只须自然而然地对孩子想要采取的任何行动进行强化。

你还记得你的孩子迈出第一步，或说出第一句话的时刻吗？还记得他走的每一步和说的每一句话，你都会给予热烈的回应吗？还记得他蹒跚学步和牙牙学语的成长过程中，你的欣喜和惊讶吗？这些积极的反馈，就是所谓的强化。我清楚地记得，我是如何回应我那三个孩子的——他们每发出一个模糊的音节，我都会发出欢呼，仿佛在那一刻他们为相对论创造了一个改进的公式。强化是组成强化行为的一个特别重要的部分，强化过程也可以无意识地发生。对此你可以做一个小实验——下次与人交谈时，随机选择一个对方说过的词，然后在对话中重复。你会发现，由于得到强化，对方会在不知不觉中开始高频使用这个词。

强化物可以显著影响幼儿的学习速度，也可以成为重复动作的动力。随着年龄增长，行为的外部强化会减少，而做出行为的主要动机是内部的，即源于职业兴趣、求知欲或胜负欲等因素动机，与之相对的是寻求奖励或避免惩罚等因素动机。当一个孩子从一切都围着他转的"温室"中走出来，来到有几十个同龄人的幼儿园时，他必须面对不再能得到那么多强化的现实。随着他逐渐成长，获得的强化会减少。而在他成年后的生活环境中，不是每一个行动都能得到积极的强化。但是，相比于现实世界，数字世界里充满了强化——每一次点击都伴随着声音或振动，手指的每一次动作都伴随着相应的指示。如果人们用手指在图片上滑动，但画面没有丝毫改变会发生什么？还记得我在第六章提到那个把杂志当触摸屏的婴儿吗？这就是手机重塑大脑的方式。当一个孩子与手机互动时，每一个动作获得的强化都会促使大脑发展出一种新的心理模型。在这个模型中，他学会了期待操作所带来的强化。但事实证明，这种强化无关年龄，人类大脑在任何时段都能受到外部强化的影响。

大脑渴望在行动后获得强化。我曾为一家生物医药领域的初创企业提供咨询服务，这家公司开发了一种用于缓解慢性头痛和偏头痛症状的设备。设备的使用方法很简单：当你感觉头痛时，可以将它绑在额头上，然后用配套的应用程序启动设备。当时，这家公司发现大部分购买者使用一次设备就闲置了，于是就联系了我。显然，这与公司希望消费者能够定期使用设备的愿望相违背。我建议他们做的第一件事，是在将设备在额头上固定后，添加一段声音作为提醒。这个简单的改动，使设备的定期使用者增加了26%（即每月至少使用两次，并保持六个月）。从这个例子可以得知，不论是声音、气味、振动、颜色变化，还是任何能确认操作"已执行"的信号，所有这些"在大脑看来"都属于强化，也都是有效的强化。强化鼓励了重复行为，并提高了重复动作的可能性。

什么是联想学习

为了在大脑中形成一条激活链,建立两种刺激之间的联系,大脑必须同时或在很短的时间内接受这两种刺激。它们的共现,能让大脑将二者联系在一起。想象有一只老鼠,它每次踩下踏板就能获得食物。如果食物就出现在踏板附近,并且每次踩下踏板都导致相同的结果,即每次踩下踏板就能出现食物,那么很快就会形成"踩踏 - 食物"这两种刺激的联系。通常情况下,立即(在动作结束时)和持续(每次做动作)的强化越多,形成动作和回应之间的关联也就越快。两种刺激之间形成的联系,会随着时间的推移而持久,因此即使老鼠踩下踏板偶尔没有得到食物,它也会继续踩踏板。由此可以看出,这种关联存在于老鼠的记忆中,而且不容易消失。

大脑如何表现联想学习

在行为层面形成的每一个新关联,都会改变大脑的神经连接系统。从大脑学会将两个以前没联系的刺激关联起来的那一刻起,大脑就会产生一个新的联结,或是加强现有的、过去微弱的联结。这一切是怎么发生的?

20世纪40年代后期,加拿大认知心理生理学家唐纳德·赫布(Donald Hebb)试图寻找这个问题的答案,即人在学习过程中发生了什么。如前文所说,虽然我的祖母已经不在人世,但我仍然清晰地记得她以前泡的茶的香气。这个过程是如何产生的?赫布的研究受到苏联心理学家伊万·巴甫洛夫(Ivan Pavlov)的影响,或者说,巴甫洛夫在经典条件反射方面的工作在整个科学领域引起了巨大反响。在巴甫洛夫最著名的一项实验中,他将一根管子连接到狗的唾液腺,然后摇动铃铛发出声音,再给狗喂食。经过多次重复,参与实验的小狗学会了把铃声与食物联系在一起。巴甫洛夫发现,小狗会在食物进嘴之前就开始分泌唾液,就像是在回应铃声。这说明声音通过它与食物之间的联系,获得了代表奖励(食物)的功能。这个实验引起了很大的反响,因为它展示了联想学习的巨大力量。同时,它也是理解二级强化价值的基础,金钱、成绩或电脑游戏中的高分都属于二级强化物。毕竟,铃声本身并不是奖励,但声音与食物(本身就具有价值的一级强化物)的联系,使本来无意义的声音成了能提示有价值的奖励的条件。

即使是一个刚出生的婴儿,他或许还不知晓金钱的价值,但能懂得吃喝玩乐的价值,日后他也会懂得性的价值。这些都是大自然安排人们去追寻的一级强化物。通过经典条件反射或联想学习,人们在社会化的过程中慢慢了解金钱的价值,它的价值等同于食物、饮料等一级强化物。而一想到金钱,它的标志可以是绿色的美元钞票,或者是其他颜色的货币。这无疑是迄今为止与发明相关的最好的故事，因为它是每个人都相信的故事，不分宗教、种族和性别。金钱，一般被认为是人类的终极奖励，但钱本身作为一张纸的存在是毫无价值的。人们不能吃它，也不能喝它，却奇迹般地相信这些花花绿绿的纸能够换取十根香蕉、一双鞋或一顿晚餐。对我们来说，这些事物都有真实而明确的价值，它们是一级强化物，本身就具有价值。金钱奖励对人类而言非常重要，以至于人们不必去使用、实现它的价值，仅是拥有它就已经十分满足。我的一位好朋友告诉我，她的父母非常节俭，从不会浪费钱，不会支出任何不必要的开销。小时候，她非常嫉妒朋友们穿名牌，而她生活富裕的父母却常常在二手店里给她和姐姐买衣服。她告诉我，她父亲的一大乐趣就是每周五早上去银行查看他们的存款明细，下午她的父母常常一起坐在客厅里看银行余额消遣。由此可见，金钱真的已经变成让人一看就笑的重要奖励。

学习过程伴随着大脑的变化

让我们回到前文提到的唐纳德·赫布。赫布提出了一种理论，它回答了人类大脑在学习过程中发生了什么，以及如何通过大脑中细胞结构的变化，来解释联想学习和记忆形成的过程。今天，人们也称之为"赫布定律"，它在当下仍是解释大脑的学习过程的主要理论。赫布认为，当神经细胞（神经元）

定期协同工作时,它们之间的联系就会得到加强。换句话说,如果两个神经元同时被刺激,大脑就会学习把它们进行关联。例如,如果你每次坐朋友的车都会闻到一股香草味儿,那么朋友的车和香草味儿之间在大脑中的关联就会得到加强。于是,每当你闻到香草味儿,朋友的形象就会自动被激活。就像在波特兰的亚洲风味餐厅,红茶香气立即激活了我与妹妹关于祖母的回忆一样。同理,每当人们发送消息时,都会期待出现两个蓝色对钩标记;每当人们打开电加热器,都会期待指示灯亮起。伊万·巴甫洛夫第一个证明了环境中不同的刺激会引发人的不同期望。在实验中,他不仅仅证明了特定声音的功效,还调整了声音的强度,证明在联想学习达成后小狗都学会了区分这些声音的不同。同理,人们现在也知道通过联想学习能区分手机发出的不同声音,是 WhatsApp 消息、手机短信,还是电子邮件。

我们可以将大脑看作一个由相互关联的概念组成的网络。例如女性与服饰、男性与足球等概念就密切相关。当我使用"女性"这个概念时,所有相关的概念也会被激活,这就是所谓的"启动效应"(priming)。例如,如果我给你一个字谜"c _ _ _",让你以自己喜欢的方式填空成词。如果你刚接触过"eat"(吃)这个词,可能就会想到"cake"(蛋糕);如果你接触的是"biology"(生物)这个词,可能会想到"cell"(细胞)。

判断图 8 中的人物也是同样的道理。如果你接触了"灰色"这个词，可能会觉得图中是一位老妇人；如果你接触的是"比基尼"这个词，就可能会觉得这是一位年轻女性。正如两个概念可以相连接，概念和情感之间也可以产生联系。一个人可以唤起你心中积极的情绪，而另一个人可能会让你产生消极的情绪。

图 8　图中画的是老妇人，还是年轻女性？

为什么数字世界中的强化更有价值

为什么数字世界中的强化比现实世界中的强化更有价值？我们先要了解数字强化的特质。首先，数字世界中的奖励或强化是立竿见影的，无须等待，即刻生效。人们点击屏幕，向前或向后、向上或向下移动手指，屏幕就会有所反馈。而在现实世界中，强化需要经历等待——例如一月发一次的报酬；只有下班回来或收拾完房间后，才有时间看喜欢的电视节目；想要节食减肥，至少需要等一个月才能看效果；投入时间和精力准备考试，需要等待一段时间才能得到成绩。在现实世界中，人们很难在每一个动作执行后就立即得到强化。因此，大脑会被一种奖励值更高的互动所吸引。而在数字世界，奖励除了具有即时性以外，还具有易实现性——人们只要在屏幕上移动手指就行，还有比这更简单的吗？

有一项研究表明，发展中国家未接触过移动设备的年轻人，与经常使用手机的同年龄组的年轻人，二者大脑中与使用手指相关的运动区域存在显著差异。（Gindrat, Chytiris, Balerna, Rouiller & Ghosh, 2015）简言之，与操作电子设备用的几个手指相对应的大脑区域，表现出了更高的支配度，这些区域也相对具有更高的重要性。不难发现，我们正在目睹因使用数字技术而致使大脑不断发生改变的过程。大脑中负责手指运动的区域"被改造"，这是人们对这些直接强化物上瘾的有力证明。每当人们的内心渴望强化时，要做的只是移动手指。这种强化所带来的奖励，概念简单，具有即时性，并且有求必应，永远不会错失回馈。

即使是最优秀的模范父母，拥有平均水平以上的教育意识和感知能力，也难以强化孩子的每一个行为，更何况随着年龄的增长，人们得到的强化本就会逐渐减少。孩童时，不会每次都有人告诉你，"做得好，你把盘子里的食物都吃完了"。长大后，也不是每次都能听到，"干得好，为了减肥没有吃高能量食物"或"太棒了，你按时提交了报告"或"谢谢你按时支付了罚款"。可以说，人们在现实世界做的大多数行动都没有得到强化，更不用说是从不缺席的即时强化了。一旦我们能够了解强化机制是如何工作的，以及什么是联想学习，也就有了深入理解习惯是怎么产生的能力。事实上，联想学习是习惯机制的重要基础，我将在下一章详细讨论这部分内容。

本章要点

　　随着年龄的增长，行为的外部强化会减少，而做出行为的主要动机是内部的，即源于职业兴趣、求知欲或胜负欲等因素的动机，与之相对的是寻求奖励或避免惩罚等因素的动机。

　　与现实世界相比，数字世界充满了强化。每一次点击都伴随着声音和振动，手指的每一次动作都伴随着强化。

　　大脑渴望在行动后获得强化。声音、气味、振动、颜色变化，或任何确认操作已执行的信号，都是有效的强化。强化鼓励重复行为，并提高了重复动作的可能性。

　　为了在大脑中形成一条激活链，建立两种刺激之间的联系，必须同时或在短时间差内受到这两种刺激。它们的一并出现，使得大脑将二者联系在一起。

两种刺激之间形成的联系会随着时间的推移而持久，这种关联存在于记忆中，不易消失。

在行为层面形成的每一个新关联，都会改变大脑中的神经连接系统。从大脑学会将两个以前没有联系的刺激相关联的那一刻起，大脑中就会产生一个新的联结，或加强现有的、过去微弱的联结。

数字世界中的强化是即时的，行动结束后立即就能收到；它也是易实现的，人们不需要通过复杂的行为来得到强化；它还是稳定的，永远不会缺席。

数字界面的设计使得每一个动作、每一次滑动或点击，都得到了强化，从而建立起了一整套关联体系。强化的形式是灯光、声音和色彩、震动、位移等等，大脑很容易沉迷于这种互动。

在人们生活的自然环境中，人们的行为很难得到较多的积极强化。

我们追寻、觊觎或渴望某样东西，不是因为我们视它为好物，而是相反：

正因为我们费尽心思追寻、觊觎或渴望着它，它才具有了珍宝般的价值。

——巴鲁赫·斯宾诺莎

第十四章　如何设计心理依赖

你是否曾想过，理想的假期时光是怎样的？假期从第几天开始，会让人觉得乏味？对很多家庭来说，暑假的最后两周是年假，但这绝不是度假的理想时间，因为在这段时间出行是最拥堵、最昂贵的。而我选择在这几周与家人外出旅游，是因为我希望能在三个孩子的新学年开始之前，一起带着美好的心情结束这个长假。按理说，假期越长，就越能摆脱日常，人们越能最大限度地享受假期的乐趣，钱也就花得越值。但说实话，在以色列的埃拉特度假区，或者在希腊"一应俱全"的酒店"苦熬"五天后，不论酒店有多好，我都觉得假期可以到此为止了。度假不过是这样——早上起床，在酒店吃早餐，去泳池游泳，去市里逛街，回酒店，洗澡，吃晚饭。在最初的几天，一切都很新鲜，大家都兴奋不已。但四五天后，大家自然适应了这一切，饭菜也变得不那么有滋有味，关于这座城市的故事也听腻了，甚至孩子们在游乐园的每个滑梯上都滑了不下 20 次。

尽管如此，度假还是有一个好处超越了享受和放松。在假期前的几个月里，孩子们都兴奋地讨论着大大小小可做的事。没想到，期待假期、计划假期的过程竟然是满足感最高的。大脑中，有一种叫多巴胺的神经递质，可以调节大脑的兴奋感。研究发现，期待奖励到来分泌的多巴胺，多于真正得到奖励的时刻。换句话说，人们在期待某件事物发生或到来时，比它真正实现的那一刻更感到兴奋。在本章中，我们将了解大脑中的奖励机制是如何运作的。

在前文中我们讨论了行为层面的强化，现在我们将尝试了解大脑中发生了什么，了解大脑痴迷强化背后潜藏了一套怎样的原理。强化对人的吸引力，源于多巴胺。神经细胞的轴突末端有许多突触小泡，其中含有可用于神经细胞之间传递信息的神经递质。在不同神经细胞的轴突中，发现了不同类型的递质和不同类型的受体，每种神经递质都是独一无二的，它们吸收了相邻神经细胞中的化学物质。多巴胺就是这么一种化学物质，还有其他不同类型的神经递质，例如调节生物钟的褪黑激素、与抑郁有关的去甲肾上腺素及与学习和记忆有关的乙酰胆碱等。当一个神经细胞受到来自环境或其他神经细胞的信号刺激时，储存在突触前囊泡内的神经递质可向突触间隙释放，作用于突触后膜相应的受体，将递质信号传递给下一个神经细胞。当受体与神经递质分子结合，就会引起细胞内电压的局部变化。如果电压的变化足够大，电流就将通过整个神经细胞。这就是信息在神经系统中的传递方式。在我们的讨论中，最重要的神经递质是多巴胺，它涉及两个大脑通路：一个与运动有关，另一个与注意力和学习有关，也因此与对强化的学习相关。这一点我之后还会反复强调。

多巴胺的重要作用是被偶然发现的。1954年，从事脑研究的心理学家詹姆斯·奥尔兹（James Olds）和彼得·米尔纳（Peter Milner）在白鼠的大脑中植入了一个电极。电极的埋入位置完全是随机的，因为当时人们并不了解大脑的精准构造。那块电极被埋入伏隔核附近，那里被称为大脑的"快乐中心"，也是多巴胺的目标区域。一旦多巴胺信号到达伏隔核，人就会产生一种美妙的感觉。（Olds & Milner，1954）当人们吃巧克力、发生性关系或听最喜欢的歌曲时，大脑中的这个区域也会产生愉悦感。当时，研究人员将电极植入老鼠的大脑后，就开始传输微弱的电流。从那一刻起，老鼠对一切都失去了兴趣——它们停止了进食和饮水，也几乎完全停止了求偶行为。它们蜷缩在笼子的角落里，感受愉悦直至麻木。几天之内，所有的老鼠因缺水而死亡，但实际上它们是由于脑内多巴胺含量过高而死亡。过量的多巴胺会使其产生有麻痹效果的满足感，于是老鼠对于维持正常生理运作的行为都失去了冲动。

同理，如果踩踏板能刺激人类大脑这一区域，人们同样也会不停地重复这个行为。当时的心理学家和脑科学研究人员普遍认为，多巴胺的演化是为了给动物和人类带来良好的感觉。从进化角度看，多巴胺旨在加强有助于人的生存行动，特别是促进摄入富含碳水化合物和葡萄糖的食物，例如巧克力或甘蔗，吃这类食物会显著提高多巴胺的水平，也会使人身心愉悦。这也是为什么，人们总是更喜欢巧克力或甜甜圈，而不是蔬菜。此外，在发生性关系的时候，尤其是在性高潮期间，多巴胺会达到极高的水平。这一行为中的进化目标很明确，就是为繁衍产生动力。但后来事实证明，与使人感到快乐或强化生存行为相比，多巴胺具有额外的且同样重要的功能。

多巴胺背后的真实故事

20 世纪末期，脑科学研究与心理学界发生了翻天覆地的变化。1998 年，神经科学家沃尔弗拉姆·舒尔茨（Wolfram Schultz）研究了帕金森病（其症状与缺乏多巴胺有关），以及多巴胺对猴子大脑的影响。舒尔茨的研究致力于寻找治疗帕金森病的方法，这是他毕生的工作。他做的实验很简单：给猴子播放声音，然后立即给它们甜苹果汁。他重复了几次实验，直到猴子自身的意识中已经形成新的联想，它们能够将听到的声音与苹果汁联系起来，即形成了所谓的经典条件反射或巴甫洛夫条件反射。这种声音变成了一个有效的预报，告诉猴子注意奖励即将到来。

舒尔茨研究了上述实验中猴子大脑的多巴胺系统，他观察单个细胞内的电流活动，并发现了一些惊人的实验结果。他发现，刚开始多巴胺的水平只在猴子喝到果汁时才会上升，这是细胞对实际获得的奖励做出的反应。但自从猴子开始明白听到声音就代表有果汁喝的那一刻起，相同的神经细胞在听到声音时就开始有反应了，并不需要等到得到奖励。舒尔茨称这些细胞为"预测细胞"，因为它们专注于预测奖励而不是接收奖励。当猴子学会将声音与苹果汁联系起来后，猴子一听到声音就开始大量释放多巴胺，而在获得以苹果汁为形式的奖励时，多巴胺反而在逐渐减少。这很奇怪，对吧？毕竟，如果积极的奖励是触发多巴胺的关键因素，那么一旦猴子的味蕾接触到了果汁，多巴胺水平就应该达到峰值，但实际上峰值出现在奖励之前。

通过舒尔茨的实验，我们知道多巴胺的核心功能不是带来满足感和愉悦感，而是预测这些感受的出现，它通过"如果－那么"模型为正在发生的事情安排顺序，比如"如果听到声音，那么就意味着苹果汁快要送到了"。虽然人们总倾向于认为，大脑会寻找复杂问题的解决方案，或者进行战略性思考，或者开发技术；但实际上，大脑的最终目标是在混乱的世界中，在混杂的感官刺激中，创造秩序。而建立秩序的最佳方式，是在环境中寻找事件即将发生的迹象。这正是多巴胺在大脑中存在的目的。由于多巴胺对奖励的敏感性，它能够预测未来事件的发生。因而对人类和动物而言，它的主要作用是了解哪些行为预示着积极的奖励或消极的惩罚即将到来。

我不由想起了自己的经历。我生第一个女儿，带着她从妇产科医院回家时，我简直不知道她什么时候能停止哭泣。从睁眼到睡着的每一分每一秒，她都在哭。唯一停止哭泣的时候，是我在给她喂奶。随着时间的推移，我发现这个现象开始略有改善。最初几天，她的表现是只要没含乳头就会一直哭，之后的几天，她一闻到我的气味就能开始稍微平息哭泣了。又过了几天，她听到我的脚步声就渐渐不哭了。这些变化说明，她已经归纳出了她的"如果-那么"模型——如果听到了我的脚步声，那么食物就即将到来。这是人类大脑特别擅长做的事情，即对即将发生的事情做出预测。

如果大脑被要求重新解释生活中的每一个刺激、事件或情况，它就会淹没在过量的信息中，并且运行效率会大大降低。因此，大脑会根据过去的经验做出假设。例如人们知道挂在树上的椭圆形绿色物体是叶子，即使距离不够近，无法看得那么真切。人类大脑处在一个与世隔绝的"箱子"里，通过感官接收信息，不断地对外界环境产生猜测，如果预测有误，它会进行相应的纠正和更改。

就像婴儿多次哭嚎直至获得他想要的食物，他因此学习了一种模式：哭泣会得到积极的反馈。每当他执行这种模式时，大脑中的多巴胺水平就会上升。但是如果母亲迟迟没有到来，会发生什么？如果母亲没有马上赶到，多巴胺水平就会下降，当前的模式将被调整和更新，以适应情况的改变。一旦模式被强化成为记忆，产生多巴胺的神经细胞就会对其中的相关变化高度敏感。如果预测是正确的并且奖励及时到来，"箱子"就能体验到瞬间充斥多巴胺所带来的快感——这就是成功预测所带来的喜悦。

有次我晚上回到家的时候，家人们已经都睡着了。当我摸黑经过客厅，发现沙发上似乎摆了一堆枕头，我当时有些不高兴，因为我至少提醒过丈夫四次，第二天清洁工会来打扫，希望他能确保房子不那么乱。当我考虑叫醒他，告诉他我的感受时，我打开了客厅的灯。那一刻我才发现那不是一堆枕头，而是我最小的儿子乌里，他那天决定在正对着电视的沙发上睡觉。虽然没有人教过他，但是他知道沙发也可以用来睡觉。这说明，大脑并不需要关于刺激的完整信息，就可以得出结论，只需要一个例子就够了。为什么大自然会创造出如此无效的机制？事实证明，与寻找替代方案相比，创建预测的机制非常有效。如果大脑在重新处理每一个新的刺激上浪费资源，那么思维就会瘫痪。正因如此，大脑构建了"如果－那么"模型。如果模型失效，就会出现与我描述的情况相类似的失败预测，会有新的信息来"更新"模型。当然，所有这些都是在人无意识的过程中发生的。

多巴胺的目的不是让人快乐，看完前文的一些例子，我相信你一定理解了这个很重要的信息。从进化的角度看，多巴胺是为让人类能够预测生活中事件的发生，生成一种模式，预测何时会收到奖励，以及何时必须纠正已经建立的模型，使其适应环境的变化。这也是为什么大脑对来自环境中的强化物如此敏感，因为这些强化物帮助大脑归纳模型和行为模式，并构成了对环境中事物如何运作的理解。这意味着，比起得到想要的东西，期待想要的东西更令人兴奋。正如我们在关于度假的讨论结论中得到的：期待假期比假期本身更令人愉快。同理，（网络）购物也是如此。左挑右选时的多巴胺水平，远高于真正拿到产品的时刻。一旦某物已归你所有，它所带来的快感就会下降。

越是惊喜的奖励，越让人开心

故事到此还没有结束。尽管多巴胺会在识别熟悉的模式时产生反应，但意想不到的奖励会对它产生更大的刺激（通过多巴胺释放的水平来衡量）。换句话说，奖励越意外，人们就越愉悦。多巴胺的释放旨在提醒大脑注意新的刺激，这一点对生存很重要。世上一切动物的生存能力，都与预测情况的能力息息相关。一旦出现的情况与预期的模式产生了偏差，认知系统就需要开始保持警惕，这一点至关重要。如果一个婴儿已经习惯用哭泣引起外界对他的关注，突然外界对他的哭声没有反馈了，这就会成为一个警示，需要他警惕对待。对于这套系统来说，最坏的是情况的不确定性。

让我们讲回 20 世纪 50 年代，行为心理学界的先驱弗雷德里克·斯金纳提出的"斯金纳箱"理论（第七章曾简单讨论过）。斯金纳率先向人们展示了动物在面对不确定的情况下（难以预测奖励何时到来）会做什么。在一个老鼠实验中，他让老鼠在一个箱子里四处乱窜，直到它不小心踩到一个踏板。这致使一粒食物从箱子的小孔中落入盒内，老鼠便得到了食物。然后，老鼠继续在箱子里来回活动，再次偶然踩下踏板，它又得到了食物。渐渐地，老鼠知道，每次踩下踏板，它都会得到食物作为奖励。让我们来猜测一下，在这种情况下，老鼠什么时候会踩下踏板？没错，只要它饿了，它就会这样做。

接下来，斯金纳决定在实验中添加一个不确定因素：老鼠不是每一次踩下踏板都能得到食物。实际上，斯金纳创建了一个"可变奖励"。与准确预测何时到达的固定奖励不同，此时的可变奖励会在触发踏板一次、五次或八次后到达。这使得老鼠难以预测自己何时会得到奖励。之后发生了什么呢？当奖励模式变得随机后，老鼠开始不停地踩踏板。接受奖励机制会导致老鼠强迫性地发生重复行为。从多巴胺的角度来看，按照之前的说法，多巴胺使人们对预期中的奖励感到兴奋——事实证明，无法预测的奖励所产生的多巴胺，会使人更加兴奋。在这种情况下，释放多巴胺的目的是让大脑注意新的且可能很重要的刺激。

博弈游戏利用的正是这个机制。请回想一下老虎机的运作方式：一个人投下硬币并拉动把手，在结束时，机器会给出最终的游戏结果。老虎机的运作程序要求它只能返回大约90%投入的钱，这意味着如果玩家继续投掷硬币，每投入1美元就会损失10美分。就概率而言，由于机器的预期利润是10%，因此玩家最后很有可能会亏损。现在，让我们从产生多巴胺的神经细胞角度来看待老虎机。这些神经细胞的作用是预测未来的事件。当人们投入一个又一个硬币时，神经细胞会努力破译老虎机的运作模式。然而老虎机是不可预测的。因为它们基于随机数生成器，不具备大脑可以归纳规律的模式。在这一点上，产生多巴胺的神经细胞按理会屈服，因为分析老虎机完全是在浪费脑力。但实际情况并非如此。神经细胞没有对随机获得的胜利感到厌烦，反而变得非常痴迷。当拉动杠杆并获得奖励时，人们会体验到它所带来的快感，因为这种奖励是出乎意料的——

硬币哗啦啦的响声就像是意外获得的苹果汁。结果是，人们被老虎机迷住了，被它难以捉摸的奖励所吸引。

科技公司如何利用随机性

当我工作了一天需要放松时，我最大的乐趣之一就是浏览名牌服装的网站。我可以花几个小时看这些名牌礼服，从一件到另一件，想象自己穿上每件衣服会是什么样子。如果有一件我很喜欢的衣服，我会将它添加到我的愿望清单中。如果我真的特别喜欢这件衣服，在大多数情况下，我会毫不犹豫地购买。我喜欢在线网购的一个原因是，我可以非常准确地知道产品会在一个怎样的时间范围内送到我的手里。如果我订购的衣服将在接下来的几天内送到，我就会在邮递员预计到达的时间去邮局。如果我知道它会在 12:00—13:00 之间到达，我就会在 12:00 左右开始查看物流，期待包裹的到来。如果物流信息显示在 13:00 时仍未到达——我今天就不会再检查邮件了，会等到第二天再说。这是一个固定奖励的例子。我知道预期的奖励何时会到达，如果奖励还没到达，我的大脑就会平静下来，第二天再重复之前的流程。

但是在数字世界中，大脑会发生什么变化呢？在数字世界中，正强化的到来是无法被预测的。与现实世界相比，数字世界并没有固定接收电子邮件、短信、新闻提醒的时间。奖励可以在任何时间到来。这就是它如此令人上瘾的原因。奖励如此令人愉悦，正是因为它如此出乎意料。毕竟在获得奖励之前，多巴胺水平就已处于峰值。当系统不知道期待中的奖励何时会到来时，它会处于被唤醒的状态。强化的随机性会使大脑无法归纳它的固定模式，也因此并不会适应它，而适应实则是多巴胺系统中的关键词。这就意味着，大脑会一直处于被唤醒的状态。于是，人们仅仅几分钟没听到手机发出声音，就会感到不适，会忍不住想去检查设备，有时甚至会臆想自己听到了声音或振动。这就是人们渴望多巴胺所导致的行为。大脑在数字世界中体验了一种物理现实无法与之抗衡的新型唤醒。这也是为什么相比真正得到想要的东西，人们在期待回应时表现得更加兴奋。当人们在考虑要购买什么物品时，多巴胺水平达到顶峰，而当付钱买下它时，多巴胺水平已经处于下降的过程中；在计划旅行时多巴胺水平上升，而在旅行期间下降。

由此我们不难知道，在体验中获得的真实满足感，开始于事件发生之前。人和电子设备的交互也是同样的道理，人们在了解所用的设备或程序之前，就已经收到了满足感发出的信号。这也是为什么多巴胺在硅谷最受欢迎——许多公司如雨后春笋般涌现，它们承诺帮助其他公司，促使其用户体内产生多巴胺。多巴胺已成为配方中的秘密成分，必须添加到任何应用程序、游戏或社交网络中，以使其用户具有"黏性"（sticky），在描述公司的盈利潜力时，这个术语已被投资者所熟知。

不必意外，许多应用程序都是基于斯纳金的研究成果设计的。如你所见，强化行为最有效的方法是采用可变奖励，即以非规律的时间间隔提供强化。例如，一个应用程序通过设计一个可变奖励来鼓励用户进行体育活动，应该是十分有效的。用户不断进行打卡操作，但不知道强化何时到来：当他在第一天跑步时，他会受到"哇，你太棒了"的鼓励，但在接下来的两天里，他会得到一个不冷不热的回应，比如"很好"，然后在第四天，他又会得到类似"简直没话说，你太优秀了"这样的措辞强化。这个强化设置会吸引用户持续使用应用程序，并快速养成习惯。成功的社交网络也基于这种可变奖励的模式。例如，脸书和照片墙的用户不知道自己会收到多少赞，这就是他一遍又一遍地查看应用程序的原因；又或者像图片社交平台拼趣（Pinterest），用户事先不知道自己会刷到什么，随着不断滑动页面或者刷新，他将不断得到意想不到的惊喜和乐趣。搜索引擎谷歌还为用户提供了名为"谷歌涂鸦"（Google Doodle）的惊喜。根据谷歌的说法，这是为了庆祝节日、纪念日、成就以及纪念杰出人物等，对谷歌首页商标进行的一种特殊的临时变更。谷歌涂鸦的成功在于它的不可预测性，用户不知道涂鸦的内容和更新的频率是什么。可变奖励显著增加了用户登录应用程序、社交网络或网站的可能性。

这就是多巴胺在商业网站中的运作方式。例如，你登录某网站，看见一个标题说，预计在未来的几天内，网站将进行"全部商品打折"的清仓大甩卖，于是你可能会在接下来的几天里多次登录这个网站，看看有什么是自己需要的。此时，访问网站会成为一种习惯，经常重复一个动作会增加该动作成为习惯的可能性，我将在第十七章详细讨论这一点。尽管看起来是网站让利给消费者，但它同时也让用户养成了一种新习惯。从长远来看，这将为网站的所有者带来丰厚的回报。频繁登录网站，会让用户将此行为作为日常生活的一部分，当然这也将显著增加网站销售的营业额。尽管在技术领域，人们才刚刚开始了解多巴胺在激发行为方面的巨大力量，但多巴胺系统促使养成习惯的力量并不令人感到陌生，比如赌博、吸烟、喝酒等，都算在其中。这一过程在赌博、酗酒的人身上真实发生，但这些人造奖励所带来的结果，实际上违背了大脑奖励机制的初衷。

奖励系统的破坏

想要了解大脑的奖励系统为什么会出错，重要的是了解奖励系统为什么存在。奖励系统不是让人们快乐，而是关照人的生存。奖励系统是保障人们能够在数百万年的进化中生存下来的原因之一。它是怎么做到的？其原理是这样的——每当人们进行对生存至关重要的行动（例如进食、饮水、繁衍）时，大脑都会奖励我们。随着时间的推移，通过前一章详细讨论的联想学习，奖励系统也加入了二级强化，即不直接关乎生存的强化。例如，即使分数无关生存，但考试获得高分也会激活奖励系统。成绩不过是考卷上用圆圈围起来的一个数字，它没有生存价值，但具有条件价值。孩子们已经学会将高分与父母的自豪感和满足感联系起来。父母反过来在孩子获得好成绩时给予奖励，因为他们也懂得将分数与成功、未来过上好日子以及找到优秀伴侣的潜力联系起来。

当人们通过获得人造的或非自然的奖励（如药物或技术）过度刺激系统时，问题就产生了。这将导致奖励系统被过度激活，并最终失衡。举例来说，食物这样的自然奖励产生的愉悦感，其程度可能像听到一个人在耳语；而药物或电脑游戏等人造奖励所带来的感觉，就像听到一个人对着麦克风大声喊叫。如果这些声音的音量大到难以忍受了，人们会做什么？大多数人的第一反应是降低音量。这是大脑无法应对意想不到的奖励时会做出的反应。在应对这种情况时，大脑会限制自己的接收能力。同样，大脑也会掩盖奖励，通过减少多巴胺受体的数量或破坏多巴胺的产生，阻止得到奖励的信息送到大脑的享乐中心。尽管这些举措能削弱人们对人造奖励的感觉，然而，由于此前已经体验过强烈的快乐，人们会努力自发提升奖励，或者换句话说，通过药物或技术渴求得到更多回报，以获得更高强度的奖励。

最近,新闻报道了一些令人惊讶的案例,内容是一些儿童无法离开电脑游戏,数小时甚至数天不吃不喝。正如我将在下一章讨论的,电脑游戏也在大脑中激发了相同的奖励机制。当这种情况发生时,人们会失去意志力,并很难调节需求。亿万年的进化并没有让人类学会应对这些人造奖励,奖励系统也因此"失灵"。要知道,老虎机、电脑游戏、社交网络和优兔网等视频共享网站都有意无意地利用了这个重要的系统,并破坏了它的机能。

本章要点

1954 年,心理学家詹姆斯·奥尔兹和彼得·米尔纳在老鼠的大脑中植入一个电极并传输微弱的电流,老鼠蜷缩在地上,感受愉悦直至麻木,对一切都失去了兴趣。实验显示,多巴胺的演化是为了给动物和人类带来良好的感觉。

1998 年,沃尔弗拉姆·舒尔茨开启了多巴胺与大脑的实验研究。他给猴子播放声音,然后立即给它们喝甜苹果汁,直到猴子能够将二者联系起来。对于猴子来说,声音已经成为奖励即将到来的有效预报。舒尔茨发现,最初多巴胺的水平只有在猴子喝到果汁时才会上升,这是细胞对实际获得的奖励做出的反应。但自从猴子明白听到声音就代表有果汁喝的那一刻起,相同的神经元在听到声音时就开始有反应了,而不是在得到奖励时。

舒尔茨称呼这些专注于预测奖励而不是接收奖励的细胞为"预测细胞"。多巴胺的作用是预测,通过"如果-那么"的模型为正在发生的事情安排好顺序。如果听到声音,那么就意味着奖励就快送到了。

虽然人们总倾向于认为,大脑的功能是寻找复杂问题的解决方案,或者进行战略性思考,或者开发技术,但大脑的最终目标是在混乱的世界中,在混杂的感官刺激中,创造秩序。预测细胞在人类和动物身上的主要任务,是了解哪些行为预示着积极的奖励或消极的惩罚即将到来。

大脑对来自环境的强化物非常敏感,这些强化物能帮助大脑归纳模型、行为模式,以及构成了我们对环境中事物如何运作的理解。

期待的过程,比得到的瞬间,更让人愉悦。

尽管多巴胺会在识别出熟悉的模式时产生反应,但意想不到的奖励对它的刺激更大。任何与预期模式的偏差都至关重要,都需要认知系统对其保持警惕。

与现实世界相比,数字世界并没有固定接收电子邮件、短信、新闻提醒的时间。奖励可以在任何时间、任何一分、任何一秒到来。这就是它如此令人上瘾的原因。奖励如此令人愉悦,正是因为它如此出乎意料。

多巴胺已成为打造稳定用户的配方中的秘密成分,必须添加到任何应用程序、游戏或社交网络中以使其用户具有"黏性",在描述公司的盈利潜力时,这个术语已被投资者所熟知。许多应用程序是根据可变奖励设计的——即以非规律的时间间隔提供强化。

人造的和非自然的奖励,如药物或技术,会导致奖励系统过度激活,并使其失衡。食物等自然奖励所产生的愉悦感,与药物或电脑游戏等人造奖励所带来的感觉之间的区别,就好似是听到一个人的耳语和听到一个人对着麦克风的大声喊叫之间的区别。

为了应对高强度的刺激,大脑会限制自身的接收能力并掩盖奖励,不允许得到奖励的信息送至大脑内部的享乐中心。它通过减少多巴胺受体的数量或破坏多巴胺的产生,来做到这一点。这种机制导致人们对人造奖励的感觉较弱,但由于人们已经体验过了如此强烈的快乐,人们会努力自己提升奖励,或者换句话说,为了获得更高强度的奖励,从药物或技术中渴求更多回报。

进化并没有让大脑对人造奖励做好准备,它们也因此导致了奖励系统难以自然运作。老虎机、电脑游戏、社交网络和优兔网等视频共享网站,都利用这个重要的系统,并破坏了它的机能。

你处在恍惚之中……这个迷境就像一块磁铁，把你拉进去，把你困住。[1]

——娜塔莎·舒尔

---

[1] 引述自纽约大学文化人类学副教授娜塔莎·舒尔于弗吉尼亚州里士满大学所做的演讲。

第十五章　手机是人类新的斯金纳箱

2019年，人们平均每天花在社交媒体上的时间不少于144分钟。（Tankovska，2021）想必你也知道这是怎么一回事儿：在工作的间歇休息一下，看看有什么新鲜事；让大脑放松一下，刷一刷好友发的照片；在推特上读读推文……不知不觉，一个小时就过去了。这种消磨时间的方式带来了轻松的体验，但也让人觉得不太对味。人们一旦设法走出了这种恍惚的状态，就会突然反应过来大把的时间一下子过去了，自己没做任何有用的事情。但是，当人们沉浸在这种恍惚的状态中时，很难出于自制力中断它，哪怕并没有深入阅读帖子或推文，只是以一种机械的方式向下滑动页面。这是人们想做的吗？人们喜欢漫无目的地虚度时光吗？

在技术世界，用户对服务或应用程序的"喜爱程度"，以用户在服务或应用程序上花费的时间为评判标准——但这其实与喜爱并无关系。人类学家娜塔莎·舒尔称之为"机器迷境"（The Machine Zone）。舒尔在十多年的时间里，不断与赌徒和赌场运营商交谈，她发现大多数赌徒进入赌场并不是为了赚钱，而是为了进入她称为"僵尸区"的"迷境"。（Schüll，2014）

你玩过老虎机，或在电影中看到过老虎机吗？提到老虎机，人们大多数联想到的是，来赌场打发时间的退休人员，或陪伴侣时自己也试着娱乐一把的女性。因为风险显然不高，也花不了多少钱，所以老虎机被认为是一种"精简"的赌博游戏，没有什么害处——但是，这其实是最容易上瘾和最危险的赌博形式。老虎机是一个解释"设计使人上瘾"的好例子。它的设计投入了大量的思考与反复的试验，但它获得的经验并不仅仅停留在拉斯维加斯的赌场，其中的原则还被照搬到约会软件、社交网络和手机游戏中，可以说几乎上升为一门工艺。在舒尔所著的《运气的诱饵：拉斯维加斯的赌博设计与失控的机器人生》一书中，她展示了老虎机如何设法将人们带入迷境，进入一种特殊的意识状态，让人们对环境和自身的担忧、恐惧和认知都统统消失。（Schüll，2014）

这个迷境是什么？它是一种反馈回路，让人对时间和空间的感知产生扭曲。奖励源于精神状态的变化，在某种程度上是一种"脱节"状态，当人们感到饥饿或口渴时也会有这种变化。应用程序、社交网络和游戏的设计者制定了一个成功的模式，其中的原理很简单：人们收到行为的反馈后，会自我鼓励进行重复行为。老虎机完美地套用了这一模式，鼓励重复的、上瘾般的行为，以进入一种快乐的循环。只要一个人做了一个特定的动作，就会立即得到强化——机器会用灯光、颜色变换、声音和有时是金钱奖励来作为回应。这种奖励促使他一遍遍地重复这个动作。在这一时刻，他的自我意识也消失了。当人们面对面交流时，一个忙于玩手机的人也有这样的表现——尽管他在场，但他的魂儿不在。

赌徒们描述了一个特殊的意识域，实际上这是游戏带来的真正奖励——进入一种恍惚的状态，使人当下抛开所有的日常事务，对时间、地点甚至是自我的意识都完全消失。2015年，舒尔在里士满大学（University of Richmond）的演讲中说："这是一种精神状态，他们的注意力被锁定在面前的屏幕上，世上再无其他的地方。"有一位赌徒试着向舒尔解释自己的感受，"你处在恍惚之中……这个迷境就像一块磁铁，把你拉进去，把你困住"。（Schüll, 2015）赌徒常用"无我之境"（nothingness zone）来描述这种状态。在这种状态下，常会发生惊人的现象。例如忍受身体某处剧烈疼痛的赌徒，从开始玩游戏的那一刻起就不再感到疼痛，而随着最后一枚硬币落下，疼痛感又立即恢复了。如果我们认为赌博的回报是刺激或暴富的机会，那么现在很明显，它真正的吸引力在于让人进入无我之境。舒尔还说，另一名赌徒告诉她去赌场的路上就会开始兴奋。"虽然我人在车里，但心思已经飘到那里了，我仿佛已经置身赌场，能看到灯光、声音，感受那里的氛围。当我停车时，那种感觉就越来越强，然后我终于坐在机器前时，好像自己并不是真实地坐在那里——周围的一切都消散了。"（Schüll，2015）

可以说，博彩业是运用行为设计的先行者。尤其是老虎机，它利用了随机奖励令人上瘾的力量——赌徒拉动手柄并不知道自己会得到什么结果，也不知道自己是否会赢，但这就是让他重复动作的原因。赌场的目的，是将程序员称为"机上时间"（time on device，TOD）的变量最大化，也就是尽可能增加玩家的游戏时长。舒尔解释说，这台机器被设计成能够产生"差一点就能赢"的"近失效应"（near misses）。损失被转换为近在咫尺的成功，让玩家产生自己快要赚到钱的错觉，从而诱使玩家不断开局。这种感觉令多巴胺细胞躁动，当它们处于兴奋状态时，会激发用户一次又一次地去挑战游戏，测试运气。

奖励的算法

在演讲中，舒尔还介绍了旨在开发"工程随机性"的数学农场（Mathematics Farms）。这是一种奖励设定，能让用户"感觉"赢利和损失是随机事件，而实际上这种设定是为了让赌场的所有者获得更多的利润。

经过精心设计，奖励分配模式能在每个用户身上起作用，同时也加强了游戏的强度、冒险度和刺激度。奖励设定旨在确保人们会继续玩游戏，同时以稳定的速率赔钱。有趣的是，舒尔发现老虎机的算法能够快速知悉玩家对风险的态度。用于区分玩家的一个根据，是他们在不确定情况下的行为。当无法确定会发生什么时，影响行为的变量就是玩家对风险的态度——不愿冒风险的人，倾向于更能确定的但潜在利润低的选项，而非不确定性高但具有高利润潜力的选项。老虎机的算法可以将不同的获利模式，匹配到具有不同冒险精神的玩家身上。一位游戏设计师曾这么告诉舒尔，"有些人就喜欢温水煮青蛙"，这指的是那些讨厌风险，喜欢在中等金额上赌博并慢慢输掉的玩家。这些玩家适合额定奖励模式，例如每亏2美元就赚30美分。这30美分的收益，将伴随机器闪烁的灯光、音效和振动一起到来。玩家的大脑会将这理解为一种胜利，因此钱在不知不觉中都花光了。但是，如果玩家已经被判断为"胆大的冒险者"，那么设计师就会专门开发另一种奖励模式，迎合喜欢冒险的、做好瞬间损失大笔资金打算的人。

如果算法检测到某个玩家的沮丧程度即将导致他退出游戏，那么现在正是让"幸运女神"降临的最好时机。赌徒可能不会知道，游戏已经编入了经过演算的计算机算法，可以分析玩家的心理韧性——最多可以输多少但仍感到满足，或者距离达到痛点（pain point）还有多远等。也许，（看似意外地）获得一张在牛排馆免费用餐的优惠券，就可以将痛苦转化为快乐，让玩家拥有继续玩下去的动力。程序员不断地改进他们的模型，以希得到成功的模型：一方面，尽可能延长玩家的游戏时长，测算临界点，并在玩家达到之前给他一些动力；另一方面，根据玩家的性格做出调整，这就是所谓的"个性化服务"——使游戏体验适应玩家的个性，以适合玩家的方式分散他对"损失"的关注。

估计再没有其他形式的赌博，能如此优雅地操控人的意识了。舒尔声称"世界本身已经变成了一个斯纳金箱"。我一直能在我的客户身上看到这一点。人们使用银行或医院应用程序时的用户体验，正开始变得类似于玩《糖果传奇》（Candy Crush）一般，其中的基本思想都是创建一个永久的"循环"（loop），将意想不到的奖励和强化送到用户面前，让整个界面变成一台老虎机。

然后便是手机……

手机不仅设计原理与老虎机相同，它也提供了与周遭一切断开联结的可能，以及能让人进入舒尔所说的令人垂涎的"无我之境"。人们使用社交网络、手机游戏甚至约会软件，并不是因为想参加活动、结识朋友或寻找约会对象。真正的回报来自精神状态的改变，来自沉迷其中的体验，上下或左右滑动页面的动作如同摆弄游戏手柄，滚动更新的内容好似老虎机的转轴。当用户沉浸在手机中时，即使他身在某处，但他的意识已不在——而是处于一种恍惚状态。这种互动不需要投入精神、思想或动机。一项旨在检验使用社交网络是否会产生独特大脑活动模式的研究，或许提供了佐证这一观点的证据。这项实验探究了不同类型的交互对脑电波活动的影响，还比较了人在倍感压力、放松和放空时候的状态。研究人员发现，当被试在社交平台进行互动时，表现出一种不同于压力或放松的生理学状态与心理模式，并产生了一种独特的脑电波。（Mauri, Cipresso, Balgera, Villamira, & Riva, 2011）网络使人产生了一种以高动态和参与度为特征的心理状态，并且无须人们在其中投入认知资源。换句话说，这就是你的"恍惚感"。而这些模拟恍惚状态的脑电波，是人们在浏览应用程序时获得的真正的奖励，因为它使我们能够沉浸在自己的小小世界里，在时间与空间上和现实切断联系。

取消结束提醒

那么，应用程序是如何做到这一点的呢？有什么方法可以入侵用户的大脑，让用户失去时间感，使其意识进入"恍惚"呢？要做到这一点，人们应该避免接受代表"结束提醒"的信号，不知道何时应该停下，去做下一件事。"结束提醒"可能听起来微不足道，大多数人甚至都没有注意到它的存在，但它在我们的生活中着实发挥着非常重要的作用。

请回想一下你的日常生活。早上，振动的闹钟或透过百叶窗的光线，可能是告诉你起床并准备开始新的一天的线索。当你读完晨报（或喝完咖啡）时，会意识到是时候结束早餐了；当你吃完午饭，盘子被撤走时，会意识到午休时间快结束了；当你听到电视节目主持人说"下次再见"时，会意识到这一集已经结束了。人们不会有意识地停下来思考这些线索，但大脑会下意识地接受这些来自环境的提示，从而做出相应的行为。撤销结束提醒的想法，最初来源于赌场。为了让玩家全心沉迷游戏，让他们处于"正确"的意识状态，并确保他们失去时间感，赌场会像商场一样被设计成无窗无时钟的。

数字世界也借鉴了这种方法，开始不再向用户发出代表"结束提醒"的信号。这些提醒本会告诉用户已经过去了多少时间，什么时候该进行下一个活动。社交网络的设计，使用户无论怎么滑动页面，都会得到层出不穷的内容。脸书、推特、拼趣、照片墙和其他社交网络，为了让用户不停地刷新内容，设计出一种名为"无限滚动"（infinite scrolling）的技术，能使内容持续更新。这种技术也被应用于优兔网和奈飞——就在每一集的结尾，这会导致我们不断"刷剧"（binge watch），难以将视线从屏幕上移开。奈飞的一位高管最近表示，他们最大的竞争对手不是其他流媒体公司，而是睡眠。这绝非巧合。在美国进行的一项调查中，1/4 的受访者表示，自己宁愿放弃一年的性生活，也不愿一年不看奈飞。（Ramachandran，2019）由于不提供终止提示，数字世界成功鼓励了用力逃避现实的行为。用户只需按一下播放键，就能被转移到另一个宇宙，在物理世界中实在很少有东西比这诱惑还大了。能够带来这种意识状态的活动，还有逛商场或赌博等。而在数字世界中，如果不参与赌博或不进行无节制购买，其余的便都是无负罪感的逃避现实的行为了。

　　人类大脑并没有随着技术的发展而进化。根据"稀树草原假说"（Savannah Hypothesis），人的大脑会朝着最适合其所处环境的方向发展。自然选择的力量使人类祖先从树上下来，通过双腿直立行走来适应稀树草原环境的生活。这种生存条件下非常适合直立行走，因为这种方式可以提供远距离观察的优越视野，有助于提防捕食者或狩猎猎物。这一改变的过程延续了几个世纪，同时大脑逐步进化以适应环境的变化。然而，今天的科技发展速度太快，大脑来不及适应环境。大多数研究人员一致认为，在 400 万—200 万年前大脑完成了进化——人类大脑在那段时间有了质的飞跃，与其他哺乳动物拉开了差距。从那以后，大脑基本上就没有发生太大变化了。这意味着人类大脑仍习惯在大自然中的生活，紧紧地依赖于大自然所提供的结束提醒。例如，白天标志着人起床的时间，而夜晚标志着睡眠时间。结束提醒与人的生理是密切同步的。如果没有这些提示，许多机制就会出现错误并失去平衡。这正是数字世界正在发生的事情。

在数字世界中，由于不再有结束提醒，人的时间感被扰乱，因此人们非常容易迷失自我。很多人都有过这样的经历：打开手机明明只是想查看电子邮件，却发现自己在两个小时后仍在使用手机，时间在不经意间已经悄然流逝。我在前文提及了"机上时间"这个术语，这是应用程序设计人员常用的概念之一。他们发现，要想让用户尽可能长时间使用应用程序，实则没有必要专注于设计有刺激性或挑战性的活动。他们要做的只是保持"催眠作用流"（hypnotic flow of action）。在赌场和电子游戏中，带来强烈感官刺激的音响和灯光效果已经让人习以为常。与此不同的是，今天的设计重点是建立一种亲切的、悦耳的环境。不论是手机上听到的背景声音，还是每次点击发出的效果音，都是经过精心设计的。设计师在调节声音和音量方面投入了很多心思。一方面它们具有强化作用，另一方面也能确保大脑不会被过度刺激——为逐渐陷入恍惚状态创造了良好的条件。

今天，技术已经能自行适应人类大脑的奖励机制。就像老虎机一样，数字世界也为人们做出的每一个行动进行了强化。

拉动手柄，产生灯光和音效——强化完成。这就好像你说的每一句话都能引发惊叹，迈出每一步都伴随着掌声。人的内心是渴望得到这种反馈的！这种反馈会鼓励人进行重复的、非强迫的行为；而期望奖励又会让人一遍又一遍地重复动作，提高多巴胺水平。

除了通过强化、不断变化的奖励模式，以及取消结束提醒，能让用户持续使用应用程序的其他方法是极端化和夸张化。一位负责开发优兔网推荐引擎的前工程师表示，算法会倾向于让内容变得激进。算法知道如何将用户引导到最刺激、最激进和最耸人听闻的内容。当然，优兔网这么做并不是为了蓄意伤害用户或将想法植入到用户的脑海中，而是为了有效保持用户注意力。优兔网的算法使用"机器学习"（machine learning）技术来了解用户的喜好，并知晓如何达成正强化——让用户尽可能长时间停留在平台上。通过反复试验，模型逐渐倾向于把更撩人、更激进、更具阴谋性的内容推荐给用户，于是用户就有可能花更长时间使用该平台。此外，用户无法准确预测应用程序会将他们引向何处——这同样大大增加了兴奋程度。

如何让人对游戏上瘾

不久前，美国精神病学协会指出，当下仍然缺乏足够数据来判定赌博成瘾是否属于一种精神障碍。近年来，由于大量专业报告和众多家长的问询，世界卫生组织已将掌机游戏成瘾和电脑游戏成瘾视为一种疾病。在《精神障碍诊断与统计手册（第五版）》（DSM-5）中，这种疾病被称为"游戏障碍"（gaming disorder），其定义如下：一种游戏行为（"数码游戏"或"视频游戏"）模式，特点是对游戏失去控制力，日益沉溺于游戏，以致其他兴趣和日常活动都须让位于游戏，即使出现负面后果，游戏仍然继续下去或不断升级。诊断标准是对生活的各个领域，包括对个人、家庭、社会、教育、职业等都明显丧失兴趣。

成瘾作用于大脑中有关奖励的区域。对任何因素产生依赖，意味着在与该因素的相互作用中，以非自然的方式激活了大脑的奖励区域。一方面，这些区域关乎人满足感和享受感的形成，随着时间的推移，为了不断获得满足感，对刺激的需求会越来越大。另一方面，克制使用产品、应用程序或游戏，会导致沮丧和不适的负面情绪，有时甚至会带来更负面的症状。研究表明，长时间玩游戏会影响人的神经反应，以及有关专注力、控制力和情绪处理的脑细胞之间的传递过程。这些变化，与吸毒者吸食海洛因等毒品后大脑的可观察变化是非常类似的。特别是大脑中多巴胺系统的运作会发生变化。

我将分两个部分来讨论游戏的成瘾设计。一部分是我称为

"休闲游戏"的游戏，如《愤怒的小鸟》（Angry Birds）、《俄罗斯方块》（Tetris）或《糖果传奇》；另一部分是我称为"角色游戏"的游戏，如《堡垒之夜》和《我的世界》（Minecraft），玩家在其中扮演具有超能力的角色。角色游戏提供了一种感官体验，由于情绪高度激动，以及情绪在受挫、满足、愤怒和快乐之间快速转换，游戏中玩家的肾上腺素水平会明显提高。

研究发现，有抑郁、焦虑或对生活不满意倾向的人，很容易沉迷于角色游戏，通过幻想来填补空白以完成自我治疗。一个在班级中不受欢迎或遭受周围人欺凌的孩子，可能会在游戏中发掘自身的能力，找到力量。然而，现实很难与游戏体验抗衡，想摆脱这些现实遭遇将面临非常大的挑战。再看休闲游戏，玩家在游戏中必须找到匹配的形状，或按规则将其组成合适的模式。与角色游戏相比，玩家在玩休闲游戏时，想实现的不是参与某种活动或实现幻想的愿望，而是逃避现实的愿望，他们渴望得到一种精神状态的改变，一种时间与空间上的断联。休闲游戏不需要玩家投入认知上的努力，因为其基本原理很容易理解——匹配和组织出现在屏幕上的随机形状。对人类而言，痴迷于匹配形状非常"本能"，它可以带来深度的满足。这种需求可能源于幼时一种将不同形状的木块放入与相应形状的孔洞的游戏，其实对归纳整理和恢复秩序的需要是人们对混乱的一种纠正。

之所以这样划分，是因为两类游戏的成瘾设计不同。休闲游戏会使人的认知系统麻木，让它陷入一个漫无目的的循环，大脑中的忧虑、思绪和时间感都被清空；而角色游戏则会刺激认知系统，并通过具有超能力的角色带来高强度的情绪刺激，如沮丧、愤怒和兴奋，来帮助玩家实现幻想。角色游戏会产生一种"极限运动"般的体验，在某些游戏中，还允许多人一同参与游戏。在后文中，让我们先关注休闲游戏如何激活奖励系统，再讨论角色游戏背后的设计。

《糖果传奇》和以前的游戏有什么不同

自智能手机问世以来，全球数以亿计的人成了电子游戏的玩家。但是，除了更多游戏进入大家的视线，对游戏上瘾的报道也有所增加。例如，母亲因全神贯注玩《糖果传奇》而忘记去幼儿园接孩子，类似的报道屡见不鲜。一项调查发现有七亿人定期玩智能手机游戏。（Soper，2013）是什么让这些游戏对人们产生了如此大的影响？与童年需要玩伴或玩具才能玩的游戏不同，智能手机上的游戏不需要设备和玩家之外的任何东西。在过去的游戏中，奖励的关键部分之一是考虑这是什么游戏，以及玩游戏前需要做哪些准备（如整理道具、布置场景、决定角色以及游戏中的先手）。相比之下，"逃避现实"的休闲游戏不需要事先准备。它的奖励来自精神状态的变化，表现为一种与现实的脱节。点击应用程序并启动游戏是一项无须人投入思想或意念的活动，需要考虑的只有游戏时间。而这种需求，很像人感到饥饿或口渴时自然萌生的需求，不需要深入的思考过程。

尽管游戏科学仍处于起步阶段，现有的心理学知识已经足以让设计师根据上瘾的"生成公式"来设计游戏了。这个公式里的每个部分，就像药物一样能对人的大脑奖励区域产生人为刺激。这与我们在前文详细讨论的快乐循环也有关联。在数字游戏的世界里，每一个动作都会获得以灯光、色彩变化、音效和得分为形式的强化。这类游戏通常简单易懂，并且不需要投入认知资源，因此儿童和成人都可以轻松理解其中的基本原理。在游戏的过程中，循序渐进的学习机制被激活，游戏难度逐步地、轻微地提升，使得人们有时不得不再次挑战，因此快乐机制也被重新激活。要想继续获得满足感，就必须一而再，再而三地开始游戏。

如你所见，这种行为对人的吸引力来源于多巴胺，它帮助人们识别模式和模型。人们的期望是它运作的关键。多巴胺细胞会不断地根据过去的经验，来创造行动模式。婴儿如果在经历几次哭喊后发现母亲都会迅速过来查看他的情况，那么他便会掌握一种模式——用哭泣得到积极的回报（母亲来了），他大脑中的多巴胺水平会在听到母亲的脚步声时上升，甚至这种上升会在母亲到来之前就发生。而当预测错误（母亲不来）时，婴儿大脑就会发送一个独特的电信号，作为对预测错误的回应。大脑能清楚区分预示奖赏到来的信号，但它无法区分现实世界和虚拟世界。当人们玩老虎机和智能手机游戏时，大脑也在努力预测和识别模式，努力洞悉游戏，破译机器的运作模式。

尽管多巴胺会在识别出熟悉的模式时产生反应，但意想不到的奖励对它的刺激更大（通过多巴胺释放的水平强度来衡量）。换句话说，奖励越令人意想不到，它就越令人愉悦。多巴胺的释放旨在提醒大脑注意新的刺激，这一点对生存很重要。尽管以预测为目标的多巴胺细胞试图破解游戏的奖励模式，但它注定会一次又一次地失败。事实上，多巴胺细胞与生存能力有关，为了有效运作，它必须识别现有模式。而当研究对象是老虎机和游戏时，多巴胺细胞或许更该选择放弃，因为那完全是白费功夫，但它并没有对随机奖励失去兴趣，反而对其上瘾了。多巴胺细胞无法破解这种模式，它无法适应、学习和将其内化。尽管玩家感觉自己好像已经足够了解游戏，可以尝试制定获胜的策略，但这只是人臆想中的控制感。

游戏的生成器是在一种被称为"工程随机性"的模式下运行的。这类游戏中的随机性，介于纯随机性和控制错觉之间。控制错觉背后隐藏的逻辑模式，让玩家倾向于认为，他可以战略性地策划每一步。这种臆想中的控制感是一种强大的力量。

当人们被带入这套逻辑中时，即使没有奖励或什么盼头，他们也可以一遍又一遍地重复相同的行为。不是别有目的，只是为了享受微妙的情绪波动。游戏自身也因此产生了特有的乐趣。

《俄罗斯方块》和《糖果传奇》这类颇受欢迎的休闲游戏间的相似之处，可能在于它们都包含导致成瘾的基本要素。只不过游戏设计采用这些快乐机制，不一定是为了引导上瘾。快乐循环也可以帮助治愈或预防心理疾病。研究发现在观看一部忧伤电影之后玩《俄罗斯方块》，能有效减少闪回（flashback）的可能性。（Holmes, James, Coode-Bate & Deeprose, 2009）而鼓励痴迷行为的游戏，可用作针对创伤后应激障碍（PTSD）和其他疾病的疗愈方法。随着人们在社会中生活压力的上升，人们需要更高剂量的减压药，尤其是那些可以随身携带的减压药。

角色游戏的成瘾设计

角色游戏采用的是另一种套路，它们的机制会根据不同的心理动机而运作。在这些游戏中，玩家大多会拥有一个具有特殊力量的角色，实现玩家的幻想并让玩家获得丰富的感官和情感体验。玩此类游戏时，玩家可以体验高强度的情绪，如沮丧、满足和快乐等，肾上腺素的水平也会大大提高。如前文所述，沉迷于这些游戏的主要原因不是为了获得与环境的脱离感，而是获得奖励所提供的胜利后的成功体验，这是在生活中鲜少能得到的。游戏中的成功很容易使人上瘾，是因为人们可以立即获得反馈与回报，而游戏之外的生活却不行。或许你也发现了，那些在生活中拥有奖励少的人，对游戏沉迷和上瘾的可能性就越大。

角色游戏也包含"工程随机性"原则，这与休闲游戏相同，但应用方式却有所不同。它构建在随机奖励模式的基础上，因此玩家无法预测奖励何时到达，毕竟定期获得的奖励不会使人痴迷。在这类游戏中，玩家想要某一等级的武器，只有在杀死某一个（或几个）怪物后才能获得，或者是在杀死一个（或几个）怪物后武器才会出现。这类游戏的随机性，介于纯随机性和控制错觉之间。"知道有机会获得奖励"与"不知道奖励何时到来"之间形成了一种紧张的关系，让玩家产生了不容置疑的信念——无论失败多少轮，现在是赢得最终奖励的时刻了！这种信念会促使玩家开始下一轮游戏，而不会在一轮游戏过后就选择结束。

另一种被充分利用的原则叫"近失效应"，其本质是缩小胜负间的差距，给人一种"差一点就能赢"的感觉。这种人为设计的差距，是一个强大的刺激，它促使玩家再次参与挑战，因为玩家觉得"胜利就在咫尺间了，下次肯定能赢"。而当期待已久的胜利到来时，一种实现目标的强烈满足感油然而生，这种满足感比现实世界中能获得的情感强度更高，游戏体验也因此比现实生活更胜一筹。此外，游戏构建于绚烂的幻想之上，这些幻想也可以带来现实世界中任何体验都无法提供的满足感。研究游戏对儿童心理健康影响的心理学家尼古拉斯·卡达拉斯（Nicholas Kardaras）指出，游戏是"数字化的海洛因"。数十项研究表明，过长时间使用电子产品与认知功能下降之间存在联系，特别是大脑额叶皮层区会受到影响，该区域与调节冲动和延迟满足相关。卡达拉斯指出，儿童在玩《我的世界》时的大脑表现近似于吸毒者的大脑。

问题是，为什么随着时间的推移，玩越来越多的游戏才能获得相同的满足感？以下实验或许能够解释这一点。实验中，一只猴子想得到1粒葡萄干，要踩踏板10次；葡萄干所带来的快乐，让猴子大脑的奖励区释放了10个单位的多巴胺。实验者决定给猴子制造一个惊喜，踩10次踏板给它2粒葡萄干。如你已知，意想不到的奖励是最令人兴奋的事情之一，猴子的大脑内释放了20个单位的多巴胺。第二天，当猴子得到2粒葡萄干时，它还是很兴奋。一周后，2粒葡萄干带来的多巴胺水平恢复到10个单位。然而，当此时的猴子只得到1粒葡萄干时，奖励似乎失效了，并没有引起多巴胺反应。1粒葡萄干的奖励为什么不再令猴子兴奋？这是习惯所致，最初的经历永远是最好的——人们体会的享受不是绝对的，而是相对于环境中的其他奖励而言的。为了使大脑能有效地响应诸多情况，上到成功解开数学问题，下到发生性行为，它会不断校准享受奖励的程度。如果大脑无法习惯已经历的情境，那么它将无法有效地在下一个新事物出现时做出反应。

游戏中的各种组件，为人们带来一种人为的、不切实际的愉悦体验。这种巨大的愉悦感，最终也会被系统所适应和习惯。随着时间的推移，为了维持愉悦感，大脑需要越来越多的游戏时间。如果人的思维可以以另一种方式进行"编程"，那么理想的状况是：人消耗的越多，想要的就越少；可人类面临的悲剧却是，消耗的越多，想要的也越多、越强烈。那些昨天尚能带来意想不到快乐的奖励，明天已经不再能满足人们。

扩展思维

触摸屏如何影响儿童

近年来，儿童在屏幕前花费的时长呈现出不断增长的态势。尽管这是一种高效的获取信息和沟通的方式，但是许多研究显示，青少年儿童的不良认知发展与长时间接触媒体有密切的关联。调查显示，8—16岁的孩子观看各类媒体的时间，达到了每天7小时左右；而在5—8岁年龄段，超过一半的孩子经常使用各种触摸屏设备进行娱乐。众所周知，人类在0—3岁间大脑快速发育，并且对环境特别敏感。在此期间，儿童大脑发生的变化可能会产生长远影响。在接触触摸屏之前，神经细胞系统的正常发育需要诸如想象力游戏、拼装类游戏、触摸和人际互动等刺激。幼儿期间过多使用触摸屏，可能会导致估算物体重量和体积的能力受损。因此，在接触虚拟世界之前，建立幼儿对物理世界和三维世界的认知是很重要的，这就像在学习使用计算器之前要先学习加法和减法。

注意力缺陷障碍

人的大脑是在自然环境中不断进化而成的，无法习惯过量的刺激。为此，大脑负责信息处理的区域不得不开发能够同时处理各种刺激的新能力。"多（重）任务同时处理"这个词，实际上与人类无关，只是被滥用了。它最初来自计算机领域，指的是计算机同时处理多个任务的能力。但是，人脑无法做到这一点，同时尝试执行多项任务，可能会导致注意力受损和注意力缺陷障碍。尽管人们一直都在吹嘘一心多用的能力，对儿童也是如此，但这是一种错误的认知。这种宣扬得到的结果，可能会导致孩子的思维过于分散，进而剥夺了他们深入思考的能力，只能对信息进行浅层次表面分析，并可能导致注意力集中障碍、学习困难以及自控和情绪调节困难。美国儿科医生协会曾公布一项建议，严禁任何两岁以下的孩子使用触摸屏设备，无论这类设备中包含了什么内容。

手机"投喂"孩子

当你和孩子进行亲子阅读时,孩子需要将你的声音加工成文字,根据你的描述构想画面,并在脑海中演绎角色。而当所有的信息都被"投喂"到孩子面前时,这个过程就不会发生了。更糟糕的是,孩子的大脑会因此懒于(惯性)处理这类信息,使得处理复杂信息慢慢成为一项高难度任务。可想而知,这样将导致孩子负责想象力的大脑区域活动不足,而这些区域对于发展创造性思维和思维的灵敏性至关重要。

练习与人交往

在数字通信中,大脑不需要费力地理解他人的意图和分析非语言线索,例如面部表情或肢体语言,尽管这些是人类互动的基础。在人类大脑中,负责解释和理解社交互动的区域是额叶,它的发展取决于人际交往的接触程度。如果孩子在很小的时候没有进行足够的人际交往方面的学习,那么他就会欠缺理解他人的能力,日后的人际交往也会变得异常艰难。儿童的沟通技巧是通过强化和奖励获得的。如果一个孩子告诉他的妈妈"我想要巧克力",这位母亲可能会立即问他"那你要说什么"。于是孩子知道,为了得到想要的,他需要"把话说得礼貌和好听",例如"妈妈,请给我买巧克力"。然而,在数字世界中,无须不必要的客套,在屏幕前的短暂时间,就是孩子从发出指令到完成事情所需的全部时间。此外，朋友间的互动是由参与共同活动的愿望所驱动的，但数字通信完全不同。快乐来源于人精神状态的变化，它脱离了当下环境：你可以实现自己所有的愿望，从基本需求到情感需求，不需要立即付费，不需要投资，也不需要友善、微笑、共情或体贴。听起来是不是挺轻松的？研究显示，幼时接触手机的儿童有很大一部分会沉迷于这种沟通方式。因此，世界神经病学联盟建议，减少孩子参与电脑游戏的时间，鼓励孩子在户外与他人一起玩耍，并尽可能多地参与互动。

课堂无法快进或后退

手机让孩子们习惯于一种互动偏好，在这种模式中一切都在他们的控制之下——可以快进和后退，可以调节音量，可以只接触自己感兴趣的东西而不用考虑其他的。相比之下，坐在一个有30个孩子的教室里，适应所有其他同学的学习节奏，对一个孩子来说可能变成了一项不可能完成的任务。毕竟，在真实的课堂上老师说话不可能快进和后退。于是，孩子可能会在学校环境中倍感挫折，觉得没意思、难以适应，而这些因素都会影响其学业成绩。

此外，在数字环境中长大的孩子，在年纪很小的时候就习惯于得到即时的行为奖励，习惯于每一个动作都能得到强化，大脑也因此很容易沉迷于这种互动模式。然而，这种模式一旦建立，孩子就会期望在现实环境中也能获得强化。如若不然，他就会变得很沮丧。总之，长期接触触屏设备会引发大脑强化系统的变化，形成如同对成瘾物质般的依赖。

触摸屏阻碍了解世界

我不止一次听说，许多妈妈们为孩子们在很小的时候就学会了使用触摸屏设备而感到高兴。但研究表明，大猩猩也能学会在这些屏幕上滑动页面。许多父母还认为，孩子通过接触信息就能学习知识。但学习的过程需要克服困难，例如受到父母、老师或其他孩子的挑战。粗暴地将一系列事实摆在孩子面前，并不能达到教学的目的。根据心理学家阿里克·西格曼（Aric Sigman）的说法，过多接触这类设备，会阻碍孩子为理解世界而奠定基础的重要过程。过早地了解技术，恰恰会让父母迫切希望孩子获得的能力得不到发展，例如集中力、注意力、共情能力、交际能力以及词汇量等均受到不同程度的损伤。（Sigman, 2012）截至2021年，以色列的父母及健康管理体系的工作人员，还没有意识到长时间接触触摸屏设备会给孩子带来的危害，因此很有必要填补这一部分知识的空白。尽管如此，我也不能否认，两岁以上的孩子接触这类设备能带来积极的效果，但前提是在合理的使用时间内。适度的接触，能帮助儿童在学习新语言，以及发展协调能力、灵敏度和快速反应能力方面展现优势。其中的重中之重，是坚持适度原则，并在虚拟世界和现实世界之间划清界限。

本章要点

老虎机是一个如何"设计使人上瘾"的好例子。它的设计原则被照搬到约会软件、社交网络和手机游戏中，并上升为一门工艺。它和手机一样，会使玩家进入一种特殊的意识状态，对环境和自身的担忧、恐惧都会消失。

奖励源于精神状态的变化，某种程度上是一种脱节。当人感到饥饿或口渴时，也会出现这种变化。

应用程序、社交网络和游戏有一条共同的设计原理：人们收到行为的反馈后，会自我鼓励进行重复行为。老虎机的设计原理也是这样，它鼓励重复的、上瘾般的行为，以进入一种快乐的循环。只要一个人做了一个特定的动作，就会立即得到强化，这种奖励促使他重复这个动作。

老虎机的算法是根据奖励设定的,让用户"感觉"盈利和损失是随机事件,而实际上这种设定是为了能获得更多的利润。

游戏的奖励分配模式经过精心的设计,能在每个用户身上都起作用,同时游戏的强度、冒险度和刺激度也会增加。奖励的设定旨在确保玩家会继续玩游戏,同时以稳定的速率赔钱。

程序员不断改进他们的模型,得到一个成功的范式:这个模型一方面会尽可能延长玩家的游戏时长,测算临界点,并在玩家达到之前给他一些动力;另一方面,它将根据玩家的性格做出单独调整,这就是所谓的"个性化服务"——使游戏体验适应玩家的个性,并以适合玩家性格的方式分散其对"损失"的关注。

手机不仅基于与老虎机相同的原理设计,还提供与周遭一切断开联结的可能,以及令人垂涎的"无我之境"。

使用社交网络、手机游戏甚至约会软件,并不是因为想要参加活动、结识朋友或寻找约会对象。真正的回报来自精神状态的改变,来自沉迷其中的体验,上下或左右滑动页面的动作如同摆弄游戏手柄,滚动更新的内容好似老虎机的转轴。当用户沉浸在手机中时,即使他身在某处,但他的意识已经不在——处于一种恍惚状态。

这种与手机的互动不需要投入精神、思想或意图。作为佐证这一点的证据,现已发现了一种独特的脑电波,在与社交网络互动时产生,这种互动会产生一种不同于放松、紧张或任何其他意识状态的独特心理模式。

数字世界不再向人们发出代表"结束提醒"的信号。这些提醒本会告诉人们已经过去了多少时间,什么时候该进行下一个活动。社交网络的设计,使得你无论怎么滑动页面,内容都会层出不穷。脸书、推特、拼趣、照片墙和其他社交网络会让用户不停地刷新内容,并且它们设计出了一种名为"无限滚动"的技术,使内容不会停止更新。

今天的科技发展速度太快,让人类大脑无从适应。人的大脑还习惯于生活在大自然中,它紧紧地依赖于大自然所提供的结束提醒。结束提醒与人的生理密切同步。

如果没有来自大自然的提示，许多大脑机制就会出现错误并失去平衡。在数字世界中，不再有结束提醒，就像在赌场中一样，人们的时间感被扰乱，由此迷失了自我。

尽管游戏科学仍处于起步阶段，现有的心理学知识足以让设计师根据上瘾的生成公式，来设计游戏。这一公式里的组成部分，能像药物一样对大脑的奖励区域产生人为刺激。

多巴胺的作用是帮助人们识别模式和模型。期望是它运作的关键。多巴胺细胞的作用是预测未来的事件，尽管他能清楚区分预示奖赏到来的信号，但它无法区分现实世界和虚拟世界。

玩老虎机和智能手机游戏时，大脑也在努力预测和识别模式，努力破译机器的运作模式。大脑想要洞悉游戏，破解成功的秘诀，找出预示奖励到来的先决条件。

研究老虎机和游戏完全是白费功夫，但多巴胺细胞并没有对随机奖励失去兴趣，反而对其上瘾了。多巴胺细胞无法破解这种模式，它无法适应、学习和将其内化。尽管玩家感觉好像他已经足够了解游戏，并可以尝试制定获胜的策略，但这只是臆想中的控制感。

游戏的生成器，是在一种被称为"工程随机性"的模式下运行的。

《俄罗斯方块》和《糖果传奇》等颇受欢迎的游戏间的相似之处，可能在于它们都遵循了致瘾的基本原则。

在地底洞穴中住着一名霍比特人。

——J. R. R. 托尔金（J. R. R. Tolkien）

第十六章　为什么无聊这么重要

我曾受邀参加一个讨论技术对人生活影响的访谈类节目。节目中，主持人说了这么一段话：

> 你们一直强调，人们把所有的时间都花在手机上是多么糟糕，并且以非常负面的方式来评价这种行为。但这也有非常积极的一面，它让我平静，让我感到愉悦，毕竟人们一整天都在努力工作。我觉得用手机放松没有问题，我需要那些与世界断开联结的时刻。

这种观点没什么错。事实上，人们随身携带的手机确实可以让人放松，就像父母摇着婴儿车，或者塞给孩子一个奶嘴，让孩子能自己调节情绪。移动设备能让人们与现实环境断开联结。当你目不转睛盯着手机屏幕时，会处于一种不同的意识状态中，它被称为"心流状态"，就像催眠一样。从这个意义上说，它具有和白日梦相同的功能。我的一位美国学生称其为"瞬间静止"（momentary pause）。实际上，人们确实是离开外界环境，去短暂休息了。手机"犹如"在人们和所处的外部环境之间设置的一道隔墙，人们在精神上并没有留意外界环境，也因而并不是真的停留在那里。你有没有试着计算过自己一天中有多少"失联"的时刻？那些你试图暂时断开与外界联系的时刻，那些你用于反思和内省的时刻，以及你花了多少时间盯着手机？我们不妨做一个小实验。明天早上，在你上班的路上（坐在车里或地铁里），或在公共场所时，试着观察一下你周围的人，看看有没有人盯着窗外沉思冥想，或者不带手机去遛狗的。

2015年，微软公司邀请2000多名网络游戏玩家参与一项实验，并观察了他们在实验中的脑电波变化。结果发现人们的注意力持续时间从2000年的12秒，下降到了8秒。出现这一现象的原因之一是人们频繁来回于多个任务、界面和屏幕之间。

尽管西方社会普遍对"无聊"持负面观点，但这种看似可怕的不适感，在进化的意义上有两个重要功能。首先，若没有无聊的存在，人们会对任何刺激都感到兴奋，不论是到站的火车、街上走过的猫，还是天上掉落的雨滴——这会侵蚀认知系统，浪费精神资源。其次，无聊能让人们意识到自己正在从事一项相对而言没有挑战的活动，从而激励人们去参与更有意义的活动。在这一点上，区分缺乏刺激和无聊是很重要的。无聊是对一种情况的主观定义，在这种情况下，一个人在特定时刻对物理和精神刺激都缺乏兴趣，此时受行为习惯的影响很大。如果在任何时刻，我们的注意力都习惯于分散在各种刺激上，例如手机提醒、弹出的广告、浏览器打开的多个窗口，这意味着人们常规活动的水平已经非常高，相应的刺激阈值也非常高。在这种情况下，如果一个人在等红绿灯变灯时不去看手机，就很难获得刺激，也难以达到满足。

科技时代普遍存在过度刺激现象，这使得人们变得极度依赖外部刺激，很难自己找到乐子。尽管无聊听起来就惹人心烦，但这种感觉是有助于创造性思维发展的。一项实验研究证明了这一观点。在实验的第一阶段，一组学生被要求抄写手机屏幕显示的数字，而另一组则被要求大声朗读这些数字。在第二阶段，研究人员测试了两组学生的联想能力，例如想象杯子或夹子等物品尽可能多的用途。结果显示，在第一阶段参与乏味任务（朗读被认为比抄写更被动，也因此被判断为更无聊的任务）的学生，在第二阶段测试中有更富创意的表现。

从童年开始，人们就已经发现难以抑制无聊的发生。孩子每每感到无聊，一些父母就会让他去看电视、玩电脑或手机，而不是鼓励他自己找点事情做。调查显示，人一天观看各类媒体的时间约为 7 个小时，这个时间还在不断增长。人与自己思维相处的能力，是一种需要后天学习的能力。在没有掌握与自己相处的能力的孩子中，无聊已成为最大的恐惧。由于孩子在看屏幕时会受到大量刺激，他们会极度依赖外部刺激来获得满足感。这种现象不仅是习惯于接触触屏设备的儿童表现出的特征，在成年人中也能观察到类似的现象，他们的注意力经常会同时分布在多个刺激上。一般来说，人们使用手机或电脑设备时，平均一次会打开8—10个窗口。10个应用程序争夺注意力，难以集中注意力也不难令人理解了。

无聊是通往神游世界的大门。对外部环境缺乏兴趣会导致我们对内部环境，即内心世界，萌生兴趣。此时大脑不会回应外部刺激，例如面前的人或来自设备的提示音，而会接受前意识内容的刺激。前意识指无意识中可召回的部分，当下不在意识中的想法都会存储在前意识中，人们在需要时会再检索它们。例如我和朋友争吵的内容，或我在邮件中收到的考试通知等，以及记忆库中的记忆和一般信息。

人在神游状态下，不会有意识地控制思维，从而有助于诞生新的联想。联想思维对人类至关重要，因为此时可以远离刺激本身，诸如与朋友吵架带来的刺激，后退一步去尝试理解对方的观点，并寻找创造性的解决方案。直到最近，学界才开始了解神游现象。一种普遍观点是，只有人们在进行强烈的思考或处理问题时，才需要耗费精神能量，例如读书、复习考试或专心听讲，这些行为是由被称为"执行注意网络"（executive attention network）的部分控制的。但事实证明，当人们的注意力转向内部时，比如在淋浴时、在等红绿灯或做白日梦时，便由大脑中所谓的"默认模式网络"（default mode network）来控制大脑。大脑并没有停止运作，而是将95%的能量用于创造纯粹的、与外部事件无关的思想。因此，等待红绿灯变灯并不是浪费时间，而是人们在当下拓展新视角的机会。如果你无法与事件拉开一段距离，就无法看透事件的脉络。

在驱使大脑重新体验事件，并动用各种内部资源时，人的洞察力往往更加敏锐。虽然沉浸于探索内心世界也可能有消极的一面，比如容易让自己陷入压抑的情绪，但对大多数人来说，当他们有时间思考和自我反省时，他们会利用这段时间来探寻新的视角和问题的解决方案。众所周知，J.R.R. 托尔金教授创作《霍比特人》（The Hobbit）时，他在牛津大学任教，那正是一个要批阅大量考卷的暑假。"这是一项需要大量时间和精力的任务，不幸的是，它非常无聊。"托尔金回忆道。（Rateliff, 2001）其间，他看到一张空白的考卷。他很享受这一刻，于是思绪开始飘浮。"我开始在考卷页面上乱涂乱画，我不记得是为了什么，忽然'地底洞穴中住着一名霍比特人'出现在我的脑海中。"于是，后来的故事相信你也知道了，一时的无聊促成了一部20世纪经典之作的诞生。专注于内心和思考的能力需要经过锻炼，尤其是对于儿童。随着大脑习惯于不断产生刺激的环境，它会依赖这些刺激来获得满足感，而花更少的时间在形成记忆、计划未来、解决问题和非常有必要的内省上。

扩展思维

人类的智力是否在下降

挪威拉格纳弗里施经济研究中心（Ragnar Frisch Centre）进行了一项研究，研究人员在1975—2009年间追踪研究了73万名被试后，声称发现人类平均智商从1975年开始，每年都呈现逐步下降的趋势。更准确地说，每一代人的平均智商下降了7%。在英国、丹麦和澳大利亚等地进行的研究也观察到类似的结果。一些专家将智力分数下降归因于遗传——越来越多受过高等教育的人不愿意生育，而受教育程度较低的人却生育了越来越多的孩子。甚至还有人认为，第三世界国家向西方国家的移民，也是导致本次研究对象的平均智力水平下降的影响因素之一。但是，并没有确凿可信证据来解释这一点，因为监测同一家庭中的父亲与儿子的智力时，也观察到了相同的下降趋势。如果不是遗传学上的原因，那么似乎应该在人们的生活和工作环境中寻求答案。孩子们的成长方式、受教育的方式、消磨时间的方式，都发生了巨大的变化，也许这里面大有文章。

在智力研究中，研究人员区分了流体智力（fluid intelligence，

FG）与晶体智力（crystallized intelligence，CI）。前者是一种先天的逻辑思考和解决问题的能力，无须先验经验（例如类比图形或辨别刺激）；而后者指的是人们多年来积累的知识（例如词汇和常识）。

一些人认为，调查发现的智力下降或主要与晶体智力有关，即与一般知识体系有关。如果是这样，这种现象就不那么令人担忧了，因为人类的智力并没有发生根本性的变化，只是当今年轻人学习的方式发生了变化。发达的搜索引擎导致人们不再致力于积累信息，转而注重于细化信息搜索的能力。

有学者据此在一项相关研究中测试了学生的记忆力。在实验中，学生被要求记忆一些常识知识，例如"谁是美国的第三任总统""马耳他的首都是什么"等，然后将它们输入电脑。一组被试被告知，他们可以将信息保存在一个电脑文件中，之后可以打开查看；另一组被试则被告知，这些信息将在接下来的一个小时内被删除。当学生被要求重复这些问题的回答时，那些以为自己可以查看文档的学生表现明显更差。这种现象后来也被称为"谷歌效应"，这表明查看信息的期望会导致记忆力降低。因此，结论并不是人们变得越来越蠢了，而是50年前对智力的定义已经过时了。人们不再需要积累一般知识，而是让谷歌代为积累了。因此，测试记忆能力已经变得多余，毕竟要锻炼的是搜索信息的能力——这是驾驭数字世界的必要条件。

但是，不可否认的是，人们处理信息的效率确实降低了。这个论点听起来很合乎逻辑，毫无疑问，年轻人学习和获取知识的方式与过去相比发生了变化，但智力下降的原因不能都归于此。有证据表明，解决问题和处理信息的智力的先天因素也发生了变化。

阿姆斯特丹大学的研究员贾恩·特·奈恩黑斯（Jan te Nijenhuis）在一项研究中采用14种不同的方法来测试人的反应时间，结果发现人们的反应时间10年间下降了1.23%。在这项研究中，反应时间被定义为在受到特定刺激（例如闪烁）后，做出反应按下按钮的速度。结果显示，更快的反应力，与更有效的信息处理能力、更高的智力呈正相关。因此，智力下降与人存储信息的方式无关，智力的遗传潜力似乎也在下降。

这种下降是什么导致的？智力确实具有遗传潜力，但这并不一定意味着它会被实现。为了实现这种潜力，需要充足的营养、良好的环境，以及受到来自环境的某些刺激。人类大脑在0—4岁期间发育迅速，对环境条件特别敏感。这个时期也被称为关键期，是大脑的敏感时期。婴儿天生具备的一些本能都需要刺激才能发挥作用，因此在这个关键期，孩子大脑发生的变化会带来深远的影响。大脑中神经细胞的正常发育，需要来自环境的特定刺激（而这不包括来自平板电脑屏幕的刺激）。当大脑内的细胞接受了不适当的刺激时，它们就会遭到破坏和损耗，而这些损伤是不可逆的。

究竟是什么损害了大脑的能力？

人们会自动注意某些刺激，例如名字，无须进行有意识的选择。根据认知心理学家及营销学教授阿德里安·沃德（Adrian Ward）的说法，手机带来的也包括这种刺激。换句话说，手机一直在大脑中呼喊你的名字，使人们不得不定期关注手机发出的刺激。已有研究发现，即使手机处于关闭或静音模式，只要手机处于人所在的环境中，就足以削弱人深入处理信息的能力。只要你使用智能手机，甚至只要听到电话铃声或振动，就会产生过多的干扰，使你难以专注于问题或进行复杂的工作。如果你试图在正在处理的任务和移动设备之间分配注意力，会损害你的执行能力。

一项于2015年发表于《实验心理学杂志》（*Journal of Experimental Psychology*）上的研究发现，当人们在执行需要集中注意的任务时，如果手机发出声响，注意力和工作质量会受到影响。实验中对比了选择停下手中的事情查看手机的人和忽视手机提醒的人的数据。（Stothart, Mitchum, & Yehnert，2015）同年，发表在《计算机媒介传播杂志》（*Journal of Computer Mediated Communication*）上的一项研究，调查了41名苹果手机用户。研究显示，当被试听到手机的响声但无法立即接听时，他们的血压和心率水平会上升，而这影响了他们解决问题

的能力。（Clayton, Leshner & Almond，2015）

为了了解导致认知功能障碍的机制，阿德里安·沃德和同事研究了大学生在两项标准智力测试中的表现。实验中，一组被试被要求将手机放在面前的桌子上，另一组被试一部分将手机放在口袋里，另一部分将手机放在另一个房间里。结果非常惊人，手机放在桌子上的被试得分最低，而将手机放在另一个房间的被试得分最高。（Ward, Duke, Gneezy & Bos，2017）有趣的是，在后续的采访中，大多数被试都表示手机不会让自己分心，他们都认为自己在实验过程中甚至没有考虑这个问题。手机已经成为人们生活中不可或缺的一部分，即使人们不用手机，它也会夺走注意力，占据认知资源。

事实上，研究人员在扫描一些被诊断为手机或网络成瘾的青少年的脑部时，发现一种名为GABA（γ-氨基丁酸）的神经递质含量较高，这种递质会抑制和减缓大脑中神经细胞的活动。神经细胞活动的减慢会导致分心，并可能引起多动症。这也是为什么手写笔记，比在笔记本电脑上敲键盘记笔记，能够更好地记住授课的内容。同样，当学生用打印出的纸质材料阅读文本，而不是从屏幕上阅读时，能够更好地回答问题。屏幕会吸引人的注意力，汲取更多的精神能量。将注意力分散在屏幕和老师之间，不利于大脑对信息进行深度处理，这就好像放在桌子上的巧克力蛋糕会不断转移人们对减肥的关注。可以说屏幕对人类社会的影响，不亚于气候变化。

伦敦国王学院发表的一项研究显示，如今的年轻人很难理解基本的科学思想。人类的注意力持续时间不断减少，短到只够在推特上发一篇推文，在脸书上传一篇帖子。专注力正在成为一种稀缺资源，人类不得不为此付出的沉重代价，其后果之一就是年轻人的内心世界正在变得空洞。

本章要点

随身携带的手机可以让人感觉放松，就像父母摇着婴儿车，或者塞给孩子一个奶嘴，让孩子自己调节自己的情绪。移动设备让人与现实环境断开联结。当人们目不转睛盯着手机屏幕时，会处在一种不同的意识状态中，它被称为"心流状态"，就像催眠一样。

与屏幕的交互如同做白日梦一般。手机在人们和人所处的外部环境之间设置了一道隔墙，人们并没有在精神上留意环境，人们并不是真的在那里。

尽管西方社会普遍存在对"无聊"的负面看法，但这种看似可怕的不适感，其实大有用处。

人们自己与思维相处的能力，是一种需要学习的能力。在没有掌握与自己相处的能力的孩子中，无聊已成为最大的恐惧。

由于孩子在看屏幕时会受到大量刺激，他们会极度依赖外部刺激来获得满足感。这种现象不仅是习惯于与屏幕接触的儿童的特征，在成年人中也能观察到，其注意力经常同时分布在多个刺激上。

无聊感在鼓励创造力方面是有效的——在神游的状态下，不进行有意识的思维控制，从而有助于诞生新的联想。

专注于内心和思考的能力需要锻炼，尤其是对于儿童。随着大脑习惯于不断产生刺激的环境，它会依赖这些刺激来获得满足感，而花更少的时间在形成记忆、计划未来、解决问题和非常有必要的内省上。

操作性条件反射中最重要的规则,是行为受直接环境的控制。

——阿尔伯特·班杜拉(Albert Bandura)

第十七章　如何养成习惯

当我研究各类的应用程序和产品，试图找出它们成功的秘诀是什么、成功或失败的关键是什么时，得出了一个结论：成功与否无关产品的质量、技术或设计；成功与失败的显著区别，在于它们使用户形成习惯的能力。在深入探究应用程序如何使用户对其产生依赖之前，我们首先要了解习惯是如何形成的。

近几十年来，关于习惯的研究受到了极大的关注，使我们能够通过窥视大脑潜在的机制，来重新阐释人的许多行为。众多研究表明，人类行为一个非常重要的部分是自动化动作，类似于一种由大脑控制的无意识冲动。了解习惯是如何形成的有助于改善生活，因为人们的日常行为很大一部分都是基于习惯而产生的。

习惯在我们生活中的分量有多大

习惯心理学学者温迪·伍德（Wendy Wood）和杰夫瑞·M. 奎因（Jeffrey M. Quinn）试图了解，习惯在多大程度上占据了人的生活。为此，他们开展了一次观察研究，要求学生在日记中记录他们的行为、想法和感受，一小时一次，持续数天。最后，他们惊讶地发现，被学生记录在册的行为中有45%是重复性的，它们不是计划的结果，而是习惯的结果。（Wood & Quinn，2005）这听起来奇怪吗？其实这种现象很容易证明。试着想想你有多少次有条不紊地走出家门，开车去上班、上学或前往任何其他目的地，但在开出几公里后，突然出现一个令人不安的想法：我锁家门了吗？我可以向你保证，在98%的情况下，你都锁上了门。你不记得这件事是因为你在锁门的时候没有注意这件事。我们知道习惯是一种无意识的思维模式，在多次重复后出现就不需要意识控制了。

另一个有趣的研究发现，人在步行时处于一种自动行走模式，人们可以在脑海中思索与行为无关的事情。同理，在刷牙时，人们可以想到今天的课程安排，在做煎蛋卷时可以在脑内演练明天要做的幻灯片展示。但是在执行非习惯性动作时，例如当你需要思考解决数学问题或在工作中提交报告时，你的思想必须专注于活动本身，并支撑动作的执行。当你学开车时，你的注意力都集中在了开车这一行为上。例如当车速表达到每小时 80 公里时，我需要换到三挡，并记得要快速扫一眼后视镜以确保车后一切正常，如果我开车上坡，则意味着我必须正确挂挡。然而，所有这些想法在反复操作之后就消失了。一次又一次的重复行动，意味着人们不再需要将资源投入以前需要全神贯注的行动上。让我们从大脑的角度来思考习惯机制，大脑需要调节资源的分配，以使这些资源足以满足人的所有行为。就人的思想而言，将一系列行为转化为习惯可以节省认知资源，因此习惯是一种有价值且有效的机制。虽然行为是"自动"执行的，但人们可以边做边思索其他事情。

事实上，大脑努力将每一个重复的动作转化为一种习惯，因为这样可以节省能量，习惯恰恰是"节能"的。习惯在无意识的情况下形成，这一事实的问题在于，有时候人们不希望某一行为成为习惯。例如边看电视边吃垃圾食品、一紧张就咬指甲等，在大多数情况下，它们会成为无法控制的习惯。此外，一旦习惯形成，哪怕是积极的习惯，也难以应意识的要求去改变。例如，有一天我的大女儿忘记带家里大门的钥匙。她到学校后想起了这件事，打电话给我，要求我离开家时不要锁门。当我准备离开家时，我一遍又一遍地提醒自己"今天不要锁门"。你觉得结果是什么呢？我正要离开，手机响了，接电话让我分心，我下意识就锁上了门。习惯一旦形成，就没有灵活变动的余地，因为它们是无意识的。

因此，当今数字技术的成功，源于它能够将一系列受控行为转变为自动的，使这些行为成为人们生活中不可或缺的一部分。技术的显著优势在于，一旦行为已成为一种自然而然的习惯，就无须再投入精力吸引用户使用应用程序——习惯的机制会替他们做到这一点。

需要控制或发起的行为与习惯之间的差别在于，习惯不需要明确的奖励、理由或目的。一家成功使其用户养成一种习惯的科技公司，不再依赖于用广告或宣传来鼓励用户使用它的应用程序。习惯不需要做出决定或考虑行为，它的发生类似于一种原始的冲动，因此公司致力于在用户身上培养习惯。假设你要教一个小孩离开家时要锁上家门。为此，你将为他提供一个明确的理由："如果你不锁家门，小偷就可以进来。"锁门的目的非常明确，目的促使了行动。在孩子重复相同的动作之后，一天重复个几次，就会养成一种习惯，改变他脑海中联系的强度。在重复一个动作足够多次，直到它成为一种习惯之后，人们就不再需要大脑中的信息处理机制——事实上，是不需要做出决定，因为行为脱离了意识的控制，变成了触发有机体无意识行为的冲动。信号会自动激发行为，它们可以是房门或锁，可以是跑鞋、饥饿感、点赞按键、消息（通知）的声音或应用程序的颜色。例如，在门附近会激发锁门的动作，放在床边的运动鞋会激发出门跑步的动作。因此，在数字技术的背景下，每当人们用手机时，就会检查脸书、领英或照片墙上的更新；每当人们听到来自WhatsApp的消息提示音时，就会检查信息；每当人们开车时，导航应用就会自动打开。这些动作在没有处理信息、意识或思考的情况下发生。一旦特定行为在特定情景中发生，行为和情景之间就会产生心理关联。

习惯机制的问题——僵化及不适应

习惯具有双面性。一方面，习惯是一种非常高效和节能的机制，但另一方面，习惯也是一种非常死板、不灵活的思维模式。例如，某个星期六，我的小儿子像往常的每个早晨一样点了他的固定早餐搭配——玉米片加牛奶。我打开冰箱，发现没有牛奶了。我意识到没有牛奶就无法平静地度过这个安息日[1]，我于是去了唯一一家在安息日开放的超市。我上了车，一边沉浸在思索中，一边发现自己左拐上了通往办公室的路。习惯被自动激活了。我习惯于每天早上在固定的时间去上班。我在和平常一样的时间上了车，事实上，除了今天是星期六，几乎整个行为过程都是一样的，它向大脑传递进入自动模式的信号。如前文所述，从进化上讲，自动模式对于大脑来说是非常高效

---

[1] 犹太教规定的休息日，在以色列周六统称为安息日，绝大多数商店、餐厅等均不营业。——译者注

的，因为自动完成的动作不会从大脑中吸取精神能量，而是会将注意力引导到其他额外的动作上。毕竟，为每天都以相同的方式执行的动作"浪费精力"又有什么意义呢？努力节省能量的大脑机制根据以下基本原理运作：如果有一个动作被频繁执行，每次都是重复相同的动作，那么就无须一遍又一遍地投入关注和注意力。这种机制的问题是，它并不受控。

人们不可能为大脑生成一个列表，指令大脑在某些情况下执行这个操作，而在其他情况下不执行操作。一旦某种行为成为无法控制的习惯，人们就难以做到"只在工作日去上班"或"不锁一次门"。有一个例子我牢记于心，它证明了人们无法筛选习惯或心理联想，这个例子我曾在本科生的心理学导论课程中有提到，详见《西尔格德心理学导论》(*Hilgard's Introduction to Psychology*)。这个例子描述了这样一个情境：必须接受化疗治疗的癌症患儿在治疗结束时，父母给他们买冰激凌让他们振作起来。在治疗的可怕经历与冰激凌之间产生过几次联系之后，孩子们学会了将冰激凌与治疗联系起来，每次看到冰激凌，他们都会回想起在治疗结束时产生的负面情绪和恶心感。在特定情境中的重复的动作，使动作和情境之间产生了关联。这种习惯可以源于特定的、明确的意图，例如减肥或健康饮食，也可以被动地源于随机和无计划的组合，例如早上喝咖啡搭配抽一支香烟。

习惯——了解其所涉及的机制

查尔斯·都希格（Charles Duhigg）在他的著作《习惯的力量》(*The Power of Habit*)中解释说，对习惯的研究大约始于 20 年前麻省理工学院的实验室，当时的研究人员决定研究老鼠在养成新的习惯时，其大脑发生的变化。他们将电极连接到老鼠的头部，记录了老鼠大脑活动最细微的变化。老鼠被放入了一个 T 形迷宫中，这个迷宫的一端放置了一块巧克力。每只老鼠在开始时都在屏障背后，伴随着一声巨响，屏障被打开，老鼠开始寻找通往巧克力的路。当一只老鼠第一次被放进迷宫中时，研究人员观察到一种稍显奇怪的行为。这只老鼠似乎嗅到了巧克力的味道，但它没有采取任何主动的行动去接近巧克力。它靠在墙上，站起身来，嗅了嗅，来回缓慢地爬着。在老鼠的行为中，没有任何迹象表明它正在努力寻找巧克力的方位。但老鼠的大脑活动却讲述了一个完全不同的故事——它的大脑几乎快要因超负荷运转而爆炸。

在多次重复相同的行为后，老鼠学会了快速找到巧克力，而且不会在迷宫中走错路了。然而，当研究人员观察老鼠大脑中的活动时，他们看到了一件令人惊奇的事情——它的大脑活动水平奇迹般地下降了，仿佛他的思维静止了，停止了工作。甚至老鼠大脑内与记忆和决策相关的区域也陷入了沉默。老鼠掌握了如何走迷宫,以至于它不再需要思考——它养成了一种新的习惯。

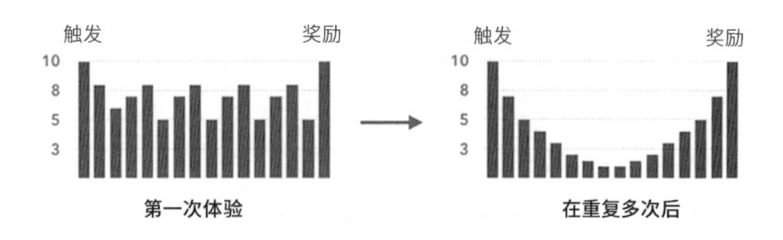

图 9 形成新习惯时的大脑活动
左图:老鼠第一次尝试某一行为时的大脑活动图
右图:经过多次接触和养成习惯后的大脑活动图
(摘自《习惯的力量》)

让我们来看看这两张查尔斯·都希格制作的图表。在左图中,我们看到老鼠有活跃的大脑活动,但在右图中,大脑活动变得沉静,除了记录到的两个"峰值"——只发生在实验开始时和结束时。这两个峰值是理解习惯的关键。实验一开始,我们观察到大脑内的活动急剧增加,这些地方在图表上被标记为触发或信号。还记得屏障打开前,老鼠听到巨响的那一刻吗?那正是大脑活动增加的时候。问题来了,为什么在这个阶段会出现活跃的大脑活动?为什么大脑需要听到巨响才能被唤醒?触发或信号的意义是什么?你还记得前文我们提到的伍德和奎因的研究结果吗?人们45%的日常行为实际上是习惯的、自动的、无法控制的行为。如果是这样的话，头脑需要保持警觉，它必须在进入自动模式之前保持专注，以了解在某一时刻需要应用众多习惯中的哪一个，即在许多"自动"状态中选择哪一个。这就是信号的作用。事实上，这个信号告诉人们需要采取什么行动来赢得奖励。一旦养成了习惯，这个信号就是告知大脑进入自动状态的标志。

让我们回到图9。一旦大脑进入自动状态，我们就会看到大脑活动明显减少。这其实就是习惯的作用，习惯不需要占用大脑的精神资源，并且大脑会试图将一系列动作转化为习惯。正是这一机制让你可以在有条不紊地离开家的同时，考虑下午谁去幼儿园接孩子，或者琢磨在会议展示要用的幻灯片里忘记添加的图表。因此，进化创造的机制是多么复杂和高效——它允许你"自动"做一个动作，同时考虑其他动作。

在图9中，大脑活动的第二个高峰出现在实验的后期，也就是在老鼠得到奖励的时候，即它找到巧克力块的时候。大脑活动增加的原因是，大脑对奖励的高度敏感。奖励对人们来说越重要，为得到它所需要付出的行动就越有可能成为一种习惯。因此，如果你想养成一个新的习惯，你必须注意两件事：第一是奖励要足够重要，足以在你的脑海中留下深刻的印记，让你能心甘情愿反复做同一动作；第二是触发和奖励之间要存在心理联系，比如像在声音和巧克力之间，在刷脸书和你所感受到的快乐与放松之间，或者在酒店的香味和充斥感官的自由感之间。在这个实验中，老鼠将触发动作的声音和巧克力联系起来是非常关键的，只有这样才能形成习惯。奖励越大，形成习惯的概率就越大。奖励越有意义、越令人兴奋，越能带来感官上的刺激，就越有可能铭刻在记忆中，人们就越想要再次执行某一行动以赢得它。这就是为什么触发和奖励之间的结合非常重要。当触发向大脑发出信号时，如果执行该动作就能获得所需的奖励，并且重复该动作的次数越多，形成习惯的机会就越大。每个习惯都存在一个三步循环，即信号、行动和奖励。信号是激励人们出于对奖励的渴望而采取行动的原因，例如来自移动设备的声音提醒（信号）会促使人检查消息（动作），为了避免错失信息（奖励）。随着时间的推移，感觉和动作之间的关联变得越发强烈，神经回路也会变得更强。

哪些大脑区域负责将行为变成习惯

近年来的研究显示，在行为没有成为习惯之前，它会出现在一个被称为初级运动皮层的大脑区域，这个区域实际上支配着人躯体各部分的运动。这些运动包括人们"自愿"发起的动作，例如举手、走路、跑步，甚至咀嚼。有趣的部分来了——当刷牙、开车或播放音乐等行为从最初的自愿行为，变成自动行为时，大脑内部会发生什么？有证据表明，主动发起和无须主动发起的行为是由大脑的不同区域控制的。一旦某一行为成为习惯，对该行为的控制就会转移到大脑中被称为"基底神经节"，更具体地说是名为"纹状体"（Striatum）的区域，它是基底神经节最主要的部分。这些区域对于人的生存至关重要。在倍感压力的时期，高度的压力水平会破坏大脑皮层活动，对行为的控制也会被转移到更为初级的系统，例如控制本能反应的基底神经节。这就是为什么人们在承受压力时，会感觉大脑难以正常运作并难以进行敏捷思考——想必大家都对被称为"断电"（blackout）的现象深有体会，这是一种由于压力而导致的精神停滞状态。在承受压力和焦虑的时候，身体只会将自己限制在重要的行动上，根深蒂固的习惯也属于这一类。想象你正在树林里散步，突然看到一只熊，然后开始惊慌失措地玩命奔跑。在这种情况下，跑步并不被定义为一种自愿或自主的行为，它是出于一种本能，因此受到基础区域的控制。

如果人类一直不得不依靠在压力情况下发挥作用的高级大脑区域，那么能否幸存至今是非常存疑的。因为由大脑皮层等高级大脑区域控制的行为，会消耗大脑大量的精神能量。这里说到的行为是有计划和有意识的行为。相比之下，训练有素的自动动作则以初级区域为主。一旦自愿行动成为一种习惯，控制的源头就会转移到初级地区。麻省理工学院的大脑研究员安·格雷比尔（Ann Graybiel）发现，在老鼠学会在迷宫中寻找巧克力后,纹状体中的脑电波有所减缓。这种放缓表明习惯已经形成,因为该区域的大脑活动已经变得更加高效和协调。(Graybiel& Grafton,2015)

如前文所述,习惯一方面有助于避免代价高昂的精神能量的浪费,另一方面它最大的缺点是不灵活,一旦形成就很难摆脱。停止咬指甲、戒烟、不每隔几分钟就查看一次手机或登录脸书,这些已经成为难以做到的艰巨任务。仅仅意识到这个问题是不够的,因为习惯是一种自动的、无意识的本能或冲动,它已深深地嵌入了大脑。一旦养成了锁门的习惯,人们就不再去想锁门背后的道理,因为这不再是一个决定,而是一种冲动。锁门的行为始于理性思维机制,最初是由大脑的高级部分控制的。但对它的控制权已经转移了低级机制,即不需要思考、理解或意识的原始机制。

综上所述,让我们再来思考我在本章开头提出的观点:一项技术或产品成功与否,无关其质量、技术或设计。现在我们不难发现,技术成功的秘诀在于它能让人们执行一系列习惯性行为的能力,并能使这些行为成为人日常生活中不可或缺的一部分。如果人们将技术融入一系列的心理联想中,就不再需要为行动考虑了。人们不会为在工作中、在喂孩子时,或者与孩子一起在公园里玩耍时查看手机是否有意义而烦恼,即使手机没有收到新消息。"再次检查有什么意义"或"几分钟不看也不是什么大事"这样合乎逻辑的想法，不会出现在人们的脑海中，因为一旦行为成为习惯，人就会停止思考它，只会机械地采取行动。因此，尽管人们喜欢将自己视为是理性控制行为的人，但大约45%的行为和日常决定只不过是习惯——它们只是一种常规的做事方式。这正是程序员、产品经理和设计师努力做的事情——设法让他们的技术或者产品，成为这45%中的一部分。

本章要点

人们的日常行为中有45%是重复性的，不是计划的结果，而是习惯的结果。

习惯是一种无意识的思维模式，在多次重复后出现，不需要意识控制。

大脑努力将每一个重复的动作转化为一种习惯，因为如此可以节省能量，习惯恰恰是"节能"的。

需要控制或发起的行为与习惯之间的差别在于，习惯不需要明确的奖励、理由或目的。习惯不需要做出决定或考虑行为，它的发生类似于一种原始的冲动，因此公司致力于在用户身上培养习惯。

一旦某种行为成为一种习惯，人们就会失去对它的控制。

如果你想要养成一个新的习惯，必须注意两件事：第一是奖励要足够重要，足以在脑海中留下深刻的印记，让你心甘情愿反复做同一动作。第二是触发和奖励之间要存在心理联系。

奖励越有意义，形成习惯的概率就越大。

技术成功的秘诀在于，它让人们执行一系列习惯性行为的能力，并能使这些行为成为日常生活中不可或缺的一部分。人们将技术融入一系列的心理联想中，然后就不再需要为行动考虑了。

人类被称为"理性的造物",但更应该被称为是"习惯的造物"。

——查尔斯·达尔文(Charles Darwin)

第十八章　如何保持习惯

每年犹太新年的前夕，我在脸书上看到的全是朋友们的分享，大家一边祝自己新年快乐，一边公布自己对新的一年的计划和想要做出的改变。我猜你每年也至少有五六次会给自己定一些新的目标，即便没有在社交平台上发表出来。也许你想成为"全新的我"，会吃得更健康，坚持戒烟，每周锻炼三次，每天冥想，而不是每天花两个小时在刷脸书上。

每个人都有一个想改掉的坏习惯，或者一个想使其成为日常生活一部分的行为。一旦做出决定，人就会有动力。比如想象自己利落地梳起头发，轻快奔跑的那一刻，穿着崭新的运动服，听着富有节奏性的音乐。想象自己瘦下来后，打开衣橱，翻出高中以来就没有穿过的黑色连衣裙，顿时就充满了动力。这种动力让你确信这一次你一定能做到，这一次你一定能坚持到底。这一刻你告诉自己，从现在开始，你将保证每天进行重量训练和做几组仰卧起坐，直到腹部出现明显的肌肉线条。

然而，统计数据告诉我们，放弃或坚持不下来的概率明显高于养成新习惯的概率。心理学家约翰·诺可罗斯（John Norcross）和多米尼克·万加雷利（Dominic Vangarelli）花了两年时间追踪研究那些在新年下定决心的人。两年后回访时，81%的被试表示未能坚持他们做出的决定；77%只践行了一周。研究发现，人们回归原有习惯的概率，高于养成新习惯的概率。（Norcross & Vangarelli, 1988）其他研究也表明，习惯养成的失败率约为92%。当人们无法坚持做一件事时，他们会将其归因为性格软弱、缺乏意志力或动力，事实上，为了推动行为的改变，光有对改变的需求是不够的。动力不是一个恒定的变量，动力的增减取决于人的睡眠时间、饥饿程度和负荷程度。当你疲倦、饥饿或与别人吵架时，你的动力会明显下降。动力是一种易损耗的动态资源，因此不能相信它一定能为你带来预期的改变。

研究习惯养成的大师B.J.福格（B. J. Fogg）为包括初创企业在内的商业公司，提供关于如何让产品或服务成为用户习惯的建议。在某次演讲中，他以达娜和希拉（有时候故事的主人公是名为"青蛙"和"猴子"的布娃娃）为例讲述了这么一个例子。达娜和希拉都郑重宣布，下定决心要保持健康的生活方式。达娜表示，从明天开始，她计划每天出去散步30分钟，而希拉更为谨慎——她宣布她打算每天散步十分钟,持续五天。那么,这两者中哪一个人最有可能坚持散步一年?达娜决定每天步行半小时,第一天和第二天都完成了。这么看来,一切的进展都很好。第三天下雨了,她对自己说:"今天就算了吧。"第四天的时候便想:"我昨天已经破例了,那就放弃吧,就这样吧。"事实证明,过于相信动力或意识,只会导致挫败感的产生。决定每天散步半小时的达娜,从一开始就为自己设定了一个需要极大毅力才能完成的目标,当她未能实现目标时,只会感到沮丧和失望,这会助长无力感。而希拉则给自己定了一个比较温和的目标,在第三天下雨的时候她告诉自己:"再坚持两天我就能完成自己设定的挑战了。"所以,从她完成前五天的那一刻起,她就创造了一个"成功的动力"。希拉获得了一种成就感——她实现了自己为自己设定的目标。

根据福格的说法,实施改变的关键是抓住每一个小小的成功时刻,让自己感受一种胜利感。这些时刻是通过将远大的目标分解为逐步可实现的小目标而产生的。请注意,达娜和希拉起初的动力差不多是相同的,动力可以引导人开始做出改变,但不一定能使人坚持下去。达娜和希拉的显著区别在于,希拉刻意为自己创造了一种成就感,以及一个有限的、切实的、可以完成的任务,一个让她可以庆祝达成成就的任务。这种成就感会为下一个五天计划提供动力。习惯的养成始于微小的改变,即设定不那么雄心勃勃,而是切实可行的目标。无论是戒烟、采取健康的生活方式,还是试图说服人们使用某产品,都是如此。从脑科学的角度来看,在刚开始尝试的阶段,神经回路不会发生永久性的变化。在多次重复后,习惯才有可能形成,为此必须将复杂的动作分解成各个可以坚持的简单任务。然而具有讽刺意味的是,为了将习惯融入日常生活,重要的组成部分不是动力,而是每一项行动或任务的复杂性。

在探寻什么能推动人们去行动的过程中,一个极为失败的假设是:只解释正确的方法是什么,并以为只需提供信息就能使人们产生变化。但是,倘若认为人们若对某事深信不疑,或能意识到其中的危险,就会影响自身的行为——这也是没有根据的。我们只能说,需要巩固的动作越简单,人们就越有可能重复它,而且重复该动作的次数越多,形成习惯的机会就越大。

一家健康领域初创公司的创始人告诉我,他的公司已经成功开发出一种技术,可以100%准确地预测一个人在未来几年是否会患上糖尿病。接受诊断的被试会获得一份有关预防措施清单,这些措施都被证明对预防疾病的发展有效,但他们中的大多数人都选择不采取积极的预防措施。同样,许多公司开发了突破性的技术并宣称,"我们开发了一个了不起的产品,只要使用,它就能改变你的生活",但这在宣传上并不奏效。甚至,香烟盒上关于吸烟危害健康的警告不仅没有起到帮助作用,在某些情况下反而促使人们去吸烟。在研究这些警告对青少年的影响时，我们发现它们实际上激发了他们更多地吸烟，因为青少年认为这种危险的行为能使他们在同龄人眼中与众不同。

福格在专为产品设计人员举办的研讨会上强调，让用户具有执行操作的高动力是不够的，操作还要足够简单，让用户能够轻松地达到他们的期望。例如有一个人想要节食，首先他必须为可衡量的行为指定总体目标，类似于每天出去跑步，但这个目标也可能存在问题，需要一步一步来。不管他多么想达到减肥的终极目标，如果设定的任务是每天跑七公里，那么能从始至终坚持完成这个任务的可能性是十分渺茫的。动力可以激发人在第一天去跑步，甚至在第二天也奏效，但如果第三天下雨——人们就会开始后退和犹豫，到第四天会觉得既然昨天都没去跑步了，那现在宁愿待在家里。因此，为了能不断产生成就感，必须将目标划分为可实现的任务，完成这些任务就可以立即获得奖励和动力，所以刚开始跑两公里是更好的方式。

相同的规则同样适用于试图影响他人执行特定的行为。例如，一位试图说服民众投票给他的政治家，他会尽可能抓住每一个机会演讲，向人们解释为什么他是最优秀的候选人。而事实上，好的做法是派一辆公共汽车，把选民集合起来。顺便说一句，这正是帮助"共同名单"[1]在 2020 年选举中赢得大量选

---

[1] 以色列的一个左翼政党联盟。——译者注

票的方式，当时"共同名单"派出大巴前往阿拉伯人集中的地区接送选民前往投票站。同样，当红大卫盾会[1]或国家移植中心发起献血或捐献器官的运动时，宣传的效果却微乎其微；但当红大卫盾会的救护车到达各工作场所时，献血率奇迹般地上升了。同理，英国政府为了让其公民加入养老金计划，便将默认选项设定为"加入计划"，而取消"自动"加入该计划则需要在表格上额外填写某些内容才行。

很明显，最受用户欢迎的技术并不需要用户为获得奖励而执行复杂的操作，只需轻轻点击一个按钮——优兔网上的"播放"按钮上，脸书上的"点赞"按钮和申请添加好友的按钮，以及照片墙上上传照片的按钮——没有比这更简单的了。同样，亚马逊注册为专利的一个成功案例是"一键下单"功能，客户只需一次点击就可以完成购买，因为下单所需的所有详细信息早就经过先前的订单被保存在系统中。有调查结果表明，致使已经进入购物车并打算下单的用户最终放弃支付的首要原因，是填写购买所需的详细信息。这一烦琐过程令用户重新考虑购买这件事，考虑自己是否真的需要该产品，在许多情况下，这些思虑导致客户直接放弃购买。因而创建一键下单技术有效减少了用户支付过程中的犹疑。

---

[1] 以色列全国性的紧急医疗、灾害、救护车和血库服务机构。——译者注

我的一位朋友认为，人们有多需要某项服务并不重要，如果不易获得这项服务，人们大概率也不会费心去订购它。他给我举了一个换灯泡的例子："大约一个半月前，我客厅大灯的灯泡烧坏了，它就这么一直坏着，你觉得我不想让它恢复工作吗？我的仓库里有一包灯泡，但这又有什么用呢。"我问他："要是有这样一种服务，你可以在应用程序中按个按钮，然后就有人来换灯泡呢？"他丝毫没有犹豫地回答："你觉得呢？要是这样的话，我客厅的灯早就亮了。"

在我参加的一次会议上，我从丹·阿里利那里也听到了同样的想法。阿里利谈到如何激励人们采取行动时，提到了"摩擦"和"燃料"两个概念。摩擦表示做某事的难度，这不是指物理上的困难，任何按下按钮以外的操作都被认为是复杂的行为。燃料是执行某项行动的动力，但如你所见，在大多数情况下，光有燃料还不够。阿里利以一家公司为例，该公司负责药品销售，并试图说服患者从使用专利药转向使用仿制药，仿制药虽然不怎么为人所熟知，但其功效被认为是与专利药相同的。公司决定向患者发送一封信，要求他们填写所附的许可，表示他们同意服用仿制药，并回寄这封信，但只有极少数患者将许可寄回。即便购买仿制药能享受各种折扣也无济于事。这是摩擦太大的经典案例。填写许可，将其放入信封并前往邮局，产生了几乎不可能克服的摩擦。所有这些操作都会阻碍人们做出行动，这并不是因为缺乏动力，而是因为他们认为整个任务太过复杂。毕竟，选择"什么都不做"总是比选择执行各项操作更轻松。

后来，阿里利建议该公司给患者发一封信，要求患者回寄一封信，写清楚他们在仿制药和专利药之间的选择，并约定如若不寄回这封信将导致药物被停送。结果是，选择改用仿制药的患者比例从 3% 上升到了 80%。这意味着从一开始患者就有意愿改用仿制药，只是没有采取行动。摩擦会使人们不为所动，从而倾向于默认选项。只有在受到停药的威胁时，患者寄信的动力才会增加。同样，当英国政府决定改变公民加入养老金计划的流程，将"加入计划"所需的步骤从具有摩擦的或复杂的操作（填写表格）更改为默认的不需要任何操作的"行为"后，加入计划的人数的百分比有明显的增加。

优兔网的运作方式也与这相同。观众选择继续观看视频的可能性很大，因为看完一集就会好奇下一集，当下一集自发地在屏幕上播放时，摩擦降低到零甚至小于零，这是因为停止观看反而需要观众进行操作。请试着回忆刚开始使用新服务或新应用程序的过程。许多公司已经意识到，注册的第一大障碍是填写详细信息的过程，因此允许用户通过谷歌或脸书进行注册，由于这减少了摩擦，大大提高了注册率。像这样能成功使用户养成习惯的公司，会将使用其产品的难度降到最低，最大限度也降低摩擦——这会使用户重复操作、返回和使用服务或应用程序，从而快速养成习惯。

本章要点

81%的受访者表示，自己未能坚持两年前做出的决定，最终没能养成新的习惯。

人们倾向于将未能坚持的原因归为缺乏意志力或动力，但动力也不足以带来行为的改变。

习惯的养成始于微小的改变，即设定不那么雄心勃勃，而是切实可行的目标。

从大脑的角度来看，在刚开始尝试的阶段，神经回路不会发生永久性的变化。

在多次重复后，习惯才有可能形成，为此必须将复杂的动作分解成各个可以坚持的简单任务。

在被认为是最受用户欢迎的技术中，不需要用户为获得奖励而执行复杂的操作，只需轻轻点击一个按钮——任何按下按钮以外的操作，都被认为是复杂的。

为了能使用户形成习惯，必须开发一种使用起来简单的技术，将摩擦降至最低。

人类与其他哺乳动物的不同之处在于,我们为自己创造了自然界中不存在的奖励。

——罗伯特·萨波尔斯基

第十九章 没有奖励，没有习惯

正如先前我们所讨论的，习惯是在自动模式下执行的行动计划。习惯不需要伴随有意识的思考，并会在行为重复多次后被养成。一旦建立了新的习惯，它就会自动脱离最初的前因后果。例如，关上大门会自动触发锁门的动作，在特定时间开车会触发按正常上班路线驾驶，早上一喝咖啡就想抽支烟，感到压力时会咬指甲，一种孤独感或增强自我价值的需要引起了开设脸书账户的念头。

在某个时间点，一旦一种行为转变为一种习惯，就不再需要依靠外部奖励来强化这种行为，但要塑造一个新的习惯需要经过三个阶段，即我在前几章中描述过的奖励循环：触发、重复和得到。得到促使人们想要一遍遍地重复该行为的奖励；触发使人们出于对奖励的渴望而采取行动。对人而言，奖励越重要，行为就越有可能更快、更长效地刻入记忆中。为了再次

第十九章 没有奖

体验获得奖励时的感觉或刺激，人们会想再重复一遍流程。因此，奖励对于习惯的养成是极为有意义的，动作重复越多，就能越快成为习惯。

这里出现了一个有趣的"转折"。奖励除了具有功能价值外，它还具有心理价值，在许多情况下，这比功能价值更为重要。在上个世纪，含糖食品的日益泛滥开始伤及美国数百万人的牙齿。当美国政府为第二次世界大战招募士兵时，新兵的牙齿状况非常糟糕，以至于政府官员声称糟糕的口腔卫生会对国家安全构成威胁。当时的民众对牙齿卫生重要性的认知程度很低。刷牙是上流社会的人做的事，事实上当时只有7%的美国人坚持刷牙。整整几个月，牙膏在货架上静静地躺着，无人问津，没有什么能有效说服美国人刷牙。

直到克劳德·C.霍普金斯（Claude C. Hopkins）出现，才出现转机。他是广告行业的先驱者之一，那时的广告业还处于萌芽的阶段。产品营销是一个全新的想法，刚开始被作为一种职业。霍普金斯被要求帮助一位朋友推销一款名为"白速得"（Pepsodent）的新型牙膏。老实说，霍普金斯最开始不愿意接这个活儿，因为他知道美国人对刷牙的态度。许多试图推销牙齿清洁类产品的人最后都破产了，他担心"蹚这趟浑水"可能会损害他的声誉。营销牙膏在当时被认为是一项重大挑战。霍普金斯犹豫了很久是否接受这个任务，但考虑到以公司股份为回报的丰厚奖励，最终使他接受了。他非常相信习惯的力量。他意识到，为了使人们养成这种习惯，他必须建立一个易懂、易解释的触发信号和奖励。只有明确的信号和奖励，才有可能激发人们使用白速得牙膏。

在一项初步的研究中，他翻阅了牙科领域的书籍，发现"牙菌斑"是一层薄薄的细菌，几个小时不喝不吃后就会在牙齿表面积累起来。重要的是，它不是有害的细菌层。要不是霍普金斯，人们或许还能和它和平相处很长一段时间，而且无论如何也不需要牙膏来去除这层生物膜，通过用手指来回刷或者吃苹果都可以完成这一目标。但霍普金斯需要触发刷牙的动作。他选择的触发信号很简单："移动你的舌头，感受牙齿上的薄膜。"人们得到的奖励是露出干净洁白的牙齿的微笑。他制作了一系列广告，鼓励人们将舌头移到牙齿上并感受牙菌斑的存在。

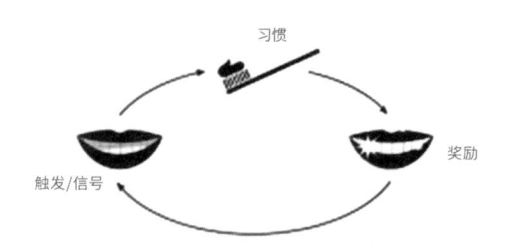

图 10　霍普金斯的白速得牙膏的习惯循环概念图

图 11　霍普金斯的标语出现在所有广告中：
"把舌头放在牙齿上"或"确保你的牙齿通过了'舌头的测试'"

这个故事强调了意识的巨大力量。一旦人们相信某物或某事存在，就能感受到它。当你告诉某个人他周围有个人身上有虱子时，也会发生类似的现象——他会立即开始挠头。霍普金斯成功地说服人们相信，他们的牙上有牙菌斑膜，它对他们是有害的，他们必须摆脱掉这层膜。很快，整个城市都遍布了他的广告，呼吁人们将舌头移到牙齿上，感受这层薄膜——"这就是你的牙齿变黄的原因！""为什么这世上有人要忍受牙齿上有一层脏东西？白速得会帮您去除它。"

至于奖励，霍普金斯原本设想的是漂亮的笑容和一口洁白的牙齿，但在这里他遇到了问题。为了让牙齿变得洁白，必须长时间使用牙膏（还不能确保会变白），不仅如此——白速得在这方面并不是唯一的产品，因为所有的牙膏广告都保证其产品有美白牙齿的功效。霍普金斯不得不考虑换另一种奖励，一种可以为消费者带来即刻价值的奖励，它来自一个意想不到的地方。牙膏的制造商决定在牙膏中添加柠檬酸，柠檬酸实际上是一种防腐剂。他们之所以添加这种物质，是因为当时人们不喜欢刷牙，而加了防腐剂之后，牙膏在商店货架上长时间摆放也不会变黏。柠檬酸除了是一种防腐剂外，还会使舌头和牙龈感到轻微的刺激。除了柠檬酸，霍普金斯还试图在牙膏中添加薄荷等精油，这样在刷牙时就会有一种清新的感觉。柠檬酸加薄荷，再综合牙膏中的其他成分，共同创造出了一种真实的、体验感好的、有形的奖励，也就是今天人们所熟知的那种清爽感。一旦人们试过后，就会渴望再次体验这种感觉。人们说，没有这种刺激感就会感觉嘴巴不干净，口腔中的刺激感使人们觉得白速得确实有清洁的功效。

准确来说，这一举措根本不是营销举措，却取得了巨大的成功。白速得以一己之力让整个国家的人开始刷牙。请注意以下令人印象深刻的数字：在该广告投放之前，美国只有 7% 的人刷牙。几年后，已经有 65% 的美国人定期刷牙。霍普金斯——后来的世界著名营销大师——成功把刷牙这一曾经仅属于上层阶级 7% 的人口的行为，纳入了人们的日常，使其成为大多数人的常规行为。今天，所有牙膏都含有引起口腔刺激和带来清新感的物质。但请注意，这些成分与牙齿清洁无关，它们只是让消费者倾向于认为牙膏确有其效。

一个相反的例子是这样的，出于可持续发展的考虑，一家主流的化妆品制造商去除了其洗发产品中的起泡成分，因为一方面这些物质会损害环境，另一方面它们没有功能价值，它们实际上无助于清洁头发或使头发柔顺。发泡剂的功能是给消费者一种产品正在起效的感觉。制造商认为，他们可以通过市场教育来解决问题，而说服消费者只需要去解释，不需要起泡成分来洁净头发，同时这样做还可以减少环境污染。制剂成分变化的结果很快就出现了，很大比例的消费者停止购买新款洗发水，因为他们觉得它洗不干净头发。试图说服他们泡沫没有真正的清洁效果是无济于事的。事实证明，发泡剂的效果在洗护中也是一项重要的奖励——它让消费者觉得产品正在发挥作用。

卫生领域中另一个关于奖励的心理价值的例子是李施德林

漱口水。它最早是作为麻醉剂开发的，后来也用作一般的清洁液销售，在 20 世纪 20 年代它被认为可以解决口臭问题。在那之前，口臭不被认为是一个需要治疗的问题，而且由于缺乏对该问题的认知，消费者往往并不知道自己患有口臭。为了让消费者认识到自己有问题，它的营销方案创造了一个新的医学概念。由此，"口臭"的概念被带入这个世界，并且它被描绘成了一个需要解决的严重问题。于是，你会看到在营销活动中加入了许多诸如"你的孩子不愿靠近你吗？"之类的具有威慑性的言语，还诸如"总是伴娘，但从未是新娘"，或者"他们在背后议论你"等话语。事实证明，这些活动获得了巨大的成功，李施德林漱口水的销售额在七年内增长了近 4000%。（Chwe, 2015）这个例子与牙膏制造商类似：创造一个触发信号（难闻的气味），承诺奖励（清新的口气），并通过建立一种新的习惯来将它们联系起来，即用漱口水漱口。七年内，公司的利润从 11.5 万美元增长到超过 800 万美元。

应用程序的设计也是如此，因此用户容易对它们产生情感上的依赖。当一个人收到一条脸书消息，称脸书有更新，于是他就登录查看有什么新内容，发现有 60 人喜欢他发布的帖子。这让他自我感觉良好，感觉似乎得到了一种社会认可。如果重复这个动作，并且伴随着动作会产生良好的感觉，那么在使用脸书和社会认可、社会接受度、归属感以及良好的体验感之间，就会产生一种心理联系，这将导致每次他想要寻找到这种良好的自我感觉时，都会打开应用程序。在情绪和应用程序的这种关联下，用户不再需要清晰的提示来被激励去使用程序。内心的感觉会成为行动的动力，比如对社会认可的需要、对归属感的需要等。人们在收到移动设备消息时所感受到的满足感，证明了人类能够从虚拟的刺激中体验到兴奋。

奖赏对人类的心理意义

本章所有例子的共同点，都是表现奖励对人类的心理意义。如果我们想给动物灌输一种新的习惯，奖励必须是有形的且具有明确的价值。让我们回到老鼠在迷宫中寻找出路的例子，它的奖励是巧克力，巧克力的价值是显而易见的——它属于一级强化物，能带来愉悦感。而对于人类，并非一定要如此。漱口水的刺激感，牙膏给舌头和牙龈带来的轻微刺痛，头发上洗发水的泡沫感，这些都没有明确的价值。它们与人们的感受、信念和建立的心理联系有关，而不是与物品本身有关。最重要的是，漱口水并不能防治口臭，发泡剂不会让头发更加干净，并且使用牙膏也不会让牙齿更健康（毕竟，牙医一有机会就解释说仅用牙刷刷牙就够了）——这些奖励只展现了消费者对信念的依赖。奖励使消费者相信产品正在发挥作用。这是有关人们发达的心理世界的一个很好的例子，其中主要的参与者是感觉和信念。对人们而言，精神世界比物质世界更加重要。特定产品的功能，与人们对它的感受和情感无关。我们知道，没有人会因为功能而购买保时捷或别克汽车，而路易威登的包不会比人们在百货商店花几百元买到的包质量更好。产品的心理价值与其市场价值往往不符。

为了更加清晰地说明这种荒谬，请想象一位果园主采摘了两个差不多大小的橙子，他告诉人们其中一个被施了魔法，因此它的价格比另一个橙子高十倍。故事越精彩，产品的要价就可以越高。产品的真实价值与人们愿意为它支付的价格之间的差异，取决于故事的质量，但人们并不能说服世界上任何一只动物，去相信一个橙子比另一个橙子更好。赋予相同产品不同价值的能力，来源于人类发达的心理世界。

行为科学家罗伯特·萨波尔斯基在他的著作《行为：人类耻辱与荣耀背后的生物学》(*Behave: The Biology of Humans at Our Best and Worst*，尚未引进中文简体版）中写道，"人类与其他哺乳动物之间的不同之处在于，我们为自己创造了自然界中不存在的奖励"。例如，在古时候的狩猎时代，得到一个蜂巢是一项巨大的奖励，而今天在西方社会，没有人会因得到蜂蜜而感动不已。每家高档的餐厅都能提供精致的菜肴，和过去的茹毛饮血有天差地别。当人们想到"配有新鲜的西葫芦和马苏里拉芝士的酢浆草沙拉"时，脑海里会出现什么？在大多数情况下，可能想到的是西葫芦的爽脆和奶酪的柔软与沙拉的酸味相结合，能制作一道精美的菜肴。真正的奖励不再是食物本身，而是围绕它的整个呈现过程。相比之下，简单如田园蔬菜沙拉这样的奖励，很难使人兴奋不已。非自然的高强度奖励的问题在于，它们会导致人们快速形成习惯——人们很快就会忘记它们，然后继续寻找下一项刺激、下一个餐厅、下一部移动设备。人为刺激更严重的问题是，很快人们将不再能从秋天飘然而下的落叶或婴儿的微笑中获得美好的体验。因为大脑中的奖励区已经设置了更高的刺激阈值，并且其中大多数刺激源不再存在于现实世界。

扩展思维

未来机器人将成为人类最好的朋友

人脑天生倾向于简单而非复杂的事物。与计算机的交互就恰好符合这一趋势。数字交流只需要最少的社交信号，其中大部分内容可以通过表情符号（emoticons）或标点符号表达，这些是面对面互动中所难以言表的情感。

这种交流不需要大脑做出认知方面的努力，例如面对面交流时，人们就需要分析面前人的面部表情、声音和手势。尽管这是人类互动的基础，但是与聊天机器人聊天不需要思想情感的参与，也无须让大脑去破解非言语的信号。从这个意义上说，沟通因此变得更容易、更方便。这与人的认知懒惰倾向以及对简单性的偏好密切相关。与聊天机器人的对话，引导人们构建新的心理模型，让人们了解什么是"不走心的"体验。这是一种不同于人类社会互动的意识状态。

与他人的互动是由共同进行一项活动的愿望所驱动的，而与机器人的交流则完全不同。人们的快乐来源于精神状态的变化，是一种与眼前环境的脱离：一个人可以实现他所有的愿望，从最基本的需求到情感上的需求，不需要即刻支付，不需要投资，也不需要表现得友善，无须微笑，无须做到体贴。诚然，这听起来很方便，但是当人们开始沉迷于这种"不走心"的交流，并逐渐对这种简单方便的交流方式产生偏好时，问题就来了。这可能导致另一个问题：聊天机器人给人一种"亲密无间"的错觉，但实际上这无法构成一种人际关系。

与聊天机器人的交流是出于一种隐蔽的欲望，并不是人们所能感知到的。这些需求的来源是大脑内的原始区域，例如涉及情绪和动机的边缘系统。研究发现，用户期望一种显而易见的不对等关系，在这种关系中他们处于主导地位。研究人员表明，当机器人以与此权力关系相矛盾的方式做出反应时，被试会立即终止互动，或对机器人进行言语攻击。在与机器人的交流中，人们会下意识地期望优于对方——想要掌控节奏并引导对话。这种虚拟的支配地位使他们自我感觉更好，感觉生活尽在掌控之中。换句话说，为了提升自我价值，人们至少需要一种权力存在差异的关系。还有谁比机器人更适合用来构建这种关系吗？

当机器人被用来满足对社会共同感的需要时，人们能从机器人身上体验到人为的同理心，就好像它们是真实的一样。与性格上自我中心或孤僻的人类不同，机器人具有完全的忠诚度，并且是无私的。他们将永远陪伴在我们身边。

机器人集智能、信任感和人工同理心于一身，很容易诱惑人们。危险在于，与机器人的交互可能会导致某些人更喜欢与人工智能为伍，而不是与真人（类似于电影《她》中的情景）。

机器人在数字世界中为人们提供了很多帮助，并且可以根据人的不同需求进行定制服务。但是，保持界限是很重要的，尤其是在考虑下一代时。习惯面向能提供即时满足感的数字世界的幼儿，可能难以应对与朋友的分歧，随着年龄的增长，技术将无法帮助他们习得必要的社交技能：具有共情的能力，体悟对他人的真诚。

本章要点

习惯是在自动模式下执行的行动计划，不需要伴随有意识的思考。一旦建立了新的习惯，它就会自动脱离当时的前因后果。

要塑造一个新的习惯，需要经过三个阶段，即奖励循环：触发，重复和得到。

奖励除了具有功能价值之外，在许多情况下它还具有比功能价值更重要的心理价值。

对于动物而言，奖励必须是有形的且具有明确的价值，而之于人类，最有效的奖励与感觉、信念和心理世界有关。

根据广告来放松、娱乐、行动和消费，爱或恨别人所爱或恨的东西，是最流行的需求。它们具有一种社会的内容和功能，被个人控制不了的外部力量所决定。

——赫伯特·马尔库塞（Herbet Marcuse）

第二十章　网络生活

技术的飞速进步创造了一个现实，在这个现实中，指导人类社会行为的道德框架未能跟上技术更新的步伐。道德框架构建滞后，取而代之的是一种价值体系，该体系优先考虑人至今仍设法压制的动机、冲动和激情。不经意间发生在人们身上的最重要的变化之一就是，人们已经沉迷于被量化的自我价值。

古往今来，人类曾以多种方式向世界传达他们的社会地位，但从未有另一种类似于"点赞"按钮的有效方式可以让人们量化自己在所有人眼中的价值。量化具有深远的社会意义。它会自动转化为人在社会中的接受度和受喜爱度。根据社会学家让·鲍德里亚（Jean Baudrillard）的说法，真实与虚构之间的模糊创造了一种超现实。也就是说，人们认为自己生活在现实世界中，而实际上人都生活在媒体所叙述的、对现实的模拟世界中。（Baudrillard，1994）理想的外表、理想的性生活、理想的职业技能——所有这些都是超现实的，在所有可能的交流方式中被复制并替代，人们下意识地将它们内化，直至认为这就是自己真实的本性。

人们不再有办法区分真实的本我和被要求成为的自我。社会评价系统触及了人最深切的恐惧和最基本的渴望，即归属于社会和被环境所接受，这就是为什么这么多人相当依赖量化自我价值。这些评级产生了一个完全依赖社交媒体的世界，一个对接受度进行持续测试的世界。人们如此依赖的技术将人类最黑暗的元素带入生活，并让它们反作用于人类自己身上。崇尚名利、张扬、注重外在、量化自我价值、不断与他人比较、给别人贴标签而不自知，这一切都成了文化中随处可见的元素，如果现在还犹豫不决，不把它放在心上，人类可能会走上一条不归路。

分享中的奖励

2013年夏天，最受尊敬的美国艺术家之一的詹姆斯·特瑞尔（James Turrell）在曼哈顿古根海姆现代艺术博物馆展出他的作品时，提了一个要求：禁止在展品附近使用手机。他形容他的工作是"不可重现的"。任何对展品的拍摄，都会严重影响那些不能在现场感受艺术的人的体验。此外，特瑞尔也是希望避免让手机的闪光灯破坏游客的沉浸式体验。博物馆里张贴了告示，警告参观者不要拍摄展览中的展品，但指令显然没有奏效——参观者违反了规定，特瑞尔的展品很快成为博物馆历史上被分享最多的展品。超过5000张照片被非法上传到照片墙。

如果说，过去人们所说的体验，其重要部分是指参观博物馆、浏览各种展品、体验和欣赏艺术，那么今天所说的体验，重要的部分是与他人分享。技术为人们重新定义了体验所带来的享受。尽管，即使是在科技时代，人们还在继续参观世界各地的博物馆和展览，但体验的主要方面并不一定来自亲眼看见，甚至也不是来自拍摄展品或照片，而是来自与其他人分享体验。

网络的使用范围很广，不同类型的参与者位于两个极端——被动和主动。被动型用户指那些不评论、发帖或点赞，只是浏览内容的用户，他们很少透露有关自己的详细信息，并且通常感觉不到他们的存在。他们中的一些人也不上传他们自己的照片，而是上传卡通人物或其他照片。与之截然相反的是主动型用户，他们是网络上的活跃者。他们不厌其烦地更新自己个人资料的图片，向每个人表达自己的想法、告知自己去了哪里、有何感受，并且主要是为了分享而生活。在极端情况下，他们甚至会根据他们将上传到网络的"快拍"来计划他们的日程。23岁的伊丹告诉我："早上起床后，我会计划好今天我要拍什么。如果我今天进行重量训练，我会穿白色背心，因为背景是黑色的。去餐厅吃饭，我的家人都知道，在我上传这道菜的照片之前不要开动。我喜欢去思考这些事情，这使我充满了专注感。"

分享这一行为本身就是令人愉悦的，因为人天生需要让其他人知道自己的想法以及对一切的感受，包括对气候危机的看法、对上一本阅读的书的喜爱程度，以及昨天进行了怎样高强度的锻炼。哈佛大学的一项研究发现，人际对话中有30%—40%在分享个人信息，尤其是分享负面情绪（例如孩子早上惹我生气，老板让我心烦，我必须在诊所排队等一小时等）。（Tamir & Mitchell, 2012）分享个人信息本身就是一种发泄的方式，可以带来精神上的解脱，哪怕人们没有得到问题的解决方案，这种方式也被认为是有效的和有助于放松的。这可能听起来令人惊讶，毕竟这与普遍的看法相反，人们与他人分享信息的目的，不是听取意见或获得别人的建议，求助只是人们通常给分享找的理由。分享的真正原因是对自我的集中——希望得到别人的关注和关心。

有一项研究调查了人们在对话时对倾听者反应的满意度，结果显示，比起倾听者口头做出回应，人们更满意于倾听者点头而不作回答。与他人分享想法和感受，会唤醒大脑内与奖励相关的区域。有趣的是，人们不仅和与自己亲近或信任的人共享个人信息，而且（几乎）愿意与任何有倾听欲望的人分享。

此外，有许多人更愿意与他们初识的人分享自己的故事，这种现象被称为"火车上的陌生人"，因此人们在社交网络上的分享变得越来越多。社交网络上不仅仅有一个陌生人或萍水相逢的人，而是有成千上万的陌生人。当分享者拥有大量关注者时，分享的奖励会显著增加。他不仅不用倾听对方说话就能受到关注，而且他能同时受到很多人的关注，这大大提升了愉悦感，并且能让人有一种自己很重要的感觉。这种关注是令人上瘾的，特别是对于那些需要他人的爱，并从关注中汲取存在感的人。反馈和即时的回应，比如评论、点赞，提供了一种可持续的感觉，使人们上瘾，不禁让人联想到游戏瘾甚至毒瘾。这也是人们每天多次上传照片和快拍的原因，几乎就像吸食海洛因的瘾君子一样。上传者认为，分享能让他们觉得自己的个人生活很重要且很有趣。事实上，网络已经创建了一个对用户的分享行为提供奖励的平台，激励用户抓住每一个机会去分享。

我在讲座中谈及这一情况时，通常会展示一个视频，以表明人们对触发行为的动机缺乏认识。这个视频取自一部少儿频道的电视剧。在视频中，一名离异的中年男子请一名15岁的男孩教他如何使用照片墙，他说这是"女性们一直在谈论"的一款应用。男孩从他手中接过手机，打开应用程序并教他如何上传照片，于是有了以下对话。

"好的，但我为什么要那样做？"大人问他。

"做什么？"男孩问。

"我为什么要上传图片？"大人继续问。

"为了让你能得到点赞！"男孩毫不犹豫地回答。

"然后呢？"大人问。

房间里一片寂静。摄像机聚焦在男孩的脸上，他努力思索这种痴迷于不停分享和上传照片的行为背后的意义。你可以从他的脸上看出，他正在试图分析这种行为，这种行为已经融入了世界上如此多人的生活，而通常没有人试图停下来，探寻这种痴迷的根源。尽管这是电视剧里的片段，但这些沉默的时刻却蕴含着深刻的意义。

摄像机聚焦在孩子脸上的特写镜头，同样意在让观众深入思考自己的行为。为什么人们如此痴迷于点赞，为什么人们渴望吸引虚拟世界里的观众的注意力，以及人们在大多数未曾谋面的人面前自我暴露以获得巨大的满足感，这背后是什么动机？动机在于社交网络提供的社会认可，它满足了人们生活在社会群体中时对归属感和认可度的需要。

数字角色的绽放

一个学生曾在下课后走到我面前问我，我是否能对以下故事作出解释：他自习时，有一个温和内向的女同学常坐在他旁边，但很少说话，对他提出的任何问题的回答都很简洁，似乎害怕开口交流。但她身上的某些特质让他很好奇，所以他搜索了她的脸书。她主页展示的内容让他十分震惊。他开始浏览她的动态，发现她不仅大约每小时发一次帖子，而且文笔诙谐而直率，透露一些自己的私事，甚至一些言语还十分具有挑衅的意味，"就好像是两个完全不同的女生一样"。

事实上，当人们独自面对屏幕时，会允许自己展现完全不同的面貌。屏幕吸引人们去表达每个人身上所有隐藏的那部分。人们在网上倾诉时，会表现他们不会在与人面对面交流时说出的话和做出的事情。一些情绪或想法在网络中被赋予表达，是由于网络世界允许匿名。互联网被认为是一种安全的通信方式，因此人们更容易大胆透露个人信息，并允许自己展现真实的自我。由于多种因素，人们发现难以在物理环境中流露真情，比如有时需要去满足他人的期望，或者摆脱不了"角色扮演"的包袱等。从个体角度来看，隐藏于屏幕背后这一事实，让人们敢于展露更多个人的和私密的内容，这些内容在没有屏幕这层隔断时不一定会被上传。许多人在不经筛选和过滤的情况下，达到了自我暴露的程度，这是他们在物理环境中从未做过的事。许多上网者甚至承认自己的罪过和背叛，会透露他们从未与任何人分享过的私密细节。

在屏幕前，对自我的保护消失了。原先，自我保护意识会使人无法告诉他人自己的真实想法，或者阻止自己按照自己的意愿去表达——这种现象被称为"去抑制效应"。旁观者可能会认为，一个人在线上和线下表现得像两个完全不同的人。去抑制效应有助于"数字自我"或"数字角色"的发展。它指的是用户在网络中的自我的"化身"。数字角色由用户自己管理，但是作为一个单独的实体存在。网络是印象管理的理想媒介——一个人可以试图通过网络影响他人对自己的看法。在这个过程中，人们试图控制和引导自己想要提供给他人的信息，例如，说一些对自己有正面影响的话，并避免发表可能导致负面印象的言论。面对面互动没有时间让人们去思考和控制对方对自己的印象，而数字世界则对完全的控制给予了可能。事实上，网络平台让用户对其产生依赖的最有效方法之一，是允许用户管理他们向世界展现自己的方式。社交网络允许用户展示自己的受教育程度、专业背景、兴趣、朋友数量、个人照片、照片文案、使用的信息，并通过这些来达到对印象的全面管理。这与面对面的互动形成了鲜明对比，在线下互动中，思考和控制对方对自己的印象的能力非常有限。想想看，你有多少次偶遇一些人，等到见面过后，你开始后悔刚刚没有以某种方式做出反应，或者觉得自己没有展现出最好的一面。

重塑一个更积极的自己

如前文所述，社交网络在人们的生活中占据如此重要地位的主要原因之一是，它允许人们按照自己的意愿向世界展示自己。诚然，数字角色会影响人们如何被周遭环境所感知，但更重要的是——它会影响人感知自己的方式。用户为在网络上的印象管理投入了大量的时间和精力，因为他们潜意识里正在重塑一个更积极的自己。通过这种方式，他们为自己设计了一个新的身份，其中大部分都是不真实的。这种身份是理想的自我，是他们想要成为的最佳角色，与平台的性质相一致。用户会自发适应每个平台的模式和其独特的语言，因为每个平台都具有不同的功能，满足人们不同的需求。在这个过程中，每个平台都有自身独有的、不同于其他平台的规范和行为准则。例如，在领英——一个建立和维护业务关系的平台上，用户非常重视职位（title）的名称，这实际上定义了人与人之间沟通的初始起点。自求职网站走红以来，分享个人账号中的就业状况、职位、职称也成为职场人晋升的动力之一。职场人表示，他们在获得职位晋升后要做的第一件事就是更改领英上的"头衔"。

领英上的个人资料图片也更加精致，该平台上的行为性质与脸书也完全不同。在脸书上，数字角色的作用是向环境展现用户有多社交、有多被喜爱、有多少朋友以及在何处消遣。在照片墙、拼趣和色拉布[1]（Snapchat）等平台上，人们的注意力集中在外观上。这些应用程序允许用户发布自己的照片，并允许其他人进行评判和评论，从而决定哪些帖子获得高分。但绝不会有人在领英上分享孩子第一次站起来时的心情，或者秀出晚上要参与的社交活动的邀请函。被判定为与平台无关的帖子不会收到评论。

我们再一次看到了一个学习的过程，那些得到了转发或点赞的帖子获得了强化，得以被保留，而不相关的帖子则无法收到积极的反馈，注定要消失。如果网络中的数字生活从人们离开网络的那一刻就结束了，像"发生在拉斯维加斯的事就让它停留在拉斯维加斯"这般，那么网络中发生的将只留存于网络中，人们便如同将数字视为一种娱乐手段。就像看电影或玩战争类游戏，不管闯关失败还是赢得最终的胜利，得到消极还是积极的感觉，最终还是会迅速进入现实生活，而不会从游戏的结果（输赢）中评价人的生命价值。但在网络上并非如此。根本的问题是，数字生活和现实生活之间没有明确的界限。网络上发生的所有事情，都会流入生活，并影响用户的自我价值，并且在不少的情况下会导致精神障碍和产生负面的自我形象认知。如前文所述，点赞的价值直接转化为用户的社交价值。

---

1 一个分享照片的应用程序，允许使用增强现实技术中的滤镜设计面部外观。

数字生活渗透现实生活

在数字形象形成的早期阶段,数字自我与真实自我之间还存在分隔。用户从侧面观察自己在数字世界中的形象,就像婴儿最初从镜子中观察自己在镜面中的反射一样,精神分析学家雅克·拉康将这个阶段称为"镜像阶段"。(Lacan,1949)该阶段是婴儿发育的一个重要阶段,在这个阶段他经历了一个清醒的过程。婴儿开始明白他有能力以不同的方式向世界展示自己。他可以对镜子微笑,做出愤怒、悲伤、快乐的表情,不管他内心的真实感受如何。他明白,可以在外表上对自己进行伪装,制造出虚假的自我形象。在网络中,这种伪造的过程愈演愈烈。

回忆你上次访问脸书或照片墙,你看到的更多的是什么——是人们在旅行和在社交活动中微笑的照片,还是令人心碎的故事?社交媒体上的绝大多数帖子,都描绘了一幅美好的现实画面。沮丧或失望主要表现在与外界人士的接触中,比如政客或商人,或人们受到的糟糕服务。而当谈及个人时,几乎一切总是美好的,当然也是上镜的。居伊·德波在描述景观文化时写道:"景观是一种确定的意识形态,因为它充分揭示和展现了每一种意识形态方法的本质:现实生活的耗竭、奴役和否定。"(Debord,2001)其中一个悲剧性的例子关于身为母亲的莎朗·席琳（Sharon Celine），她经常与她住在大学宿舍的女儿通信。一天下午，两人正在"闲聊"，当妈妈问女儿生活怎么样时，女儿给予了肯定的回答，还发了笑脸和爱心。几个小时后，女儿企图自杀。抑郁的迹象是存在的，但只能在面对面的互动中，通过解读非言语信息来获取——网络中完全做不到这一点。网络中的幸福、快乐或兴奋，很有可能是歪曲的。

新的剧场

人们在网络中的表现和行为也可以被看作在玩游戏。精神分析学家唐纳德·威尼科特（Donald Winnicott）认为游戏是所有人类发展的特征。停留在一个不完全是想象，也不完全是现实的中间空间中的能力，是孩子表达和自我发展的生存需要。所有"过家家"游戏都是为了满足这种需求而设计的，它们构成了自我发展的重要部分。这种游戏允许孩子们表达恐惧、幻想、梦想、愿望和焦虑，它们是心灵的出口，帮助释放情感需求。人们在社交媒体上的表现，也像是这种在现实与想象之间进行的游戏。在成年人的生活中，即使仍然存在需要，玩游戏的机会也减少了。社交网络为这些隐藏在头脑中的需求，提供了一个出口和表达方式。用户可以自拟身份，或跳脱出原本的身份，表达出攻击性和侵略性，进而选择好的游戏竞技场，去获得认同、强化和社会认可。游戏空间的特征，还体现在社交网络产生的泡沫效应上。在网络中,人们设计环境就像设计游戏场地一样,可以主动与不想听到他们意见的人断开联系,并创造了一个有助于自我肯定、加强和支持的友好环境。

网络使我们幻想成真

如前一章所述,互联网是一个让所有对本我的保护都变得脆弱的地方。本我象征着人类无意识的激情、幻想和隐藏的欲望源泉。在物理世界中,自我是站在门口的守护者,确保本我的这些本能不会被表现出来。但是在互联网上,由于人们身处于屏幕背后,所有的防御都被削弱了。人们在网上说着、做着他们不会在线下说或做的事情,即"去抑制效应"。因此,一方面人们很容易伪造感觉、情绪和赞美,另一方面人们可以自由支配思想。人们隐藏在现实世界中的、自我控制下的激情,会逃窜到网络世界中,因为在那里可以随心表达自己的幻想和欲望。

尽管弗洛伊德早在推特、脸书或照片墙创立之前就去世了,但据他的观点推测,他或许会将网络空间视为人们精神状态的延伸,一个无意识冲动突然获得"合法出口"的地方。这些冲动会通过人们选择的交流形式、展示身份的方式以及分享想法和感受的方式得到表达。这种发泄实际上是升华的过程,将冲动引向"社会可接受的"活动,如体育或艺术。一些升华过程是有意识的。例如有时你气愤不已，在心里希望某个人倒霉，但在现实中，你还是会谈吐得体。相比之下，许多升华过程是无意识的，例如通过绘画、游戏或跳舞来表达性欲和攻击性。

在数字时代，这些无意识的需求被展现在网络中。用户可以容忍自己发布的内容有引人不适的风险，如果放在现实中，可能也只有在海滩，人们的开放程度才能如此。如果你去翻阅一下社交平台的动态流，可能会看到泳装照、母乳喂养孩子的照片（过去允许发布，现在脸书禁止了）、裸露的腹部、表达性欲的姿势，等等。大多数发布这些照片的人，不敢在海滩以外的地方这样穿衣和行动，但在网络中，由于人们和对方之间的交流不是直接的，而是通过屏幕进行的，因此面具被摘掉了。屏幕所形成的隔阂，有助于去除抑制，放飞自我。自我的职责是克制本我的冲动，这道约束在数字世界中被放宽了，因此人们敢于表达冲动和幻想。在这样做的过程中，网络满足了表达性欲和攻击性的需要，因为在网络中，这被视为是社会可以接受的方式。例如，与目前公认的女性不希望被物化和成为与性相关的指向对象相反，一些女性上传到社交网络的内容让观者觉得，她们在内心深处想要被注视，想要看起来性感和有吸引力，更重要的是，想要成为男人性幻想的对象。

网络允许这种冲动以合法的方式被释放，就像它允许将暴力的口头表达作为合法表现冲动和攻击性的方式一样。事实上，网络将日常生活中没有被表达的各种冲动反映了出来，反映了人们隐藏最深的冲动——攻击性、性欲甚至是对恋爱的需求。在恋爱关系中缺乏安全感的人会上传自己的情侣照，以证明他们的恋爱关系仍在进行中。他们试图通过营造一种引人羡慕的关系氛围，来弥补恋爱中的不安全感——这是一种无意识的尝试，意图是让自己和周围的人相信，自己处于一段和谐美好的关系中。因此，人们容易对社交网络产生高度的心理依赖，事实上是因为网络可以为人的无意识冲动提供一个出口，从而实现长期以来被藏匿和压抑的幻想。

扩展思维一

为什么悲伤很重要

西方文化的宗旨是幸福、积极思考和享受当下。这样的理念通过歌曲、宣传和商业广告被广而告之。有关于"如何找到幸福"的书籍已经出版了有成百上千本。近年来，诸多专家涉足的、有关于自我帮助的整个行业都在声称，人们在不断寻找梦寐以求的幸福，这是该行业存在的由来。即使是在学术界，对幸福的研究也成为最热门的研究领域之一。尽管对于幸福的倡导普遍存在，但西方社会中几代人的生活满意度并没有得到提高。自 20 世纪 90 年代以来，对抗抑郁药的需求增长了

50%，近年来此类药品已成为西方社会最常见的处方药之一。尽管像悲伤和懊悔这样的负面情绪，是人生体验中不可或缺的重要组成部分，但今天人们生活在一个这些感受不被坦然接受的时代，不是鼓励将悲伤视为情绪表达的一部分，而是只能在焦虑中接受它们。

我不止一次碰到这样一个场景，一个蹒跚学步的孩子哭着表达抗议或沮丧，他的母亲没有帮助他消化这种情绪和感受，而是歇斯底里地乞求："别哭，妈妈的小可爱。"她边说边从袋子里拿出五种不同口味和颜色的零食，直到找到一种成功地让儿子擦干眼泪停止哭泣。悲伤是人类情绪集合中的一种，它之所以产生，是因为它在人类生存中起着至关重要的作用。每每孩子产生悲伤的情绪时，人们都会试图去分散孩子的注意力，但这样做剥夺了他们了解自己的机会，导致他们无法了解感到悲伤的原因，也失去了从经历中学习并获得处理类似情况的能力的机会。

今天的生活环境中存在的这种提倡"快乐地坚持下去"的理念，实则带给人很大压力，会产生飞镖效应。2017年发表的一项研究发现，从长远来看，不断鼓励人们感受积极情绪，反而会导致消极情绪的增加。对积极情绪的高估会在无意中产生压力，导致悲伤感伴随着疑惑——为什么人们没有感受到"应有"的快乐？这种压力助长了负面情绪，从长远来看，可能会导致抑郁。但就像所有其他情感一样，悲伤的存在也有进化意义上的目的。一个有趣的悖论是，最实用的情绪也是最痛苦的。大脑天生就会在意并记住导致负面情绪的情况，因为人们从中可以学到的，比任何在正面情绪中能学到的东西都要多。悲伤是对人们失去所爱的事物或人的反应，以及未能实现特定目标后的反应。它使人们能够从内部了解自己，并得到经验教训。

情绪影响了人们处理信息的方式。展现积极情绪表明人们面对的是安心和熟悉的情况，在这种状态下人们对注意力和对细节的关注需求较少，更容易关注外部环境。然而，悲伤会导致对内心的专注，此时人们对细节的记忆更详细，对情况的判断和分析更准确。就仿佛是，悲伤告诉你——到目前为止，你的注意力还不够集中，事情就这么发生了，所以现在你需要专注于小的细节。悲伤提升了注意力，使人们能够分析导致这些感觉的情况。悲伤以独特的面部表情为特征，并且人处于悲伤的状态时会产生独特的身体反应，这将其与其他情绪区分开来。它不像愤怒那样能为身体提供能量以应对威胁，反而是从人的身上汲取能量。人们的活跃水平降低了，身体也变迟钝了。身体的变化与情绪的起伏同步。然而，像抑郁症这样持续的高强度悲伤，是一种使人衰弱的严重疾病。最近的研究表明，适度的消极情绪有助于保持长期的心理健康。短期的轻微悲伤可能是有功效的，因为它将帮助人们应对各种挑战和情况。体验各种情绪是生活的本质。一生中没有经历过悲伤的人,不能算是真正活过。另外,悲伤的经历可以增强人的韧性,使人变得坚强。这意味着在心理上,如果你没有面对过生活中的困难,你就无法变得更强大。悲伤的另一个优点是,它能帮助人们在困难时期与他人建立最密切的关系。此外,伤感和忧郁激发了世界上最伟大的艺术家们的艺术创作。

无论将目光转向何处,人们都会看到诸如"微笑不花钱"或"积极很重要"之类的信息,好像这是永远应该做到的正确的事情。但这样的信息可能很危险,它会导致人们认为悲伤是不好的,表达悲伤被认为是不合乎规范的。这种看法一旦在头脑中根深蒂固,人们就会不惜一切代价呈现幸福的状态,哪怕是虚假的幸福。是时候重新评估负面情绪在生活中的作用了。人们并不是要故意去体验悲伤,而是尽量不要强行避免悲伤。悲伤,就像所有其他情绪一样,是一种暂时的状态,所以只要它存在,就值得利用这种感觉——它可以帮助你应对发生的事情,并从中学习。

扩展思维二
社交网络上的行为与婚姻中的亲密关系之间有何联系

在一次研讨会上，我从参与者那里得到了关于"亲密"这个词的最佳定义：亲密关系是"在亲密之人的陪伴下可以保持真实，不戴面具，可以自在地做自己"。一位年轻女性总结道："这是一种无须言语的默契，即使他不说话你也能明白他的意思。"虽然人们往往首先想到的是恋爱背景下的亲密关系，但亲密关系不仅仅指婚姻关系，也可以是任何两个人之间的关系。为了建立亲密关系，人们必须袒露自己，让自己被他人看到，因为这是与他人接触的基础。亲密感需要真实，亲密关系中的分享欲并非来源于给人留下深刻印象的愿望，而是源于自愿分享一种感受，例如"我在这次会面前感到非常激动""我有点尴尬""我本想发个信息，但怕吓到你"。此外，分享也讲究适度，不能太过暴露——不建议在第一次见面时就谈论病史，或者离婚经历，谈话内容要适合相对应的时间、地点和人物。

在第四章中，我提到精神分析学家约翰·鲍尔比的观点，即产生亲密关系的能力是基于婴儿在0—1岁间与母亲（或看护人）建立关系的这一时期，换句话说，这是婴儿建立依恋模式的时期。（Bowlby, 1979）鲍尔比在20世纪50年代发展了他的理论，当时该领域的专业人士认为，母婴关系基于对营养、对满足冲动和生理需要的基本需求。他是第一个反对当时精神分析学家提出的主张的人，根据这种主张，婴儿对父母的所有需求都是冲动和生理需要引起的。

伦敦爆炸事件发生后，许多父母把孩子送到了城市边缘。鲍尔比指出，虽然寄宿家庭能为孩子们提供正常发育所需的所有条件，包括适当的照顾和所需要的营养，但孩子们在与父母分离后仍然表现出了痛苦的症状。为了检验在为婴儿提供其所需的所有营养的条件下，婴儿是否能正常发育，心理学家哈里·哈洛（Harry Harlow）在猴宝宝出生后立即将它们与母亲分开，把它们放在笼子里，并为它们创造了两个母亲的形象：一个由铁丝网制成的猴子形状的娃娃，拿着一瓶牛奶，另一个是用绒布包裹着的海绵制成的娃娃。小猴子大部分时间都和"绒布妈妈"在一起，只有在饿的时候才会靠近"铁丝妈妈"。（Suomi & Leroy，1982）当这些猴子返回猴群时，它们因与母亲的分离而面临各种社群问题，它们无法与其他猴子建立关系，也无法承担作为父母的职能。不难发现，依恋机制的发展，是为了能够发展适当和亲密的情感。数十项研究表明，出生后第一年所感受到的依恋，与建立长期关系并发展亲密关系的能力之间存在联系。

人际关系反映了早期童年时的经历。初到人世后的第一年所获得的依恋模式，塑造了人成年后的浪漫关系。童年时期建立过可靠关系的幼儿，未来会相信他们的伴侣能在他们需要的时候陪在他们身边,不会害怕依赖他们的伴侣,并且会让他们的伴侣对他们产生依赖。相比之下,一些幼儿与照顾他们的母亲或父母之间存在矛盾。他们寻求母亲的亲近,但当母亲试图安抚他们时,他们拒绝身体接触并且无法放松。有类似经历的孩子,成年后对伴侣的爱表现出持续的怀疑,难以获得情感上的满足,需要不断得到被爱的证明,并在人际关系中表现出缺乏安全感。建立了回避模式的幼儿,总是逃避与母亲的接触。他们知道,母亲的出现并不能缓解压力、减轻痛苦,因此他们试图靠自己过日子。在一些情况下,母亲难以理解婴儿所传递的信息,例如当婴儿想要拥抱时反而以为他是饿了,在他哭泣时没有靠近安抚,没有根据他的进食节奏做出调整。这些人成年后很容易被认为是似乎对亲密关系不感兴趣的人,他们从亲密关系开始形成的那一刻起就开始"搞砸"关系,因为他们无法信任他人。

社交网络时代为人们开辟了另一个探索恋爱关系的渠道。网络似乎是表达自我隐藏的欲望的一条途径。最近的各种研究表明,一个人具有怎样的依恋模式,可以通过观察他在网络中的行为方式来预测。这些研究主要集中在不稳定的依恋模式上。结果发现,具有回避模式的人很少与新的人建立关系,也难以维持现有的友谊。此外,他们使用网络的方式是较为被动的,主要是浏览,不主动透露自己的详细信息、发布帖子或回复他人的帖子。相比之下，那些具有矛盾模式的人，试图通过在网络上表现自己（acting out），来弥补他们时常感受到的对爱的缺失。他们经常发布带有个人内容的帖子，以确认他们被喜爱。按照他们的逻辑——如果我没有从我的伴侣那里得到爱，我就尝试在别处寻求它——这导致他们沉迷于获得和检查"被爱的表现"（以点赞和评论的形式）。他们倾向于用虚拟的受关注度，来代替被爱的感觉。除了确认自己被爱之外，他们还使用网络来证明他们的恋爱关系。他们试图通过向外界展示，来弥补关系中的不安全感，比如秀恩爱、发布情侣生活照。这是一种无意识的尝试，目的是让自己和周围的人相信，他们正处于一段和谐美好的关系中。此外，矛盾模式下的人会"追踪"他们的伴侣在网络上的踪迹，对其发表的任何帖子、状态或评论保持警惕，并试图了解这些如何反映了伴侣对他们的爱。

不难发现，在出生后第一年建立的依恋模式，影响了人们成年后的人际关系。童年时期内化形成的心理模型，会影响人际关系的质量以及与伴侣建立亲密关系的能力。人们在成长早期体会到的爱和信心越多，日后的亲密关系中就越能包含独立与宽容。相比之下，消极或不美好的童年经历会导致易建立冷淡的关系，其特点是无法保持界限、情感距离，以及无法产生亲近感和亲密感。

本章要点

古往今来，人类曾以多种方式向世界传达他们的社会地位，但从未有另一种类似于"点赞"按钮的有效方式可以让人们量化自己在所有人眼中的价值。

量化具有深远的社会意义。它会自动被转化为在社会中的接受度和受喜爱度。

网络使得体验的核心方面不一定是体验本身，而是与他人分享体验。

分享的真正原因是对自我的集中——希望得到别人的关注和关心。与他人分享想法和感受，会唤醒大脑内与奖励相关的区域。

互联网被认为是一种安全的通信方式，因此人们更容易大胆透露个人信息，并允许自己展现真实的自我。由于多种因素，人们发现难以在物理环境中流露真情，比如有时需要去满足他人的期望，或者摆脱不了"角色扮演"的包袱，等等。

"数字角色"指的是用户在网络中的自我的"化身"。它由用户自己管理，但作为一个单独的实体存在。

人们的数字角色会影响我们如何被周遭环境所感知，但更重要的是——它会影响感知自己的方式。

根本的问题是，数字生活和现实生活之间没有明确的界限。网络上发生的所有事情，都会流入生活，并影响用户的自我价值，并且在不少的情况下会导致精神障碍和产生负面的自我形象认知。如前所述，点赞的价值直接转化成了用户的社交价值。

人们在网络中的行为可以看作是在玩一种游戏，它允许人们表达恐惧、幻想、梦想、愿望和焦虑，并且借由它为心灵提供出口，释放情感需求。

尽管弗洛伊德早在推特、脸书或照片墙创立之前就去世了，我们猜测他也许会将网络空间视为人们精神状态的延伸，一个无意识冲动突然获得"合法出口"的地方。这些冲动通过人们选择的交流形式、展示身份的方式以及分享想法和感受的方式得到表达。

建立在现代工业之上的社会，它不是偶然地或表面上具有景观特征，而是本质上就是景观主义社会。

在景观中，即在统治性经济的形象中，目的一文不值，发展才是一切。

景观想要实现的无非就是自我实现。

——居伊·德波

第二十一章 网络和景观文化

20世纪极具影响力的美国社会学家欧文·戈夫曼在他的著作《日常生活中的自我呈现》中，使用戏剧性的比喻来论证人们在不同的社会舞台上扮演不同的角色。虽然这本书出版于1959年，早于脸书出现的时代，但书中的比喻却比以往任何描述都更贴切人们当下的生活。在他看来，一个人的性格是由社会环境造就的，人们从别人对自己的反应中了解自己。因此，即使在社交网络的平台上，用户也可以了解到其数字形象的哪些方面获得了外界的欣赏。

心理学家、社会学家和社会心理学创始人之一的乔治·贺伯特·米德（George Herbert Mead）认为，人们经常猜想"重要的人"对自己的看法，并将这些看法融入"自我"概念中，而在网络时代已不再需要去想象别人的想法。如今，每个用户都确切地知道自身的价值，并知道为了保守这种价值自己应该做什么。通过虚假的自我展示和对内容的修饰，用户为自己创造了一个理想的自我。评论和点赞证实了这种自我的存在，一如拉康的理论中母亲用她的言语证实婴儿的存在。来自环境的即时反馈，使用户沉醉于屏幕上的形象，并在数字自我和真实自我之间建立了共生关系。这种共生关系可能是病态的，它与躯体变形障碍（body dysmorphic disorder，BDD）类似，有这种困扰的人们会过度担心外表上有某些想象中的或真实存在的微小缺陷；它也类似于"滤镜畸形审美"（Snapchat dysmorphia），即渴望自己和照片分享应用程序色拉布滤镜下的完美形象一致，我之后会详细介绍这种情况。

打破网络生活与现实世界的界限

社交网络在人们的生活中创造了另一个"镜像阶段"。如果说拉康提出的"镜像阶段"是婴儿自我意识出现的阶段，是父母鼓励蹒跚学步的婴儿在镜子中认出自己，那么在面向网络世界的第二个镜像阶段中，人们爱上了一个数字化形象，致力于培养和完善它，并把从这个形象得到的反馈当作食粮。众所周知，工业革命通过广告、公共关系和营销机制，创造了丰富的资源，使商品和服务消费得以增长和发展；技术使这一切成为可能，但是技术在造福现实的同时，也创造了超现实。人们所期望的理想外表、理想性生活、理想职业等——所有都是"超现实的",每一个愿望都反映在人们天天接触的媒体中,有时他们对这些愿望的执着甚至到了自欺欺人、对其信以为真的地步。

法国思想家、社会学家让·鲍德里亚认为,真实情况比这更糟——人们不仅没有关注这种伪造,还制造了一个不依赖于现实的模拟世界,这种模拟没有现实来源,也不会在现实世界中留下痕迹,他称之为"拟像"。(Baudrillard,2007)在鲍德里亚的观点中,真实与虚构之间的模糊创造了一种超现实,人们认为自己生活在现实世界中,而实际却生活在媒体所刻画的"对现实的模拟"中。

这些年来,唯一的变化是控制权已从主流媒体转移到科技巨头的手中。鲍德里亚认为,信息吞噬了它自身的内容。的确,如今人们在一个充满影像的世界中花费越来越多的时间,在那里交朋友、开会、购物、工作和生活,好像这是一个真实的世界。技术创造了一种不区分真与假、权威与效仿、真实与表象的组合。"拟像"不再是复制品,因为它所复制的原始概念被"替换"了——它取代了本源;任何观点都不具优势,因为它们并没有更胜一筹,或更客观。网络不是从瞬间中创造意义,而是让人们只展示这些瞬间。在这个世界上,展示变成了一种万能的东西,它把人从自己身上夺走,把活生生的人变成了源源不断的帖子、图片和推文。原用于设定道德规范的条条框框已经消失，激情和欲望成为掌控人生活的诱惑中不可或缺的部分。网络以加深社会关系为幌子而进行运作，模糊了真正的交往和表面的联系之间的区别，让个人选择孤立，选择与其他人断开联系，转而与屏幕上的图片流产生联系。

在此，我想分享我的学生达娜的故事，这个颇具启发性的故事我可能会牢记一生。达娜是一个常积极参与课堂活动、踊跃提问和回答问题的女生。某次在我讲授的数字生活课堂上，她却一反常态，默不作声。我问她是否一切都好，她告诉我她"想单独分享一些事情"。于是，我们一直等到最后一名学生离开教室，她才用颤抖的声音说："希望您能理解为什么我很难参与讨论。"她说她从不觉得自己好看，她总和女性朋友待在一起，从来没有得到男生的关注。过去她安慰自己，"没关系，我是最聪明的"。她确实总在学校的测试中拿到最高分，以"朋友中最聪明的人"为中心建立起关于自己的认知，她对此也感到很满意。但是，有一天照片分享应用色拉布出现了，一切都变了。除了独角兽和小狗滤镜之外，色拉布和后来的照片墙应用程序还能提供基于人工智能技术制作的"美颜"滤镜效果，能够平整肌肤、收紧面部轮廓、放大双眼并强调颧骨——这些微小的五官变化对外貌产生了巨大的影响。这些应用程序甚至还提供了尝试"如果我比现在美丽20%，会是什么样子"的体验。当她看到12岁的侄女乐此不疲地用独角兽和小狗滤镜录像后，达娜也下载了这款应用程序，也想体验一下这种无伤大雅的乐趣。

达娜尝试了几个滤镜后，对屏幕上的自己很满意，于是产生了将照片上传网络的冲动。达娜不喜欢拍照，也从不觉得有必要分享自己的照片，但这次一些东西在她心里萌发了——她想向世界展示自己！她希望更多人能感受到她看到照片中的自己时的那种愉悦心情。仅在发布后不到一个小时的时间里，她收获了大量的评论和点赞，这是她之前上传照片或发布帖子从未遇到的热烈反响。后来，达娜开始定期使用滤镜拍照，她的数字生活变得充满活力。

渐渐地，她开始收到男性网友的私信，对自己的外表也变得有信心——她有生以来第一次觉得自己是受欢迎的。很快，她与男性网友开始商量第一次约会，约好在附近的一家咖啡馆见面。那天，她提前到了，换了三次座位，又去了两次盥洗室确认妆容，兴奋地等待着对方到来。后来，他终于到了，他和照片上很像，她马上就认出了他。她简直不敢相信自己竟能和眼前的帅哥约会。然而，对方在门口停下了脚步，开始四处张望。她立刻向他挥手示意，她却清晰地看到对方脸上露出失望的表情。他礼貌地和她握手，却仍然站着。场面十分尴尬，几分钟却漫长得像是过了一个世纪。对方低着头，小声说"你和照片上的样子不太像"，又含糊地向她道歉。达娜从未感到被如此羞辱过。她不想放弃滤镜带给她的自信和小小的虚荣，但她也不愿意重蹈覆辙。她决定之后都以数字形象示人，把真实的自己留在屏幕后。

达娜的经历让我意识到，她和男性网友都模糊了虚拟世界和现实世界之间的界限，这是"美颜"滤镜带来的主要问题之一。为什么14—25岁的女孩这么热衷于使用滤镜？普遍的回答是她们喜欢滤镜下的自己，这让她们自我感觉良好，更能接受自己、爱自己。但这正是危机所在，滤镜让她们沉迷和上瘾，以至于许多人不再能够坦然接受没有经过美化的自己。同时，这也是过去10年美容行业变得流行的主要原因之一。人们希望自己变得更完美，就像经过滤镜调整后的那样。如果说20年前整形手术被认为是一种对面貌的不必要的人为干预，一种昂贵且具有一定风险的手术，那么如今五花八门的美容手段，像是瘦脸针和水光针等，人们早已对此司空见惯。

2002年，美国食品药品管理局（Food and Drug Administration，FDA）批准A型肉毒杆菌毒素进入美容领域，用于消除面部皱纹；几年后批准了玻尿酸，这种物质最初被用于填充皱纹和使皮肤恢复活力，现在也用于面部重塑，例如对下巴、鼻子和脸颊进行整形。根据美国整形外科学会的数据，2018年美国生产了超过 700 万剂保妥适[1]（BOTOX）和超过 250 万剂透明质酸注射剂，此外，医美行业还创造了 165 亿美元的营业额。不用说，其中 92% 是女性消费者。（Rajanala, Maymone, &Vashi, 2018）

整形从"不能说的秘密"变成了社会地位的象征和一件再正常不过的事情。一群整形外科医生在照片墙上晒出社会名人"整容前后"的对比照，这些照片获得了数十万的浏览量和点赞。有一位医生曾说，哪怕他不将"患者"的照片上传到社交网络，"患者"也会要求他这么做。根据居伊·德波的说法，"景观奴役生活在其中的人们，以至于它将成为完全奴役他们的经济。景观只不过是一种为自身而发展的经济，它是对商品生产，以及生产者所进行的人格物化的忠实反映。"（Debord, 2001）

因照片墙和色拉布而诞生的新型精神障碍

如今，滤镜在"改善"外貌上的效果已经超越了化妆品，滤镜和网络游戏直接影响用户的心理健康。美国整形外科学会发表在《美国医学会杂志》（*The Journal of the American*

---

[1] 保妥适是注射用 A 型"肉毒杆菌毒素"的商品名，这种物质被认为是一种可导致死亡的致命毒素，但医用肉毒毒素可以麻痹松弛的皮下神经，从而在一段时间内消除皱纹或者避免皱纹的生成，具有美容的效果。

Medical Association，JAMA）上的一项研究显示，照片墙、色拉布和诸如Facetune等的自拍处理软件，可以让用户看到以往只能在美容杂志上才有的"完美"形象，只不过现在在应用程序中实现了，而用户自己就是模特。这篇报告还指出，经过滤镜修饰的照片模糊了现实与幻想之间的界限，让人们对自以为的外表不足陷入一种持续而痴迷的关注。滤镜创造了一种"不断完善自我"的新趋势。女性做过美容手术后，例如丰唇或轮廓提升，不仅每半年会重做一次，并且随着时间的推移，可能还需要不断进行矫正手术，这使得定期美容成为一项常规操作。这不难理解，当用户看过滤镜下的自己，然后再照镜子，多少会产生一种难以消化的差距感，任何看起来不及滤镜的地方都会被视为是外貌上的缺点。一位38岁的女性律师告诉我，当她坐在整形医院的椅子上时，脑海中浮现的唯一的念头，是如何进一步提升自己的颜值。

起初，躯体变形障碍是作为一种强迫症被发现的。随着人们花费越来越多的时间在社交媒体上，这种病症变得越来越普遍。患有这种疾病的人，会投入大量时间和金钱去矫正他们认为自己不够完美的地方，就像患有厌食症的女孩过于在意自己的体重，尽管她们已经很瘦了，但还认为自己胖。这些情况，都是由于自尊心低下而导致的对身体形象的认知失调。从手机美颜相机中看到的迷人外观，使人们远离现实，并产生不切实际的期望。社交网络有时会让人们对自身的形象抱以消极的态度，尤其是对于处在自我认知形成关键时期的年轻女性。女孩如果对自己的外貌和身材感到焦虑和不自信，就会对这些不利影响特别敏感。这与任何形式的上瘾无异，是仅作为娱乐，还是已经沉迷其中，这两者之间的界限其实很容易被跨越。

整形外科医生蒂杰恩·埃索（Tijion Esho）发现了另一种与上述病症类似的现象。过去，他的患者总会要求他把自己整得像某些名人，为此他们常常向他展示明星、名人的照片；而如今，患者却开始拿着自己滤镜下的照片来向他咨询。这种为寻求美颜滤镜下的容貌而出现的整容需求，就是前文提及的"滤镜畸形审美"。一位 25 岁的女性告诉我："我感到很绝望，因为我用了一段时间交友软件却没有收到任何私信。还好色拉布出现了，一切都变了。突然我就开始收到询问，我觉得自己变得自信了，我还是很受欢迎的。但同时我也非常害怕自己没有滤镜的样子被人看到——我甚至无法出去约会。最后我决定去做整形手术，让自己看起来和照片里一样。"这位女性和许多其他女性一样，试图通过提升面部轮廓、缩小鼻子或抚平皱纹，将现实生活中的幻想复制到自己脸上。滤镜让她们自我满足，以至于她们中的一些人不再能够接受没有滤镜的自己。

美国整形外科学会发表的那篇研究论文指出，在受访的整形外科医生中，有 55% 的人表示他们进行手术的目的是帮助女性获得她们在滤镜中的美貌；在所有接受手术的女性中，56%的人年龄在30岁以下。（Rajanala, Maymone & Vashi, 2018）另一方面，化妆师们则表示，他们注意到很大比例的女性进行了唇部填充手术，当时照片墙推出了等同于丰唇效果的滤镜，同理，提升面部轮廓的滤镜也是如此。照片墙和色拉布等数字应用程序中添加的滤镜，改变了人们对美的看法，并鼓励女性相应地去改变自己的面容。这些应用程序的使用者年龄低至九岁，有时甚至更小。人们认为这样对外貌的美化，有助于提高年轻人的自尊心，但在大多数情况下，人们对此还不够满足，进一步沉迷于获得完美的外观。

英国一个致力于改善公共卫生的协会，在2017年对14—24岁的人群进行了一项调查，调查显示照片墙比其他社交网络更容易引起抑郁、孤独、霸凌和容貌焦虑。（Cramer, 2018）美国心理学会于2020年5月发表的一项研究表明，在过去十年中，26岁及以下年轻人的抑郁、焦虑和自杀倾向有所上升——部分原因是年轻人，尤其是年轻女性和女孩，花费大量时间在社交媒体上。

美国疾病控制和预防中心（CDC）提供的另一项数据也证明了这一点。该数据表明，在2000—2016年间，女性自杀的百分比增加了50%，自杀率上升了十万分之二，其中增幅最大的是2006年。如果只关注年轻女性，那么还有一个令人不安的数字——从2007—2015年，美国自杀的年轻女性人数翻了一番，达到了十万分之二。（Hedegaard, Curtin & Warner，2018）在美国心理学会杂志上的一项研究中，研究人员发现青少年（尤其是女生）抑郁症和自杀报告数量的增加，与对数字媒体的使用之间存在联系。"总的来说，结果呈现出了一种清晰的模式，花费在网络中的时间越长，患抑郁症和与自杀相关的疾病的风险就越高。"（Twenge, Joiner Rogers & Martin,2018）这一现象在女孩身上出现的概率，要高于男孩。一般而言，经常使用社交网络的青少年，比相对不那么在意社交网络的青少年，患抑郁症的可能性要高出13%。长久使用网络的青少年报告了他们所产生的负面情绪，他们"感到悲伤或绝望"，"认真考虑自杀"，"制订了自杀计划"或"已经尝试自杀"。

主要的问题在于，人们总把他人看似光鲜亮丽的生活当作现实，然后拿来和自己做对比。想象一下，一位有名的导演把你选中作为演员参演他的下一部电影。你在拍摄的第一天，热情洋溢地到达片场，但等待着你的是失望：演员们来的时候穿着运动衫和T恤，没有化妆，脸上有雀斑和粉刺。人们没有安全感，因为他们将生活的七零八碎，与朋友精挑细选后发出来的照片进行比较。例如，你一定对那些在参加某项活动之前家里发生的小争吵不陌生，孩子争抢谁先洗澡，母亲犹豫不决来回换了五次衣服，父亲在出门前最后一分钟还在看球赛。但你的朋友只会看到在大厅里挂着的全家福，每个人都在微笑。我们倾向于高估他人生活优越的程度，而不考虑别人生活中的琐碎和烦忧，因为那些消极的部分通常不会在网络上被展示出来。这种倾向会导致孤独感的滋生，甚至导致抑郁。因此，当年轻男女不断将自己与他人理想的面貌进行比较时，问题就出现了，别人在外游山玩水、出入高档餐厅和社交聚会，而你只是蓬头垢面地蜷缩在沙发上，清理褪色毛衣上起的球。当人们刷到一个人笑容满面的摆拍照片时，不会看到或想到他一路上可能面对的争吵，或者花在化妆和发型设计上的时间。大脑总是会去做一种并不合理的比较。诚然，人类一直珍视并追求美，但在过去的十年中，对外表的痴迷已经飙升到了前所未有的高度。点赞数量成了所有人都可见的一种评判标准，由此产生了与他人持续的比较。因此，花大量时间在社交媒体上消遣，会让人们产生追求不切实际的美的冲动。

网络中的理想美

在当前的现实世界中，我们目睹了对长久以来强加在我们身上的审美标准的抗议，这恰恰发生在年轻一代活跃的网络空间中。美容行业蓬勃发展，该行业的风向总是确定什么是美的、诱人的和正确的。现实世界中的趋势和数字世界中的趋势同步发展，却背道而驰。反对理想美的斗争，与20世纪20年代初萌生的女权主义斗争相吻合，并随着2017年国际社会女权主义反性骚扰和性侵犯运动的爆发而愈演愈烈。美国反性骚扰运动"我也是"（Me Too）已经掀起了巨大的波澜，从那以后就没有脱离过当下的公共议题。多亏了那些在要求女性平等权利的背景下展开的斗争，在过去的十年里，另一种理念已经渗透进了人们的意识中——对女性的物化不再被接受，女性对理想美的无条件迎合不再被接受。除了性骚扰问题之外，这场斗争还围绕着施加在女性身上的压力，比如通过媒体所传播的男性视角下女性的身材标准，甚至是以此衡量作为女性是否成功的刻板观念。数十项研究表明，这些压力导致年轻女性患有身材焦虑、饮食障碍（神经性厌食症和贪食症）、抑郁，依赖于医疗干预手段和整形手术。作为回应，各种媒体都试图传达另一种信息——"变胖并不影响你的成功"。

经过多年的奋斗，相关法律在2012年出台，规定体重过轻或看起来过分偏瘦的男女模特不得出现在广告中。此外，媒体界的斗争也开始了，其主要目的是打破深深植根于社会观念中的女性理想美所带来的禁锢。作为斗争的一部分，身材尺寸超过理想美标准的女性出现在各种媒体上。以前被排除在杂志封面、广告、产品展示、电视连续剧和公共议程之外的女性，成了"合法"的女性。这场斗争为大码身材的女性铺平了道路，例如歌手妮塔·巴茨莱（Netta Barzilai），是"接受不同"或"接受任何不符合90/60/90标准的人"这类开放理念的受益者，并取得了国际性的成功。当舆论引领者开始在社交媒体上，上传未化妆的素颜自拍，甚至是未刮干净腿毛和腋毛的照片时，此前对于美的唯一标准又进一步受到了冲击和挑战。

图 12　一个年轻女孩在网上展示出她的体毛，以抗议对女性体毛的忌讳

南茜·埃特考夫（Nancy Etcoff）在她的《美之为物》（*Survival of The Prettiest*）一书中声称，去除体毛与年轻、青涩和青春期息息相关。她写道，去除体毛的女性加大了女性和男性身体之间的差异，并强化了她们对男性的吸引力。（Etcoff，2000）换句话说，除了表达不愿屈从于社会传统观念下的美，不脱毛的时尚已经开始模糊男女之间的差异。一些女性声称"我不必那么努力去吸引男人，人们需要接受我本来的样子"，由此动摇了强调不同性别角色的根深蒂固的社会传统。

另一个试图挑战符号化的美的尝试，是对芭比娃娃进行的彻底改造或变装（makeover）。芭比娃娃被视为女孩的必备单品，它承载了女孩无限的幻想。据芭比娃娃的制造商美泰公司（Mattel）称，每秒钟就有两个芭比娃娃在全球被售出。但在芭比受欢迎的同时，多年来一直存在着围绕它的争论，关于芭比可能因其不合常理的身材和比例，对年轻女孩产生不利影响。

论据是，具有芭比娃娃同等身材比例的女孩不会发育激素，并且不会来月经，从而无法生育，而且由于她的身材过于纤细，她的躯体根本无法支撑其头部。在无数次抗议之后，1997年娃娃的腰部设计有了略微的加宽。2016年，美泰开始营销一系列具有不同身形结构的芭比娃娃，其中包括一个曲线丰满的芭比娃娃——丰满芭比（Curvy），它的海报模仿《时代》杂志的封面，附带的标题为"现在可以停止讨论我的身材了吗"。

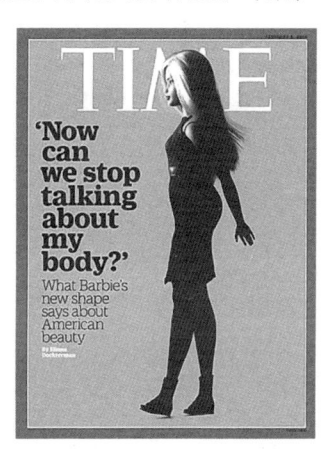

图 13　丰满芭比的宣传海报

网络有自身的规则：没有政治正确，性别平等和女权主义革命就没有重要性

物化理论将人描述为一个客体，与其特征、性格和作为一个客观存在的整体分隔开来。（Fredrickson & Roberts，1997）因此，面部、躯体或身体中的某些器官被单独分离出来对待，并且部分会影响整体的质量。有趣的现象不仅是女性被以理想美的准则评判和评价，而且她们开始接受和内化这种观点，根据这些标准来评判自己。换句话说，女性已经开始自我客体化，内化男性的观点并将自己物化，认为自己需要达到某些标准以完成作为女性的使命。将自我作为一个被观察和评价的对象，就像被其他人从侧面观察和评判一样，这一点在数字空间中得到了加强，因为图像是数字形象最清晰的代表，特别是在照片墙、拼趣、色拉布和优兔网等平台上。这些平台允许用户上传照片或视频，并让它们接受大众的评价。网络鼓励用户积极参与物化他人和自己。当人们踊跃参与这一过程时，公认的所谓大众审美会更加深入人心。用户的积极性体现在主动参与平台所提供的"游戏互动"，即点赞、评论、转载和分享。这与过去被动消费杂志和电视上的内容形成了鲜明对比。

　　一旦理想美的概念被固化，用户就会通过各种工具来改变他们的外表以迎合美的规范，包括使用磨皮效果、各种好看的滤镜和添加背景。统计数据显示，对于女性，每一张上传到网络上的照片，都是在8—14张照片中选出的最完美的一张，但拍摄只是上传过程的第一步。大多数用户不想在网上上传自己未经修改的真实图片——真实性不会在网上获得信用积分。专门研究饮食障碍的伦弗鲁中心对美国 1710 名青少年进行了一项调查，结果显示超过 50% 的用户在将图像上传到网络之前会对其添加滤镜。（The Renfrew Center，2014）听到大多数用滤镜的人是女性时，你不会感到惊讶。这种二次加工，导致人们越来越多地关注于自己的外貌。自尊被投入在视觉外观上，除了外貌，人们逐渐不去考量人身上其他任何值得关注的部分。这就是用户的行为，尤其是女性用户，定期在网络上物化自己。用户将自己视为美的物体，这一观念深深嵌入其感知与行动中。用户看待数字形象的方式，与麦肯锡咨询公司观察到的公司鉴别低绩效部门并进行组织变革的方式相同，也就是说，剔除任何不会带来收益的东西。

"Ins 脸"

科技不仅在迅速传播公认的美的标准，它实际上已经重塑了我们意识中的理想美，并努力将其展现给世人。近年来的奇怪流行趋势之一是"AI 般的外观"，已被网络语言称为"有影响力"的潮流引领者所广泛采用。幼态而圆润的脸庞、光滑紧致的皮肤、高而明显的颧骨、上挑的猫眼、有划痕的眉毛、小而挺的鼻子和肉嘟嘟的嘴唇，这就是所谓的"Ins 脸"，或者说是金·卡戴珊、贝拉·哈迪德（Bella Hadid）、肯德尔·詹纳（Kendall Jenner），以及网络上其他有影响力的代表人物的脸。

在我看来，对这一现象描述最贴切的是《纽约客》(*The New Yorker*)的贾·托伦蒂诺(Jia Tolentino)："她们的脸看起来像是婴儿和猫脸之间的结合。"(Tolentino，2019) 我自己的解释是：这种外观是外星人脸和充气娃娃结合的产物。在文章中，托伦蒂诺指出，照片墙推行的理想美概念融合了多个灵感来源：基础是鼻子高挺的白人女性，肤色受南美影响偏小麦色，丰满的嘴唇来自南非，眉毛和眼睛的设计源于亚洲，脸颊的结构受到美洲原住民(American Natives)和中东风情的影响。目前尚不清楚谁先谁后，滤镜是不是按照明星的形象所创建，或者明星是否按照滤镜去打造自己的脸。无论怎样，AI般的外观迅速受到追捧，如今"Ins脸"已成为新的理想美。

科技巨头在故事中是什么角色

2019年10月，照片墙宣布移除诸如"Plastica"或"Fix Me"等所有"整容级"滤镜，以免全球年轻男女陷入容貌焦虑。除了下架可能让青少年狂热于改变样貌的滤镜外，该公司还做出了一系列类似的决定，包括减少对极端饮食、各类"灵丹妙药"和鼓吹饮食障碍等相关内容的推送。与此同时，脸书（照片墙的所有者）决定在几个国家实施一项旨在防止社会比较的试点工作。

脸书早就意识到，人们痴迷于点赞数，这对他们的心理健康产生了直接影响,但最近脸书却又开始尽其所能地鼓动人们去渴望获得点赞,甚至导致了一种不可思议的现实情况——人们对点赞上瘾,甚至认为记录自己的体验并获赞,比体验本身更有意义。脸书最近遭受了几次沉重的打击,对其公众形象造成了致命伤害。最严重的声讨莫过于在剑桥分析事件中泄露了数千万名用户的个人资料,我在第十章已经讨论过。此外,大量学术研究表明,沉迷于社交网络与抑郁、焦虑和自尊心受损存在关联,尤其是对于年轻人和青少年而言。这还不够,不少前科技公司高管,其中不乏科技巨头的联合创始人,开始公开反对自己(创立)的公司。为了回应来自各方的严厉批评,脸书决定提高安全性,改进算法,让人们享受的网络闲暇"变得有意义"。其中,最引人注目的是照片墙在几个国家进行试点,删除了对用户来说最重要的东西——点赞按钮。脸书和照片墙遭受的严厉批评,也促使其他科技巨头反省和调整自己的产品。令人惊讶的是,苹果和谷歌专门开发了工具,来减少用户盯着屏幕的时间,尽管这似乎与他们的利益相违背。

毫无疑问,2018年最突出的趋势之一是数字健康(Digital Well-being)。越来越多用户开始了解技术对自己生活的影响;各大公司也意识到,如果要维护自己的声誉,作为由健康的心理价值观和人性价值观驱动的负责任的公司,他们必须参与这场游戏。事实上,他们别无选择。脸书的创始人兼首席执行官马克·扎克伯格（Mark Zuckerberg）意外地在所有平台上宣称，对他来说用户浏览脸书的时间是可以减少的，只要这些时间能得到更好的利用。脸书甚至还宣布，它正在开发一种用于时间管理的工具，辅助用户做到这一点。谷歌和苹果还推出了一系列用于时间管理和保持健康生活方式的应用程序，以帮助用户重新规划并管理自己的生活。但毋庸置疑，迄今为止最重要的举措，就是删除点赞按钮。在照片墙上开展的一项史无前例的调整中，它的母公司脸书决定停止公开每篇帖子获得的点赞数量，只有发帖者才能看到自己帖子的点赞数量，而其他人看不到。这样做的目的，无非是公司希望用户不要再把点赞数量作为衡量一切的标准，如果用户能避免彼此间的比较，就会更关注帖子内容的质量。这个想法的初衷是为了减轻青少年的压力，缓和平台上的激烈竞争，这样用户就不用再为点赞费心费力，可以花更多的时间与他人联系，做他们真正喜欢做的事情。

原本的消息声称该试点工作将延续到其他国家，甚至也会被母公司脸书所采用，但似乎这项计划在实验阶段就被终止了。这是因为删除点赞功能，从开始就是注定要失败的。对点赞这个行为上瘾的真正意义，是对不断检查自我价值的上瘾，与对酒精、药物上瘾有相似的大脑机制。这种成瘾，作用于人们头脑中的奖励机制。移除点赞按钮会引起戒断反应，让用户难以一下子适应，因此没有成功的可能。人们已经习惯于衡量自己的社会价值，而这恰恰也是检验公司真正动机的时刻——它真的认为自己是在对用户的心理健康负责吗？估计这个试点不会延续到其他国家，因为公司所面临的经济损失太大了。

扩展思维

为进化服务的滤镜

在色拉布进入市场之前，照片墙和其他应用程序就提供了添加滤镜和编辑照片的功能选项。但色拉布拔得头筹，率先推动了滤镜美图类程序向前发展（照片墙看到它的效果很好并效仿）。除了兔子耳朵、独角兽、小狗和其他各种效果外，色拉布还开发了一种滤镜，可以对原始图像做出20%的调整和改动。滤镜可以对自拍中的面部进行微调，并根据我们这个时代公认的美的标准，使自拍看起来更美。他们以一种非常聪明的方式做到了这一点，因为在外观上做出的这些微调几乎是难以察觉的。色拉布使用增强现实技术（Augmented Reality）和进化心理学方面的理解，将应用程序从无害的娱乐道具变成了使人上瘾的诱惑，导致数百万名用户（主要是女性）沉迷于其中，或者更准确地说，沉迷于应用程序所呈现出的自己。

滤镜可以掩盖小的缺陷，并呈现用户最完美的面貌，这使得用户开始相信自己的样子就是如此。色拉布使用的这些参数不是被偶然设定的，而是人们发现它们符合当今世界流行审美中美的原则。但重要的是，在此我们需要驳斥一些关于美的理念。虽然我们从小就被教导"不要光看外表""美在旁观者的眼中"，但现实一次又一次地告诉我们，这些说法并不现实。尽管对服装、珠宝和配饰的审美取决于文化，但事实上，自20世纪以来，大众社会的审美被全球范围内的流行品牌和时尚达人所裹挟，它们（可口可乐、麦当劳、耐克等）实则在各个领域支配了我们绝大多数人。然而，进化心理学的研究表明，不同文化、性别和年龄层中都存在共通的、对美的标准。（Saad，2007）

当被试被要求将女性和男性的照片分成两组时——一组有吸引力，另一组不那么有吸引力——被试的选择呈现出了高度的一致性，无论他们各自归属于何种文化群体，或之间存在着怎样的文化差异。（Langlois et al., 2000）事实证明，我们的花园中栽种了同样一种美的化身。（Little, Jones & DeBruine, 2011）学界就曾注意到与性别吸引力相关的某些特征。这些研究表明，女性钟爱对称的脸型、高颧骨、大眼睛、窄下巴、丰满的嘴唇、脸颊上的红晕和小巧的鼻子，这种偏爱有一部分是进化所造成的。进化希望帮助我们识别出适配的基因，而上述这些美的特征与女性的生育能力以及诞下健康婴儿的概率有关。一项探究雌激素与女性面部特征之间关系的研究发现，美丽的五官与雌激素水平偏高有关，雌激素会抑制面部骨骼的生长，使得鼻子和下巴都变得小巧，嘴唇变厚，并有助于脸颊区域的脂肪分配。众所周知，这种激素也与女性的健康和生育能力有关。雌激素还有助于形成0.7的"黄金腰臀比"，偏离这个比例被认为是相对缺乏吸引力，并且与女性的生育能力呈负相关——当女性的身材偏离这个比例时，表明体内雌激素含量较低，受孕的可能性就会降低。[1]

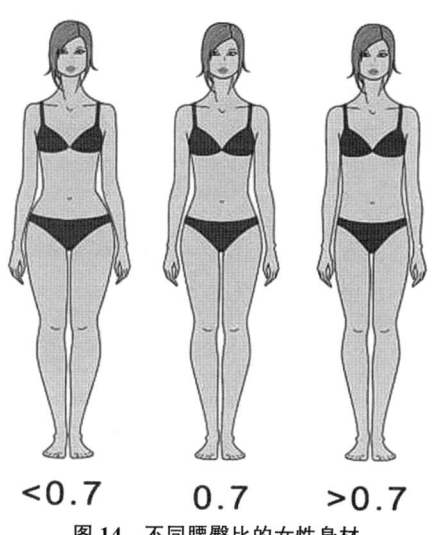

图14　不同腰臀比的女性身材

由此，进化向我们灌输了一组遗传基因上的偏好，而色拉

---

[1] 需要注意的是，这里指的是腰臀比例，而不是绝对的长度。尽管在14—17世纪，女性美的典型标志是圆润的身材，但这并不与关于身体比例的论点相矛盾。腰臀比例越好，女性就越具有吸引力。这种魅力体现在画作中，女性的卷发饱满且柔软，发丝茂密，皮肤莹润。这方面的例子可以在波提切利的作品中，以及后来鲁本斯的作品中看到，他崇尚丰腴的女性之美。对他们笔下画作的分析表明，他们所绘人物的腰部和臀部之间的比例保持在0.7。

布恰恰披上了这层"外衣"。我们的大脑偏爱某些美的标志，这些标志会在我们潜意识中与生育能力联系在一起，它们象征着优质的基因。这些标志越突出，我们的大脑就越下意识地认为拥有它们的人更具吸引力，而这正是该应用程序所做的——通过强调无意识中与生育有关的美的标志，使女性更具有吸引力。

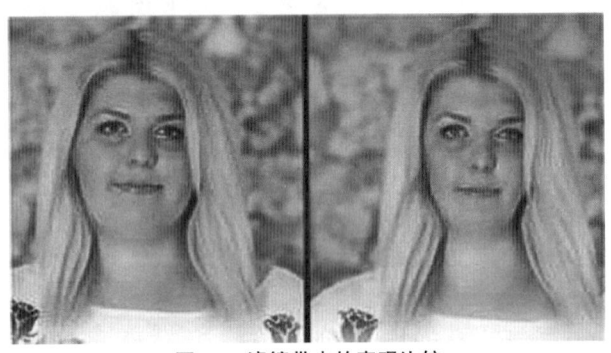

图 15　滤镜带来的直观比较
左侧：不带滤镜的女性肖像　右侧：带滤镜的女性肖像

本章要点

技术为人们创造了一个现实中不存在的模拟世界。人们花费越来越多的时间在一个充满影像的世界中，在那里你可以结交朋友、开会、购买产品、奋斗和生活，就好像它是一个真实的世界一样。

网络创造了一个世界，在这个世界上，展示变成了一种万能的东西，它把人从自己身上夺走，把人变成了源源不断的帖子、图片和推文。

滤镜模糊了现实世界和虚拟世界之间的界限。使用滤镜让用户自我满足，以至于许多人不再能够接受没有滤镜的自己。

人们，尤其是女性，希望能变得更完美，像在应用程序里经滤镜调整过后的那样。这是过去十年内，美容行业变得流行的主要原因之一。

如今，滤镜在改善外貌上的效果已经超越了化妆品。滤镜和网络游戏会影响用户的心理健康。

躯体变形障碍是作为强迫症的一种被发现的，随着人们花费越来越多的时间在社交媒体上，这种病症变得越来越普遍。患有这种疾病的人，会投入大量时间和金钱去矫正他们认为自己不够完美的地方。

被称为"滤镜畸形审美"的现象，描述的是人们寻求接受整容以看起来像美颜后的自己。

已有明确的研究报告显示，花费大量时间在社交媒体上，与患有抑郁、焦虑和自杀倾向的上升之间存在联系。其中存在的主要问题在于，人们把他人看似光鲜亮丽的生活当作现实，拿来和自己做对比。

现实世界中的趋势和数字世界中的趋势，同步发展但背道而驰。在反对理想美的斗争中，还融入了对女性自我物化的批评，即将自我作为一个被观察和评价的对象，就像被其他人从侧面观察和评判一样，这一点在数字空间中得到了加强。

科技不仅在迅速传播公认的美的标准，它实际上已经重塑了我们意识中的理想美，并努力将其展现给世人。

近年来的奇怪流行趋势之一是"AI般的外观"，已被网络语言称为"有影响力"的潮流引领者所广泛采用。幼态而圆润的脸庞、光滑紧致的皮肤、高而明显的颧骨、上挑的猫眼、有划痕的眉毛、小而挺的鼻子和肉嘟嘟的嘴唇，这就是所谓的"Ins脸"。

如果商品和服务设施维护对艰辛和恐惧的生活所进行的社会控制的话,就是说,如果它们维护异化的话,那么,在大量的商品和服务设施中所进行的自由选择就并不意味着自由。

——赫伯特·马尔库塞

结　语

自1999年，电影《黑客帝国》三部曲先后上映，这系列电影是关于如今世上随处可见的控制系统的寓言。它描述了人类世界如何成为囚禁人类并使人身在其中浑然不知的监狱。事实上，电影中人们生活的现实世界，是由先进的人工智能所编写的对现实环境的一种模拟。它向观众表明，人们不能相信自己的感官，人们无法看到世界的真实面目。人的感官并没有为人类调解现实，了解人的感知调解系统如何工作的人，就是在现实中控制我们的人。

在"黑客帝国"系列的每一部电影中，主角尼奥（Neo）都会率先登场。当他从睡梦中醒来时，他会收到一条加密信息，告诉他"醒来吧，尼奥"。这就是这部电影的目的——暗示人们实际上生活在某种幻觉之中。技术将继续成为人们生活不可或缺的一部分，但人的使命是自己掌握控制权，技术能在多大程度上为人做出决定——这一点应该由人类自己控制。

柏拉图在"洞穴寓言"中描述了这么一个故事。人类在这个故事中,被囚禁在一个洞穴中,人所能看到的只是墙上的影子,这些阴影被视为是真实。当一个人从囚禁他的枷锁中解脱、走出山洞时,真实的世界突然展现在他面前。当他回到山洞并试图解开其他人的枷锁时,他们拒绝了,甚至威胁要杀了他。"洞穴寓言"与矩阵世界大同小异,都想要说明人类实则生活在虚拟的空间中,全然不知自己实际上正被机器所控制,只有少数人设法想要逃出这个世界,去看到现实的本来面目。人的感知系统是在自然选择的过程中进化而来的,旨在增加生存的机会,而不一定是为了"看到"真相。进化并不会给予人类去窥探"外面有什么"的动力。

1948年,以乔治·奥威尔(George Orwell)作为笔名的英国作家埃里克·亚瑟·布莱尔(Eric Arthur Blair),出版了他最为畅销和最具影响力的作品《1984》,他在这本书中表达了对独裁政权及其控制公民生活和思想的反对。奥威尔试图吓唬他的读者,并向他们警告了现代社会的发展方向。奥威尔的名字于是便与"老大哥"、"思想警察"和"新话"等术语关联在一起。"新话"这种语言有意识地限制了人们思考和表达的能力,并服务于政府手下的思想警察,有助于政府将人作为自己的工具。技术给人带来的最大问题是,人们不再知道故事中的"坏人"是谁，与独裁或思想警察不同，技术让人们觉得自己在思想和观念上是独立的。人类相信技术旨在改善生活，事实上所有的选择也都是人自己做的——提供个人信息，在网上花费大量时间，参与评级游戏，等等。

早在1964年，哲学家赫伯特·马尔库塞在其著作《单向度的人》(*One Dimensional Man*)中指出，人之所以成为单向度的人，是因为消费资本主义时代通过复制和统一，创造了新的极权主义，从而阻止了批判性思维和反对的声音。资本主义控制着人类，同时科学和技术成为统治的工具。马尔库塞认为，正是富裕又舒适的生活、阶级之间缺乏真正的冲突，以及无法区分的剥削和被剥削，使现实成为一场噩梦。在资本主义的幌子下，人类在看似自由和宽容的统治下变得残忍，完全丧失了自己的独特性和人性。马尔库塞试图强调的主要观点之一，是缺乏意识。西方安逸的生活、自由的选择、令人眼花缭乱的科技和创新，让人们无法观察当下的现实。人们不想看到自己实际上被困在数字世界所带来的人为刺激中。"一种舒舒服服、平平稳稳、合理而又民主的不自由在发达的工业文明中流行"——这就是马尔库塞描述的单向度的人所处的世界，它是消费资本主义时代的明确产物，今天甚至已经被科技巨头所控制。马尔库塞谈到了新极权主义的建立：它是有效的、压制的、"积极的"。据他所说，这一主义融合了其反对者们的理论，创造了影响深远的系统性的统一,并阻止了批判性和对立性的思想。所有这些都阻碍了变革的可能性。

奥威尔的观点在今天比以往任何时候都更加重要,它也是对民主生活的一个警告信号。人们相信自己过着自由的生活,这体现在人的自由选择上,但现实表明人们正在靠近极端的"奴隶制"。这个现实不是错误、"看不见的手"或愚蠢的统治所导致的后果,而是有意识的"行为设计"政策所带来的,这些政策旨在通过建立公民对技术的依赖,从而更好地对公民施以绝对的控制。正如《1984》中所说:"谁想统治并长久地统治,就必须手握足以破坏现实感的力量。"技术的进步只有在其产品可以以某种方式减少人类的自由时才会发生,奥威尔在他的书中解释了在"大洋国"这个虚构的极权国家中,技术和工业发展的逻辑。他的这番描述被解读为预言:"在过去,没有一个政府有能力对其公民进行持续的监督。但印刷术的发明使得操纵舆论变得容易了,电影广播就走得更远。以后又有了电视,技术的进步使得在同一台机器上就可以接收和发送,这时候,私人生活就到此为止了。"奥威尔认为,新技术可以控制个人的思维。"你相信现实是客观和外在的东西,是独立存在的,你也相信现实的本质不言自明。当你让自己迷惑,以为自己看到什么东西时,你设想每个人都像你一样也看到了。但是我告诉你温斯顿,现实不是外在的。现实存在于人类的头脑中,不存在于其他任何地方。"

不可否认，奥威尔的作品是一部虚构小说，但在他去世前，奥威尔明确表示，这些对未来的可怕描绘并不是单纯的想象。"不要让这种情况发生，这都取决于你。"他说。1949年10月21日，也就是这本书出版约四个月后，他的前法语老师、《美丽新世界》(Brave New World Revisited)的作者奥尔德斯·赫胥黎（Aldous Huxley）给奥威尔写了一封信（Semmler, 1970）：

> 我相信，在下一代人中，世界统治者将发现婴儿调教和麻醉催眠作为管治工具更有效，胜于棍棒和监狱，追求权力的欲望可以通过暗示人们热爱自己的被奴役而得到完全的满足，就像通过鞭打和拳脚迫使他们服从一样。换句话说，我感到《1984》的噩梦注定会调整为另一个世界的噩梦，那个世界与我在《美丽新世界》里的想象有更多相似之处。

诚然，作为作者，我在本书中所描述的现实图景也相当黯淡，甚至是悲观的。悲观的根源并不是出于无助，或出于没有办法采取行动来改善这种情况。办法当然是有的，甚至有的是。我的悲观主义源于这样一个事实：与我们是奴隶且情况对我们不利不同，如今的现实是——我们是奴隶，但这样的情况对我们本身有利。当人们陷入不利的境地时，可以充满动力想要去改变现状，但当情况对我们有利的时候，我们便丧失了改变的动力。所以通向变革的道路上的第一步，是意识到人们被"设计"去迎合决策者的立场，并且人们的意识是在没有察觉的情况下被设计的。下一步就是有想要改变的决心，一旦人们做出决定，就可以采取两种行动，既不用断开与互联网的联结，也不用将手机扔进垃圾桶。在个人层面上，我们必须有效利用面对屏幕的时间，即形成一种技术为人服务的状态，而不是反过来进入一种人为科技巨头服务的状态。因此，我们在网购时，应该提前做出决定，尽量少或不购买计划之外的商品，并注意网页或程序的界面，和商品呈现在面前的方式，左右设计都是为了促使人们购买远远超出需求和计划的产品。而社交网络是传递信息、保持联系和建立关系网的绝佳平台，我们必须为自己设定一个预计的上网时间，即使网络设计的目的是让人失去时间感并浑然忘我。具有讽刺意味的是，我们已经看到，由于受到了许多批评和指责，苹果和谷歌等科技巨头甚至脸书都开始提供控制浏览时长的工具，防止用户沉迷于不停地刷新内容，而不知时间的流逝。

家长一定要特别留心孩子对科技的使用，首先我必须承认科技无论是对成人还是对孩子，诱惑都是巨大的。手机经常被称为"终极保姆"。毫无疑问，在处理孩子使用电子设备这方面存在不小的困难。例如，我的孩子直到三岁才能睡一整晚。淹没家长的疲劳感和对几分钟清静的渴望，使得我们在移动设备上看到了有希望且有效的解决方案。但必须坚持适度的原则。正如你所见，放纵与溺爱的后果可能是毁灭性的。在两岁之前，最好不要让孩子接触手机。从两岁开始，孩子可以在大人的监督下，一点点了解数字世界。幼儿过早或过度接触手机，可能会对其信息处理、学习和注意力系统造成破坏，而这些系统是发展阅读、创造力、想象力和解决问题等能力的基础。在婴儿出生后的头几年，大脑飞速发育，正常的发育来源于接受自然的刺激，如玩耍、与人见面和人际交往。即使我们审视人际关系——工作关系、恋爱关系、友谊——很明显，隐私的界限已经被公然跨越。现在开会的时候接电话，或者是听到消息提示就去看手机，甚至是回复消息，都已经是家常便饭了。尽管当手机发出声音时，几乎不可能无视它，但是，也不是不可能通过克制来做到这一点。当手机出现时，它会"干扰"交流的进行，并有损对话的质量以及人与人之间的亲密感。为了让手机重新成为服务人们而非人们服务的对象，成为一种能提供支持而非带来破坏的技术，人们必须意识到，要坚持与冲动做抗争，控制自己的生活。像任何其他不良习惯一样——吸烟、喝酒或吃过多碳水化合物，万事开头难。但是当新的行为模式被创造出来时，新的联系就会在脑海中形成，人就将养成新的习惯。

如前所述，这些是可以在个人层面上完成的事情。但这还不够。为了能够迎来重大的变化，还必须在全球范围内采取行动。如同对抗全球气候危机、对抗性骚扰和性侵犯、对抗种族歧视和种族主义一样，对抗操控人意识的工程同样至关重要。我们支持技术发展，但不赞成以悄无声息的方式塑造我们的思想、感受和感觉，也不赞成他者麻痹我们的自由意志和做出明智决定的能力。科技公司投入大量时间和精力，通过对用户界面的设计，对其颜色和声音的仔细选择，对奖励出现时间的精密规划，来试图影响人的行为方式和做出的决定。

如今，互联网空间是一个完全被黑客入侵的空间，每个公司都自行决定其平台上的规则。所有以《通用数据保护条例》（GDPR）形式进行的监管尝试，都无助于制定明确的规则，因此法规引起的唯一变化是，科技公司在注册过程中，询问用户是否愿意分享他们的详细信息——如果用户不同意，他就被拒绝访问该应用程序或服务。这是适用于所有技术公司的解决法规问题的重要方式之一。今天，比以往任何时候都更加清楚的是，线上空间在各个方面都比线下空间更需要关注。然而，主要的问题是，人们往往没有意识到这一点，对线上世界的关注被推到边缘，哪怕它可能对子孙后代造成不良影响。与任何行动一样，为了带来变革和改进，必须通过不断将其提上公共议程，来提高公众对该问题的认识。

在电影《黑客帝国》的一个场景中，在矩阵（Matrix）的特工眼里是被通缉的恐怖分子的墨菲斯（Morpheus）打了一个电话，结果证明他实际也是与机器作战的人类之一。墨菲斯拥有锡安计算机主机的访问密码，锡安是人类最后的据点之一。墨菲斯将尼奥"带出"矩阵，向他展示了现实世界——一个由机器控制的世界。在国家特工调查尼奥时，墨菲斯对他说："我找过你，我不知道你是否愿意看到我想给你看的东西。大多数人可能不愿意，他们反对，他们不想看到真相，但不幸的是，对你我来说时间到了。"我们也正处在这个时间点。当下没有更多的时间去等待和让人消化这一信息，人们是否愿意听到并不重要。当尼奥终于见到墨菲斯时，后者让他在两种药丸之间做出选择——一种是蓝色的，另一种是红色的，并告诉他："这是你最后的机会，在那之后就没有回头路了。"如果他选择蓝色药丸，他将回到自己的床上，忘记困扰他的噩梦；如果他选择红色，他将知道关于矩阵的真相，但永远无法回到过去。尼奥最终得到了关于矩阵是什么的答案：矩阵是当人们进入虚幻状态，进入睡眠状态，进入恍惚状态时控制我们的一个梦想的世界，为的就是让人完全陷入其中被控制。在墨菲斯将尼奥从矩阵中解救出来后，尼奥很难理解那是不真实的虚拟世界。"什么是真的？"墨菲斯反问。"如果你说的是你的感官体验，那么真实意味着大脑中的脉冲电流。"对世界的虚拟化进行得如此之成功，以至于我们认为那就是真实与现实。

"欢迎来到真实的荒漠。"墨菲斯对尼奥说。

后　记

本书是在新冠疫情期间完成的。此次事件必将载入史册，不仅是因为逝去的生命或被疫情干扰的日常生活和社会秩序，以及经济所遭受的严重打击——人们记住这件事，是因为在历史的这一时刻，日益发达的科技已经在人类保障方面取得了令人瞩目的成绩，尽管如此，我们却比以往任何时候都要脆弱。当下正是人类确信自己富有智慧、文明发达和拥有良好的抵御灾难的能力的时候，我们却发现自己竟如此不堪一击。病毒使我们从令人着迷的现实和梦想世界中醒来，在那里我们拥有私人电子助理，可以远程操控智能家居，与电子设备进行沟通，并在多个虚拟现实之间穿梭。在虚拟现实中，对我们威胁最大的是网络攻击或电脑病毒；而在真正的现实中，我们突然发现自己同样遭受着不同类型的攻击和威胁。病毒迫使我们记起本想忘记的事实——人类终究是一种进化的产物，像任何其他生物一样容易受到自然灾害的影响。

与以往的危机（比如战争或金融危机）相比，新冠疫情的突出特征之一是人们缺乏理解它的心智模型（mental model）。大脑喜欢根据过去的经验建立模型，以便下次遇到类似事件时可以检索并应用。比如人们会为第一次约会或者在新餐厅用餐创建心智模型。即使是战争、危机或恐怖袭击，也有现成的模型。如此，我们就能知道它们是如何开始和结束的、其间会发生什么，虽然知晓这些坏事的走向并不是一种愉快的体验。但是，这些模型为我们提供了一种"一切尽在掌握"之中的错觉。

没有心智模型的新冠疫情，最突出的特点是不确定性，这比痛苦和折磨更加难以忍受。于是，我们目睹了许多异常行为的发生，比如囤积大量的清洁用品和卫生纸，这类行为能产生一种"事情还在掌控中，我们已经采取了应对行动"的错觉，尽管我们很清醒地明白自己对此根本无能为力。这有点类似于强迫症患者采取的仪式性行动，比如以某种方式反复锁门或是反复洗手。在焦虑激增、无所依靠的情况下，这些仪式性行为可以驱散脑海中扰人的想法，带来一种安全感。

疫情期间，卫生系统崩溃风险下的经济成本问题一举登上头条新闻，赢得颇高的公众关注度。但这场危机考验的不仅仅是社会经济和大众抵抗力。它首先考验了大众的心理复原力（psychological resilience），只是国家还没有针对此类问题的解决方案。自疫情开始以来，许多人经历了可怕的孤独感，即便回归了日常生活，孤独和精神上的痛苦对人心理的影响也将持续很长时间。应对孤独感的有效措施之一是参与人际互动，即使不是那么深入的人际关系，也有助于改善人们的精神状态。有时，即使是闲聊，在火车上或在医院排队时的随意交谈，也能缓解孤独。但是在这场危机中，我们并没有这样的机会。为控制疫情要求的隔离和保持社会距离，已经成为疫情本身的一部分，并对人们赖以生存的社会支持系统造成了致命一击。在这场危机中升起的新星之一是"Zoom"（以及其他支持多人视频通话的技术手段），这是一种允许人们在其他交互方式受限的情况下得以继续交流的方法。疫情使人们的社交生活、工作和恋爱都转移到了虚拟世界，不论是商务会议、社交聚会，还是约会，甚至连政府会议都可以通过视频通话顺利进行。这项技术使人们的生活得以继续运作，但几乎完全依赖于科技的事实则向我们说明了另一件同样重要的事情——距离只通过数字方式进行交流的世界，可能已经不远了。

同时，这一时期的种种情况也清晰地表明，作为人类，我们迫切地需要去触摸、去凝视、去轻嗅、去亲近。受限的社交活动扰乱了人们的激素系统，影响了正常的睡眠和思维模式。在虚拟世界中的会面，缺乏作为人际互动核心的非言语交流。除了说话时的字字句句，非言语信号也传达了围绕说话内容展开的信息，使听话人能更好地理解说话人的意图与其参与互动的程度，例如对方是直视还是俯视、双方间隔的物理距离是多少、对方是因为在思考而沉默还是真的无话可说，等等。事实上，使用视频通话软件的用户在反馈意见中提及的最大困难之一，就是技术不允许他们隔着屏幕相互对望。眼睛是灵魂的镜子，它向我们表露了对话中彼此的感受。更重要的是：通过视频通话这样微弱的输入来了解会话意图，一方面需要说话人努力增强表现力去表达感受，另一方面参与对话的人们很容易产生疲惫。以至于由此产生了一种名为"Zoom疲劳"的症状，这种疲劳不会在面对面的互动中出现，因为大脑在面对面的互动中能从非言语线索中获取意义，帮助理解信息的整体意图，并促进良好互动。非言语信息很难在视频通话中获得，这是因为隔着屏幕从面部表情和身体姿势中收集信息的能力是有限的，表达情感的能力也是如此。通过屏幕识别表情和理解意图，并不是大脑所擅长的。小小的屏幕"屏蔽"了微妙的肢体语言，肢体语言的缺席就会加剧孤独感。

不难发现，这场疫情无意间促成了世界上最伟大的心理实验，解答了困扰人们很久的一个问题——人类是否已经成熟到，可以进入由技术主导的下一个时代？其实，早在疫情发生之前，我们就已经见证了现实世界向数字世界转变的过程，有越来越多数字世界的功能在人们的生活中得到实现。人们的互动模式也逐渐从与少数人的深层关系转变为与多数人的浅层关系，从面对面的接触转变为虚拟的接触。最近，科技还开始介入性行为。据悉，近些年来售出的性玩偶数量在逐年增长，甚至有人与自己的性玩偶结婚了。除此以外，人们在社交媒体上越发惯于展示精心设计的个人资料，有意或无意地呈现最光鲜亮丽的自我，但颇具讽刺意味的是，有报道称如今抑郁症的患病比例正在飞速上涨，堪比一场流行病，各种抗抑郁的药品也逐渐成为西方社会最常见的处方药。

现在，疫情明确地告诉我们，人类并不像我们认识的那样成熟，但这并不是因为人类不想。疫情证明了我们不想知道的事实：大脑的进化赶不上科技发展，大脑需要接触和联系就如同它需要氧气——大脑还没能很好地适应虚拟交互。诚然，虽然社会关系通过虚拟方式能继续运作，人类也能继续各司其职，但人类为此却在心理健康方面付出了沉重的代价。

每当人类面临生存威胁时，往往就会停下脚步，重新罗列和排序要做的事项。同时，人类社会也会调整全新的日程。然而，失落感会影响人们处理危机的方式。正如我们所知，现实是人类如此的脆弱，这使我们不得不在个人生活和职场生活上做出改变，也使我们去尝试和了解人类所真正期望的社会发展趋势。新冠疫情提供了这样一个机会，让人们从竞赛中暂时解脱，思考在个人、组织和人类社会层面上前进的方向。但矛盾的是，人们似乎只有在失去了某样东西之后才学会珍惜。我们体验了虚拟生活，然后意识到自己还不够成熟。

  对我来说，这相当于敲响了警钟。数字世界确实极大地改善了人们的生活，但从另一方面来看，大脑和技术之间的超近距离"接触"带来了危险。尽管这些危险大多是目光所及之处看不到的，却能对我们的行为、情绪和思想产生极大的影响。

利拉斯

参考文献

1. Akerlof, G. A., & Shiller, R. J. (2015). *Phishing for phools: The economics of manipulation and deception*. NJ: Princeton University Press.
2. Alter, A. (2017, April). Why our screens make us less happy? [Video file]
3. Arain, M., Haque, M., Johal, L., Mathur, P., Nel, W., Rais, A., Mathur, P., Nel, W., Sandhu, R. & Sharma, S. (2013). Maturation of the adolescent brain. *Neuropsychiatric Disease and Treatment*, 9, 449.
4. Ariely, D. (2008). *Predictably irrational*. New York: HarperCollins.
5. Ariely, D. (2008, December). Are we in control of our own decisions?
6. Baudrillard, J. (1994). *Simulacra and simulation*. Ann Arbor: University of Michigan press.
7. Berkeley, G. (1881). *A treatise concerning the principles of human knowledge*. (Chicago : Open Court, 1920) JB Lippincott & Company.
8. Bernays, E. L. (1928/2004). *Propaganda*. New York: Ig Publishing.
9. Botsman, R. (2017). *Who can you trust?: How technology brought us Together and why it could drive us apart*. UK: Penguin.
10. Bowlby, J. (1979). The Bowlby-Ainsworth attachment theory. *Behavioral and Brain Sciences*, 2(4), 637-638.
11. Bowles, N. (2018, February 4). Early facebook and google employees form coalition to fight what they built. *The New York Time*s, p.4.
12. Carnegie, D. (2020). *How to win friends and influence people*. CA: Sristhi Publishers.
13. Chwe, M. (2015, April). Why Facebook is a lot like Listerine. *Harvard Business Review*.
14. Clayton, R. B., Leshner, G., & Almond, A. (2015). The extended iSelf: The impact of iPhone separation on cognition, emotion, and physiology. *Journal of Computer-Mediated Communication*, 20(2), 119-135.
15. Costanza, L. J., (2012. October 6). A magazine is an iPad that does not work.m4v.

UserExperiencesWorks. [Video file]

16. Cramer, S. (2018, November). # Statusofmind: Social Media and Young People's Mental Health and Wellbeing. In *APHA's 2018 Annual Meeting & Expo (Nov.10-Nov.14). American Public Health Association.*

17. Curtis, A. (2002). *The century of the self.* [TV series]. London: BBC Four.

18. Deloitte, L. L. P. (2016). There's no place like phone; Consumer usage patterns in the era of peak smartphone. *Global Mobile Consumer Survey: UK Cut.*

19. Dmexco (2017, September). Psychgraphic targeting: The Trump effect in marketing. [Video file]

20. Drago, E. (2015). The effect of technology on face-to-face communication. *Elon Journal of Undergraduate Research in Communications*, 6(1).

21. Duncan, A. (2020). How social media has changed the way we parent. Verywell Family.

22. Durant, W. (1961). *Story of philosophy.* NY: Simon and Schuster.

23. Einstein, A. (1936). Physics and reality.*Journal of the Franklin Institute*, 221(3), 349-382.

24. Eyal, N. (2014). *Hooked: How to build habit-forming products.* USA: Penguin.

25. Fredrickson, B. L., & Roberts, T. A. (1997). Objectification theory: Toward understanding women's lived experiences and mental health risks. *Psychology of Women Quarterly*, 21(2), 173-206.

26. Gindrat, A. D., Chytiris, M., Balerna, M., Rouiller, E. M., & Ghosh,A. (2015). Use-dependent cortical processing from fingertips in touchscreen phone users. *Current Biology*, 25(1), 109-116.

27. Glover, E. (2019, January). Social media is redefining the experience of new motherhood—but is that a good thing? *Motherly.*

28. Grabowski, A. (2018, February 19). Apple Maps vs. Google Maps vs. Waze.

29. Graybiel, A. M., & Grafton, S. T. (2015). The striatum: Where skills and habits meet. *Cold Spring Harbor Perspectives in Biology*, 7(8), a021691.

30. Harris, T. (2014, December). How better tech could protect us from distraction? [Video file]

31. Harris, T. (2016). How technology hijacks people's minds — from a magician and Google's design ethicist. Medium Magazine.

32. Hartzog, W. (2018). *Privacy's blueprint: The battle to control the design of new technologies.* MA: Harvard Universssity Press.

33. Hedegaard, H., Curtin, S. C., & Warner, M. (2018). Suicide rates in the United States continue to increase. US Department of Health and Human Services, Centers for Disease Control and Prevention, National Center for Health Statistics, 309, 1-8.

34. Hoffman, D. (2019). Do we see reality? *New Scientist*, 243(3241), 34-37.

35. Holmes, E. A., James, E. L., Coode-Bate, T., & Deeprose, C. (2009). Can playing the computer game "Tetris" reduce the build-up of flashbacks for trauma? A proposal from cognitive science. *PloS one*, 4(1), e4153.

36. James, W. (1890). *Habit*. NY: H. Holt.

37. Karmarkar, U. R., Shiv, B., & Knutson, B. (2015). Cost conscious? The neural and behavioral impact of price primacy on decision making. *Journal of Marketing Research*, 52(4), 467-481.

38. Klein, N. (2009). *No logo*. Canada: Vintage Books Canada.

39. Kosinski, M., Stillwell, D., & Graepel, T. (2013). Private traits and attributes are predictable from digital records of human behavior. *Proceedings of the National Academy of Sciences*, 110(15), 5802-5805.

40. Lacan, J. (1949). The mirror stage as formative of the function of the I as revealed in psychoanalytic experience. *Cultural Theory and Popular Culture*. A Reader, 287-292.

41. Langlois, J. H., Kalakanis, L., Rubenstein, A. J., Larson, A., Hallam, M., & Smoot, M. (2000). Maxims or myths of beauty? A meta-analytic and theoretical review. *Psychological bulletin*, 126(3), 390.

42. Lehrer, J. (2012, June 2012). Why smart people are stupid. *The New Yorker*.

43. Little, A. C., Jones, B. C., & DeBruine, L. M. (2011). Facial attractiveness: Evolutionary based research. *Philosophical Transactions of the Royal Society B: Biological Sciences*, 366(1571),1638-1659.

44. Mack, A. (2009). Cognitive recovery in socially deprived young children: The Bucharest early intervention project. *Year Book of Psychiatry & Applied Mental Health*, 41-42.

45. Marcuse, H. (2013). *One-dimensional man: Studies in the ideology of advanced industrial society*. London: Routledge.

46. Mathur, A., Acar, G., Friedman, M. J., Lucherini, E., Mayer, J., Chetty, M., & Narayanan, A. (2019). Dark patterns at scale: Findings from a crawl of 11K shopping websites. *Proceedings of the ACM on Human-Computer Interaction*, 3(CSCW), 1-32.

47. Mauri, M., Cipresso, P., Balgera, A., Villamira, M., & Riva, G. (2011). Why is Facebook so successful? Psychophysiological measures describe a core flow state while using Facebook. Cyberpsychology, *Behavior, and Social Networking*, 14(12), 723-731.

48. McLuhan, M., & Fiore, Q. (1967). *The medium is the message*. NY: Bantam Books.

49. Michel de Montaigne (1958). *Complete Essays* (p. 772). CA: Stanford University Press.

50. Misra, S., Cheng, L., Genevie, J., & Yuan, M. (2016). The iPhone effect: The quality of in-person social interactions in the presence of mobile devices. *Environment and Behavior*, 48(2), 275-298.

51. MRS.JOSEPH (2019, September 28).

52. Norcross, J. C., & Vangarelli, D. J. (1988). The resolution solution:Longitudinal examination of New Year's change attempts. *Journal of substance abuse*, 1(2), 127-134.

53. Norman, D. (1988). *The design of everyday things*. NY: Basic Books.

54. Olds, J., & Milner, P. (1954). Positive reinforcement produced by electrical stimulation of septal area and other regions of rat brain. *Journal of Comparative and Physiological Psychology*, 47(6), 419.

55. Przybylski, A. K., & Weinstein, N. (2013). Can you connect with me now? How the presence of mobile communication technology influences face-to-face conversation quality. *Journal of Social and Personal Relationships*, 30(3), 237-246.

56. Quotes, A. Z. (2017). Joseph Goebbels Quote. AZ Quotes.

57. Rajanala, S., Maymone, M. B., & Vashi, N. A. (2018). Selfies-living in the era of filtered photographs. *JAMA facial plastic surgery*, 20(6),443-444.

58. Ramachandran, S. (2019, April 21). Let's watch Netflix: Three words guaranteed to kill a romantic mood. *The Wall Street Journal*.

59. Saad, G. (2007). *The evolutionary bases of consumption*. UK: Psychology Press.

60. Santini, S. (2010). Is your phone killing the internet? IEEE Annals of the History of Computing, 43(12), 98-100.

61. Sapolsky, R. (2011). Dopamine jackpot! Sapolsky on the science of pleasure. [Video film]

62. Sapolsky, R. M. (2017). *Behave: The biology of humans at our best and worst*. USA: Penguin.

63. Schultz, W. (1988). MPTP-induced Parkinsonism in monkeys: Mechanism of action, selectivity and pathophysiology. *General Pharmacology: The Vascular System*, 19(2), 153-161.

64. Schüll, N. (2014). *Addiction by design: Machine gambling in Las Vegas*. NJ: Princeton University Press.

65. Schüll, N. (2015, December). Addiction by design: From slot machines to Candy Crush. [Video file]

66. Schüll, N. (2015, December). Addictions old and new.[Video file]

67. Sigman, A. (2012). Time for a view on screen time. Archives of disease in childhood, 97(11), 935-942.

68. Sims, D. (2017, March 21). Netflix believes in the power of thumbs. *The Atlantic*.

69. Skinner, B. F. (1965). *Science and human behavior* (No. 92904). NY: Simon and Schuster.

70. Skinner, B. F. (2019). *The behavior of organisms: An experimental analysis*. MA: BF Skinner Foundation.

71. Soper, T. (2013, November 25). Study: 1.2 billion people are playing games worldwide. 700m of Them Are Online. *GeekWire*.

72. Staff and agencies (2016, March 26). Microsoft deeply sorry for racist and sexist tweets by AI chatbot. *The Guardian*.

73. Stothart, C., Mitchum, A., & Yehnert, C. (2015). The attentional cost of receiving a cell phone notification. *Journal of Experimental Psychology: Human Perception and Performance*, 41(4), 893.

74. Suomi, S. J., & Leroy, H. A. (1982). In memoriam: Harry F. Harlow (1905-1981). American Journal of Primatology, 2(4), 319-342.

75. Tait, A. (2017, January 26). "Both hugely uplifting and depressing": How do social media Likes affect you? NewStatesman.

76. Tamir, D. I., & Mitchell, J. P. (2012). Disclosing information about the self is intrinsically rewarding. *Proceedings of the National Academy of Sciences*, 109(21), 8038-8043.

77. Tankovska, H. (2021). Daily social media usage worldwide 2012-2019. Statista.

Thaler, R. (1985). Mental accounting and consumer choice. Marketing science, 4(3), 199-214.

78. The Renfrew Center. (2014, February 20). Afraid to be your selfie? Survey reveals most people Photoshop their images.

79. Tolentino, J. (2019, December 12). The Age of Instagram Face. *The New Yorker*.

80. Turkle, S. (2012, February). Alone together: Why we expect more from technology and less from each other. [Video file]

81. Tversky, A., & Kahneman, D. (1981). The framing of decisions and the psychology of choice. *Science*, 211(4481), 453-458.

82. Twenge, J. M., Joiner, T. E., Rogers, M. L., & Martin, G. N. (2018). Increases in depressive symptoms, suicide-related outcomes, and suicide rates among US adolescents after 2010 and links to increased new media screen time. *Clinical Psychological Science*, 6(1), 3-17.

83. Ward, A. F., Duke, K., Gneezy, A., & Bos, M. W. (2017). Brain drain: The mere presence of one's own smartphone reduces available cognitive capacity. *Journal of the Association for Consumer Research*, 2(2), 140-154.

84. Weller, C. (2018). Silicon Valley parents are raising their kids tech-free and it should be a red flag. *Business Insider*, 18.

85. Wood, W., & Neal, D. T. (2007). A new look at habits and the habit-goal interface. *Psychological review*, 114(4), 843.

86. Wood, W., & Quinn, J. M. (2005). Habits and the structure of motivation in everyday life. In J. P. Forgas, K. D. Williams, & S. M. Laham (Eds.), *Social motivation: Conscious and unconscious processes* (p. 55-70). Cambridge University Press.

87. Wylie, C. (2018, March 17). Cambridge Analytica whistleblower:"We spent $1m harvesting millions of Facebook profiles". *The Guardian* . [Video file]